만들면서 배우는 프로그레시브 웹 앱

사용자 경험을 극대화하는 차세대 웹 앱 기술

탈 아터 지음
한민주, 양찬석 옮김

이 도서는 Building Progressive Web Apps(O'REILLY)의
번역서입니다.

만들면서 배우는 프로그레시브 웹 앱 사용자 경험을 극대화하는 차세대 웹 앱 기술

초판발행 2019년 4월 30일

지은이 탈 아터 / **옮긴이** 한민주, 양찬석 / **펴낸이** 김태헌
펴낸곳 한빛미디어(주) / **주소** 서울시 서대문구 연희로2길 62 한빛미디어(주) IT출판사업부
전화 02-325-5544 / **팩스** 02-336-7124
등록 1999년 6월 24일 제25100-2017-000058호 / **ISBN** 979-11-6224-873-7 93000

총괄 전태호 / **기획** 조수현 / **편집·교정** 홍혜은
디자인 표지, 내지 신종식 / **조판** 김미현
영업 김형진, 김진불, 조유미 / **마케팅** 송경석, 김나예, 이행은 / **제작** 박성우, 김정우

이 책에 대한 의견이나 오탈자 및 잘못된 내용에 대한 수정 정보는 한빛미디어(주)의 홈페이지나 아래 이메일로 알려주십시오.
한빛미디어 홈페이지 www.hanbit.co.kr / **이메일** ask@hanbit.co.kr

지금 하지 않으면 할 수 없는 일이 있습니다.
책으로 펴내고 싶은 아이디어나 원고를 메일(ebookwriter@hanbit.co.kr)로 보내주세요.
한빛미디어(주)는 여러분의 소중한 경험과 지식을 기다리고 있습니다.

지은이 및 옮긴이 소개

지은이_ **탈 아터**Tal Ater

탈 아터는 20년 이상 경력의 개발자, 컨설턴트, 사업가입니다. 클라이언트, 서버, 제품을 개발했고, R&D 부서와 제품 부서를 관리했습니다. 저자는 오픈 소스 커뮤니티에 열정을 가지고 활발하게 참여하고 있습니다. 저자가 구현한 유명한 서비스 워커Service Worker와 스피치 레코그니션Speech Recognition 라이브러리 등 커뮤니티에 공유된 여러 가지 오픈 소스는 수백만 명의 사람들이 매일 사용하고 있습니다. 저자는 웹 개발, 제품 개발, 보안, 오픈 소스에 대하여 광범위하게 글을 쓰고 강연을 해왔습니다. 저자의 업적과 연구는 포브스, 뉴욕타임스, BBC 등 언론에 대대적으로 보도되었습니다.

옮긴이_ **한민주** lazuli.han@gmail.com

삼성전자의 개발자로 출발해, UNHCR에서 디지털 업무를 맡아 진행했습니다. 프리랜서 IT 프로젝트 매니저로 활동한 바 있으며, 현재는 번역을 하며 공부하고 있습니다. 개발자가 함께 성장하고 협업하는 문화를 좋아합니다.

옮긴이_ **양찬석** huewu.yang@gmail.com

안드로이드 초창기부터 모바일 앱 개발 관련 일을 해왔습니다. 현재는 구글 코리아에서 한국의 앱 개발자들이 더 좋은 앱을 만들어 더 많은 이익을 얻을 수 있도록 돕는 역할을 하고 있습니다. 개발자들 사이에서 정보와 경험을 공유하는 문화를 존중하고 다양한 개발 커뮤니티 활동에 참여하는 것을 즐깁니다.

옮긴이의 말

90년대 말, 열심히 공부해야 할 고등학생이 밤마다 부모님 몰래 컴퓨터를 켜서 신나게 사이트를 만들었습니다. 제대로 된 툴도 없이 메모장에 코드를 작성했던 기억이 납니다. 모뎀의 속도는 느렸고, 컴퓨터 사양도 좋지 않았습니다. 코드를 한 줄 수정하고 업로드하여 바뀐 화면을 테스트해보기까지 시간이 오래 걸렸지만 그때의 설렘은 아직도 잊을 수가 없습니다.

그때에 비하면 지금은 인터넷 속도나 개발 환경이 훨씬 많이 개선되었습니다만, 설렘의 크기는 오히려 줄어든 것 같습니다. 웹의 발전 속도는 몸담았던 프로젝트의 규모나 예산에 비해 늘 빨랐습니다. 애써 힘들게 만들어두면 고쳐야 하고, 반응형을 고려하기 위해 뒤집어엎고, 웹사이트를 모두 만들고 나니 모바일 사이트가 생기기 시작하고, 모바일을 고려하고 나니 앱도 고민해야 했습니다. 변화의 속도에 맞춰 부지런히 움직여 온 것 같은데, 결과물에 대한 성취감이나 설렘이 커지기 보다는 제한된 리소스 속에서 속도에 따라가고 시행착오를 겪으면서 피로함만 계속 더해졌던 것 같습니다.

현재보다는 더 나은 방향을 위해 고민하고 개선하기 위해 과감한 선택을 했지만 만드는 사람에게도 사용하는 사람에게도 아주 큰 변화를 만들기는 쉽지 않았습니다. 하나를 제대로 만들어 다양한 화면과 기기, 플랫폼에 적용하면 참 좋겠다는 목마름이 있었습니다. 그러던 어느 날 PWA 개발자 발표를 우연히 접하게 되었고 'Progressive Web App'이라는 이름을 알게 됐습니다. 무엇이 개선된다는 것인지, Web과 App이 왜 붙어 있는지에 대한 단순한 호기심으로 PWA에 대해 알아보기 시작했습니다.

PWA는 앱처럼 보이는 웹입니다. 앱처럼 작동하지만 웹으로 구현됩니다. 그래서 다양한 플랫폼에 비교적 간단히 이식될 수 있습니다. 개발자는 모바일을 기준으로 PWA를 구현해 다양한 기기에 배포할 수 있습니다. 사용자는 앱을 설치하지 않아도 웹을 앱처럼 사용할 수 있고, 오프라인에서도 사용할 수 있습니다. PWA는 개발자에게도 사용자에게도 효율적이고 유연합니다. PWA를 알아갈수록 밤을 새고 싶은 마음도 다시 생기기 시작했습니다.

이 책을 통해 고등학교 시절 느꼈던 그 순수한 설렘을 다시 되새겼습니다. 그때의 마음으로 PWA를 알아 나가고 싶었고, 새롭게 배우는 좋은 내용을 함께 나누고 싶었습니다. 그렇게 PWA가 한국에 소개되기 얼마 되지 않은 시점에 번역 작업을 시작할 수 있게 됐습니다. 그래서인지 원서에 사용된 용어지만 한국에서는 공식적으로 사용되지 않는 용어가 있는 등 고민이 필요한 경우가 많았습니다. 최대한 저자의 의도를 반영하고 전달하려고 노력했습니다. PWA에 관심을 가지고 계시는 독자 여러분께 이 책이 PWA의 전반적 이해를 돕는 유익한 책이 되기를 바랍니다.

이 자리를 빌어 PWA 입문을 도와주신 저자, 탈 아터에게 감사드립니다. 그리고 좋은 기회를 주신 한빛미디어와 권원상 님께 감사드립니다. 처음으로 해보는 책 번역이라 여러 가지 시행 착오가 있었음에도 너그러이 이해해 주시고 전체 과정을 잘 이끌어주신 홍혜은 편집자님, 조수현 편집자님께 진심으로 감사드립니다. 그리고 함께 밤을 새며 생각을 나누고 마음을 나누어 준 양찬석 공동 번역자님께 가장 큰 감사드립니다. 그리고 엄마를 응원해주고 이해해준 아들 시준이에게도 감사의 마음을 전합니다.

2019년 한민주

옮긴이의 말

지금껏 블로그나 다른 게시물을 통해 틈틈이 기술 문서를 번역해왔지만, 기술 서적을 번역한 것은 이번이 처음입니다. 처음에는 가벼운 마음으로 시작했습니다. 프로그레시브 웹 앱(Progressive Web Apps, 이하 PWA)는 개발자 행사에서 몇 번 재미있게 들었었고, 주변 동료들과 이야기를 나눈 적도 있는 주제였습니다. 이 책의 내용과 구성은 단순히 개별 기술 요소를 나열하는 데서 그치지 않고, 마치 하나의 장편 소설처럼, 기술의 배경부터 시작하여 전통적인 웹페이지를 PWA를 활용한 웹 앱으로 발전시켜 나가는 형태라, '책을 읽는 독자의 입장에서 차근차근 책을 번역하다 보면 단계적으로 PWA과 웹 개발 기술을 배울 수 있겠구나' 하고 막연히 생각했었습니다. 그게 벌써 2년 전의 이야기네요.

그런데 막상 호기롭게 번역을 시작하고 보니 저자의 멋들어진 첫 번째 문장부터 숨이 탁 막히더군요. "단어는 잊힌 이름의 희미한 그림자입니다"라는 첫 문장의 원문을 몇 번씩 곱씹으며, '아… 책 번역이 생각보다 쉽지 않구나' 하고 금세 후회했던 기억이 납니다. 그 이후에는 그저 원서의 내용 자체가 흥미로워서, 함께 번역 작업에 참여한 한민주 번역자님의 꾸준함과 홍혜은 편집자님의 응원 및 독촉 메일에 힘입어 번역을 일단락할 수 있게 되었습니다. 이 자리를 빌려 두 분께 깊은 감사를 드립니다.

처음 생각했던 일정보다는 많이 미뤄졌지만, 인생사 새옹지마라고 했던가요. 최근 한국에서 PWA에 대한 관심이 높아지는 분위기입니다. 인도 및 동남아 등 네트워크 제약 사항이 많은 지역과는 달리, 한국에서는 아쉽게도 쾌적한 네트워크 환경, 서비스 워커를 지원하는 브라우저 점유율이 낮은 등의 현실적인 문제로 PWA가 활발히 사용되지는 못했습니다.

그런데 최근 몇 가지 변화가 예고되고 있습니다. 먼저 크롬 72 버전부터는 새롭게 TWA Trusted Web Activities 기능이 추가되면서 PWA를 기반으로 만들어진 웹 앱을 안드로이드 앱으로 포장해 구글 플레이Google Play에 출시할 수 있는 방법이 소개되었습니다.

앱 마켓을 통한 배포 및 홍보가 불가능한 점이 PWA 앱의 큰 약점 중 하나였는데, 최소한 안드로이드 환경에서는 이 부분이 해결된 셈입니다. 또한 크롬 73 버전부터는 데스크톱용 PWA 앱을 지원하고 있습니다. 다시 말해 개발자는 PWA 기반으로 작성한 웹 앱을 주요 모바일 브라우저, 모바일 앱, 데스크톱 앱으로 배포할 수 있게 되었습니다. 더 나아가, 국내의 주요 CMS 서비스들도 하나둘 PWA 지원을 시작하고, 혹은 조만간 지원을 계획하고 있는 만큼, 국내 개발자 생태계 내에서도 PWA의 역할이 더 커지지 않을까 기대하고 있습니다.

이런 시기에 PWA의 탄생부터 차근차근 다루는 입문서이자, 기존의 레거시 웹페이지를 어떻게 PWA 웹 앱으로 발전시키고, 사용자에게 더 나은 경험을 (그리고 아마도 더 많은 수익을) 제공할 수 있는지를 흥미진진하게 풀어낸 실용 지침서인 이 책을 소개할 수 있게 되어 영광입니다. 한 명의 독자로서 재미있고 유익하게 읽은 책인 만큼 책의 내용에 관해서는 걱정이 없습니다. 다만, 웹 프론트엔드 개발 경험이 부족한 옮긴이의 역량 부족으로, 혹시 기존 웹 개발 환경에서는 널리 사용되는 용어나 문법을 임의로 변경하여, 명쾌한 저자의 설명을 충분히 전달하지 못한 경우가 있을까 조심스럽습니다. 원칙적으로 코드의 내용을 설명할 때는 가능한 코드에 사용된 클래스나 함수명을 그대로 보존하고, 그 외 기술 용어들은 기존에 널리 사용되고 있는 표기법을 확인한 후 가능한 해당 표기법을 사용하고자 노력했습니다. 만일 아직 국내에서 널리 사용되는 용어가 아닌 경우에는, 가능한 단어의 뜻을 번역하려고 노력했고, 한국어로는 뜻이 잘 전달되지 못하는 경우 음차를 하되 원문의 영단어를 함께 표기했습니다.

이 책이 PWA의 배경을 이해하고, 직접 적용해보는데 좋은 길잡이 역할을 할 수 있기를 기원합니다.

2019년 양찬석

이 책은 다른 누구보다도 개발자를 위한 책입니다. 만약 기존 웹 개발 기술을 활용하고 최신 프로그레시브 웹 앱을 구현하는 방법을 배우려고 한다면, 이 책이 가장 적합합니다.

이 책은 독자에게 HTML과 자바스크립트 웹 개발에 대한 기본적인 이해가 있다고 가정합니다. 단 ECMAScript 2015, promise, 혹은 ECMAScript 2017의 async 함수와 같이 비교적 새로운 추가 사항에 대해서는 친숙하지 않다고 가정합니다. 만약 독자 여러분이 이러한 최신 프로그래밍 문법에 이미 친숙하다면, 이런 부분을 설명하는 메모를 건너뛰거나 대강 훑어보기만 해도 됩니다.

이 책은 비전공자 독자가 최신 프로그레시브 웹 앱 활용에 친숙함을 느끼고 일반적인 수준으로 이해하도록 돕습니다. 이 책에는 트위터Twitter, 워싱턴 포스트The Washington Post, 하우징닷컴Housing.com, 리프트Lyft를 포함하여 세계에서 가장 영향력 있는 사이트를 구현한 팀과의 인터뷰를 통해 수집된 사례 연구case study가 포함되어 있습니다. 현재 웹에서 무엇이 가능한지 이해하게 된다면, 네이티브 앱 혹은 프로그레시브 웹 앱에 대한 결정을 내려야 하는 경영자, 디자이너, 프로덕트 매니저 혹은 다른 직업을 가진 독자들의 업무를 더욱 효율적으로 만들어 줄 것입니다.

이 책에서 다루는 내용

이 책에서는 가상으로 만든 고담 임페리얼 호텔의 웹사이트를 서비스 워커로 개선하여 사용자의 인터넷 연결이 완전히 끊어져도 모든 기능(예약 조회, 신규 예약 생성 등)을 이용할 수 있도록 만듭니다. 사용자가 프로그레시브 웹 앱 실행 아이콘을 핸드폰 홈스크린에 추가할 수 있도록 지원하는 방법도 배울 것입니다. 마지막으로 네이티브 앱과 같은 경험을 제공할 수 있도록, 사용자가 사이트를 떠난 후에도 사용자를 다시 불러올 수 있도록 푸시 알림을 추가할 것입니다.

또한 이 책에서는 프로그레시브 웹 앱을 개발할 때 중요하게 고려할 몇 가지 요소를 살펴볼 것입니다. 능률적인 개발자가 될 수 있도록, 프로그레시브 웹 앱의 주요 요소에 대한 실질적인 이해를 돕는 데 중점을 뒀습니다. 도움이 되는 개발자 도구, 보안 고려사항, 서비스 워커 생명주기lifecycle에 대해서도 살펴볼 것입니다.

이 책의 대부분은 실습에 초점을 맞추고 있지만, 5장과 11장은 앱에 새롭게 적용해보는 코드 그 이상의 의미를 담고 있습니다. 여기서는 프로그레시브 웹 앱이 제공하는 신규 기능에 대하여 살펴볼 것입니다.

5장에서는 '오프라인 우선' 웹 앱에 대해 살펴보고, 인터넷 연결이 끊기는 상황을 에러 상황이 아닌 예측 가능한 사태로 간주하여 이를 우아하게 처리할 수 있는 최신 웹 앱 구현 방법을 다룹니다.

11장에서는 프로그레시브 웹 앱의 새로운 UI에 따라오는 문제와 기회를 살펴볼 것입니다. 프로그레시브 웹 앱은 게임 체인저game changer로서 사용자가 웹에 기대하는 바와 다르게 작동합니다. 사용자가 오프라인 상태가 되더라도 데이터가 사라지지 않을 것이라는 신뢰를 심어주고, 만약 사용자가 오프라인 상태라면 현재 보고 있는 콘텐츠가 몇 시간 전 콘텐츠라는 것을 알리며, 어떤 중요한 사항이 업데이트되면 사용자에게 언제든지 알림을 줄 것이라고 앱을 신뢰할 수 있도록 만들어야 합니다. 이 문제들이 제대로 처리될 수 있다면, 앱에 대한 사용자 신뢰를 높일 수 있고, 컨버전을 향상시키며, 앱이 핸드폰에서 영구적으로 자리잡는 좋은 기회가 될 것입니다.

프로그레시브 웹 앱의 한계를 더 늘일 수 있는 다가올 기술과 브라우저 API를 살펴보는 것으로 이 책을 마칠 것입니다.

이 책의 표기법

팁, 제안은 여기에 적습니다.

일반적인 내용은 여기에 적습니다.

경고나 유의 사항은 여기에 적습니다.

특정 문제를 다른 관점에서 살펴봅니다.

예제 코드 사용하기

예제 코드는 https://github.com/TalAter/gotham_imperial_hotel에서 내려받을 수 있습니다.

이 책은 당신이 일을 끝낼 수 있도록 도울 것입니다. 일반적으로 이 책에서 제공된 예제 코드는 프로그램 및 문서에서 사용할 수 있습니다. 코드의 상당 부분을 수정하지 않는 한, 우리에게 연락해서 허가를 받을 필요는 없습니다. 예를 들어, 이 책에서 여러 개의 코드를 사용하는 프로그램을 작성할 경우 허가가 필요 없습니다. 그러나 이 책의 예제를 판매하거나 배포하려면 허가가 필요합니다. 이 책을 인용하고 예제 코드를 인용하여 질문에 답하는 것은 허가가 필요하지 않습니다. 이 책에 수록된 상당 부분의 예제 코드를 제품 문서에 넣으려고 할 경우 허가가 필요합니다.

저작권 표기는 필수는 아니지만 필요한 경우 도서명, 저자, 출판사, ISBN을 밝혀주시기 바랍니다. 코드 예제 사용이 위에 명시한 공정한 사용이나 권한을 벗어난다면 저자 이메일(tal@talater.com)로 자유롭게 연락해주십시오.

감사의 글

먼저 알렉스 러셀Alex Russell과 제이크 아치볼드Jake Archibald에게 감사를 전합니다. 2014 구글 I/O에서 그들의 강연을 우연히 듣기 전까지는 이 책에서 다루게 될 내용이 어떤 의미인지 전혀 알지 못했습니다. 그들의 강연과 이 책 저술을 통해 더 많은 것을 배웠습니다.

실제로 프로그레시브 웹 앱을 구현하는 사람들이 있습니다. 이 책을 위해 그 경험을 공유해준 그들에게 감사를 전하고 싶습니다. 조이 말버거Joey Marburger, 리테시 쿠마Ritesh Kumar, 라울 야다브Rahul Yadav, 니콜라스 갤러거Nicolas Gallagher, 크리스 뉴겐Chris Nguyen, 제레미 토맨Jeremy Toeman 모두 고맙습니다.

이 책의 출판이 가능하도록 도와준 오라일리 팀에게도 감사합니다. 알리 맥도널드Ally MacDonald, 제프 브라이엘Jeff Bleiel, 소니아 사루바Sonia Saruba, 콜린 콜Colleen Cole, 데이비드 푸타토David Futato, 리베카 더마리스트Rebecca Demarest, 헤더 쉐러Heather Scherer, 엘렌 트라우트만Ellen Troutman, 아만다 커시Amanda Kersey, 카렌 몽고메리Karen Montgomery 그리고 그녀의 새 후드티에게도 감사를 전합니다.

이 책과 실제로 쓰이는 기술에 대해 저술할 수 있도록 도와준 구글, 오페라, 모질라, 마이크로소프트 팀, 그리고 모든 기술을 제대로 이해할 수 있도록 도와준 유능한 개발자들에게도 감사합니다. 제프리 포스닉Jeffrey Posnick, 에디 오스마니Addy Osmani, 매트 간트Matt Gaunt, 폴 킨란Paul Kinlan 모두 감사합니다.

오프라인 우선에 관련 글을 집필하고, 선구적인 업적을 남김으로써 이 책의 집필에 영감을 준 알렉스 파예커Alex Feyerke과 후디Hoodie 팀에 감사합니다.

이러한 종류의 책을 쓸 때 가장 어려운 부분은, 외부 피드백 없이 1년 넘게 무언가를 작업하는 데서 오는 불확실성입니다. 이 책을 쓰는 동안 시간을 들여 피드백을 보내주신 제임스 스탠리James Stanley, 패트릭 코난트Patrick Conant, 파비오 로톤도Fabio Rotondo, 네빌

프랭스Neville Franks, 플로리안 샘러Florian Semrau에게도 감사합니다.

마지막으로 이 책을 완전하게 기술적으로 검토하여 실제로 내용에 오류가 없도록 도와준 안드레아 보벤스Andreas Bovens, 케네스 로드 크리스챤센Kenneth Rohde Christiansen, 패트릭 케트너Patrick Kettner, 토마스 스타이너Thomas Steiner 모두 고맙습니다.

차례

chapter 1

프로그레시브 웹 앱 소개

단어는 잊혀진 이름의 희미한 그림자입니다. 이름에 힘이 있듯 단어에도 힘이 있습니다. 단어는 사람의 마음에 불을 붙일 수 있습니다. 단어는 가장 단단한 마음에서 눈물을 빼낼 수 있습니다. 다른 사람이 당신을 사랑하게 만드는 일곱 개의 단어가 있습니다. 강한 사람의 의지를 깨뜨릴 열 개의 단어가 있습니다. 그러나 단어 하나는 그림으로 그려진 불에 불과합니다. 그 이름은 바로 불, 그 자체입니다.

『바람의 이름』, 패트릭 로스퍼스Patrick Rothfuss

몇 년에 한 번씩, 웹은 중요한 전환점을 겪었습니다. 몇 가지 기술이 서로 결합하여 대중의 시선을 사로잡기도 했습니다. 이미 수년 전부터 알려진 기술이기도, 브라우저가 막 지원하기 시작한 기술이기도 했습니다. 그러나 밖에서 볼 때는 어느 날 갑자기 웹이 훌쩍 도약하는 것처럼 보입니다.

Ajax가 등장했을 때 그랬습니다. 어느 날 갑자기 Ajax가 유행하기 시작했고 **XMLHttpRequest**와 같은 기반 기술은 훨씬 전부터 사용 가능했지만 대부분 정적인 페이지로 연결되어 있는 웹의 개념 자체에 변화가 있었습니다.

Ajax 자체는 **웹 2.0** 혁명의 일부였습니다. 웹 2.0도 2004년 어느 시점에 갑자기 튀어나와 하룻밤 사이에 유명해진 이름입니다.

몇 년 후 **모바일 우선**mobile-first이라는 용어가 주목받기 시작하면서 웹 개발을 바라보는 시각에 변화가 생겼습니다. 이 두 단어로 인해 벽 속에 설치된 인터넷 선으로 연결되어 있는 컴퓨터와 20인치 모니터 앞에 앉아있는 시대가 끝났음을, 생각하는 방식을 바꿀 때가 되었음을 깨달았습니다.

이러한 순간은 기술이 탄생할 때보다는, 이름 지어질 때 발생합니다. 이름에는 그런 힘이 있습니다. 우리는 이름을 통해 새로운 아이디어를 이해하고 새로운 개념을 논의합니다. 우리는 이름을 통해 표면 아래에서 요동치는 폭풍을 알아챕니다.

바로 지금 비슷한 변화가 일어나고 있습니다. 이 변화에도 이름이 있습니다.[01]

1.1 웹의 역습

프로그레시브 웹 앱 Progreesive Web App, PWA은 네이티브 앱의 장점과 웹의 낮은 진입 장벽low friction이라는 두 가지 장점을 모두 지닌 새로운 종류의 웹 앱입니다.

프로그레시브 웹 앱은 단순한 웹사이트로 시작하지만, 사용자가 사용하면 할수록 새로운 힘을 얻습니다. 프로그레시브 웹 앱은 평범한 웹사이트에서 기존 네이티브 앱과 비슷하게 발전합니다.

아침에 일어나 철도 회사의 웹사이트에 방문한다고 가정해 봅시다. 당신은 휴대폰을 꺼내 통근 기차 일정을 확인하고 브라우저를 닫고 휴대폰을 주머니에 다시 집어넣습니다. 퇴근길에 사이트에 다시 접속해 다음 기차가 언제 출발하는지 확인합니다(퇴근길 엘리베이터에서 네트워크 연결이 끊어졌지만, 사이트가 잘 작동하기에 오프라인 상태임을 알아채지 못합니다). 다음 날 웹사이트에 다시 방문하니 브라우저가 휴대폰의 홈 화면에 '사이트 바로 가기 아이콘'을 추가할지 물어봅니다. 기쁘게 동의합니다. 그날 오후, 홈 화면의 아이콘을 통해 사이트에 접속하니 선로 작업으로 인해 기차 운행이 지연될 수 있다는 안내와 함께, 지연 운행에 관한 알림을 수신할지 물어봅

01 좀 더 정확히 말하면, 알렉스 러셀Alex Russel과 프랜시스 베리만Frances Berriman이 어느 날 저녁을 함께 먹으며 이름을 생각해 냈습니다. 알렉스 러셀의 블로그 포스팅 「Progressive Web Apps: Escaping Tabs Without Losing Our Soul」(https://pwabook.com/pwasmoment)을 참조하세요.

니다. 다음 날 아침, 잠에서 깨어날 때 휴대폰을 통해 통근 기차가 15분 지연 운행된다는 알림이 울렸습니다. '10분 뒤 다시 알림' 버튼을 누릅니다.

프로그레시브 웹 앱은 이처럼 간단한 웹사이트로 시작했지만, 휴대폰에 설치된 네이티브 앱과 똑같은 기능을 발휘하기까지 서서히 새로운 힘을 얻습니다. 철도 회사는 고객이 앱 스토어를 통해 앱을 설치하기를 바라는 대신 고객의 휴대폰에 영구적인 저장공간을 확보할 수 있습니다.

새로운 프로그레시브 모델은 **설치됨**installed 또는 **설치되지 않음**not installed으로 구분할 수 있는 이분법적인 앱의 성질을 대체할 수 있습니다. 프로그레시브 웹 앱은 사용자와 신뢰를 쌓고 필요에 따라 권한을 얻을 수 있습니다.

스스로에게 질문을 해봅시다. 프로그레시브 웹 앱은 네이티브 앱에 비해 어떤 장점이 있을까요? 늘 그래왔듯 그냥 네이티브 앱을 만들면 안 될까요? 네이티브 앱의 문제가 무엇인지 그 이유를 이미 짐작하고 있을 것입니다. 사용자가 앱을 설치할 가능성은 해마다 점점 줄어드는데, 새로운 사용자를 확보하는 데 드는 비용은 늘고 있습니다. 사용자의 참여를 유지하는 것이 점점 더 어려워지고 있습니다.

1.2 오늘날의 모바일 환경

아이폰이 처음 공개됐던 2007년 당시, 아이폰의 핵심 기능은 휴대폰에서 웹사이트를 볼 수 있다는 점이었습니다. 그로부터 1년 후 모바일 앱이 등장하면서 마침내 웹페이지의 한계를 뛰어넘을 수 있었습니다(물론 앱 스토어가 생기면서 새로운 제약이 생겨났습니다).

향상된 그래픽, 위치 정보 활용, 푸시 알림, 오프라인 사용 여부, 홈 화면 아이콘 등의 기능을 고려하면, 개발자의 눈에 웹은 더 이상 아무것도 아니었습니다. 네이티브 앱은 그렇게 폭풍처럼 전 세계와 휴대폰 시장을 점령했습니다.

그러나 시간이 흐르면서 이러한 추세가 바뀌기 시작했습니다. 사용자들은 휴대폰과 모바일 앱에서 그 어느 때보다 많은 시간을 보내게 됐지만, 사용하는 앱의 수는 오히려 줄었습니다. 사용자는 점점 더 적은 수의 앱을 설치하고, 설치된 앱 중에서도 특정 앱만을 사용합니다. 만일 내가 만든 앱이 앱 스토어 순위에서 상위 TOP 10에 속한다면 괜찮습니다. 하지만 새로운 앱을 개발해 시장에 진입하는 게 목표라면 엄청난 비용이 드는 것은 물론, 순위권에 진입하기가 거의 불가능에 가깝습니다.

모바일에서의 사용자 행동 양식

2016년 콤스코어ComScore의 보고서(https://pwabook.com/comscore)에 따르면, 일반 사용자는 모바일 기기 사용 시간의 84%를 가장 유명한 앱 5개를 사용하는 데 쓰고 있습니다. 아쉽게도 여러분의 앱이 아닙니다. 태블릿 기기에서는 숫자가 더 커집니다. 사용 시간의 95%가 상위 5개 앱에 해당되었습니다.

이 보고서에 따르면, 더 많은 사람에게 다가가는 데 네이티브 앱보다 모바일 사이트가 더 쉬웠습니다. 500만 명 이상의 사용자가 사용하는 모바일 웹사이트의 숫자는 600개에 달합니다. 비슷한 수의 사용자가 사용하는 네이티브 앱의 수보다 거의 4.5배 많습니다. 상위 1,000개 모바일 웹사이트의 잠재 고객은 상위 1,000개의 네이티브 앱의 잠재 고객보다 3배 이상 많으며, 성장 속도도 네이티브 앱보다 2배 빠릅니다.

사용자가 여러분의 앱을 설치하고 사용하려면, 힘든 퍼널Funnel[02]에서 떨어져 나가지 않고 살아남아야 합니다. 우선, 사용자가 기존 온라인 광고나 웹사이트에서 앱을 발견합니다. 그다음, 앱 스토어에서 앱을 검색해 '설치' 버튼을 누릅니다. 앱마다 다른 권한 항목을 확인하고 권한 부여에 동의합니다. 앱을 다운로드하고 설치되기를 기다립니다. 마지막으로 앱을 적어도 한번은 실행합니다. 그리고 어쩌면 정말로 앱을 사용하는 사용자가 될지도 모릅니다.

이런 퍼널은 트위터나 페이스북 같이 잘 알려진 앱을 설치할 때는 별 문제가 되지 않습니다. 그러나 연구에 따르면 퍼널의 각 단계마다 평균적으로 20%의 사용자

02 옮긴이주_ 퍼널이란, 사용자가 서비스에 접속하여 상품을 구매하기까지의 경로를 말합니다.

가 이탈합니다. 배너 광고의 경우 배너를 클릭한 사용자의 20% 미만만이 앱을 실행합니다.

사용자에게 앱을 설치하도록 유도하는 것이 힘들어지면서 새로운 광고 방식이 등장했습니다. 아마 경험한 적이 있을 겁니다. 웹사이트를 방문해 짧은 기사를 읽거나 내일 날씨를 확인하려는 순간, 배너 광고가 갑자기 튀어 나와 화면을 가리는 광고 말입니다.

어떤 사람은 이것을 **전체 페이지 삽입 광고**라고 부릅니다. 필자는 **도어 슬램**The Door Slam(그림 1-1 참조)과 같이 더 짧은 이름을 선호합니다(전체 페이지 삽입 광고(전면 광고)의 효과와 비효율에 관한 내용은 부록 B를 참조하세요).

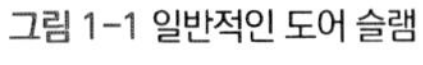
그림 1-1 일반적인 도어 슬램

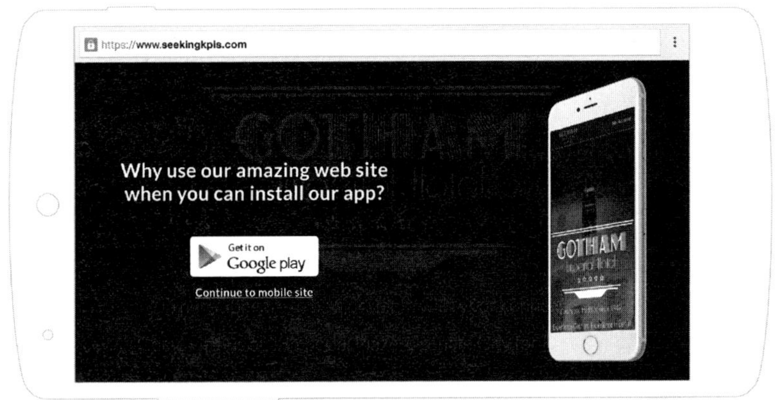

사용자가 휴대폰에 앱을 설치하도록 유도하는 것은 비용이 많이 듭니다. 다만, 웹에 비해 네이티브 앱이 여러 가지 장점을 가지고 있기 때문에 개발자는 사용자가 더 수고스러워지더라도 앱을 설치하기를 원합니다.

사용자가 일단 네이티브 앱을 선택하면 전통적인 웹사이트(웹은 몇 초 동안만 사용되고 잊혀질 수 있습니다)보다 훨씬 더 오랜 기간 살아남고, 훨씬 더 오래 사용자의 주의를 끕니다. 앱은 한번 설치된 후 홈 화면에 고정된 자리를 차지합니다. 또한, 언제든지 사용자에게 알림을 보내며 자신의 존재를 드러냅니다. 앱 개발자는 다양한 방식으로 사용자의 이목을 끌 수 있고, 다양한 방법으로 수익화를 시도할 수 있습니다.

그러나 프로그레시브 웹 앱이 등장하면서, 이러한 흐름에도 변화가 생기고 있습니다. 지금까지 네이티브 앱에서만 가능했던 강력한 기능을 이제 웹에서도 사용할 수 있습니다. 강력한 앱의 기능, 웹의 접근성, 한 단계(링크 클릭 vs 앱 인스톨)로 구성된 퍼널이 결합되면 사용자, 웹 개발자, 사업에도 큰 도움이 될 것입니다.

1.3 프로그레시브 웹 앱의 장점

프로그레시브 웹 앱은 새롭게 소개된 여러 기능을 통해 네이티브 앱이 할 수 있는 대부분의 일을 할 수 있습니다.

이 책에서는 다음 몇가지 기능에 대해 살펴봅니다.

연결 상태와는 무관한 가용성(오프라인 지원)

프로그레시브 웹 앱에서는 전통적인 웹사이트와는 달리 사용자의 인터넷 연결 여부가 중요치 않습니다. 사용자가 프로그레시브 웹 앱 홈페이지를 방문하면 **서비스 워커**가 등록(25페이지의 '탭, 웹, 서비스 워커' 참조)되고 사용자의 인터넷 연결 상태 변화를 감지하여 적절히 대응합니다. 이를 통해 온라인, 오프라인, 불안정한 인터넷 상태와 관계없이 기능이 작동할 수 있습니다.

예를 들어 인터넷을 쓸 수 없는 대서양 위를 비행하는 동안에도 프로그레시브 웹 앱을 사용할 수 있습니다. 메시지 송신, 이벤트 참석 여부 회신, 게시물에 댓글 달기 등의 기능도 이용할 수 있죠. 이후 인터넷이 다시 연결되면 이미 사용자가 웹페이지 혹은 웹 브라우저를 종료했더라도 작업이 정상적으로 완료됩니다(이 기술에 대한 자세한 내용은 7장을 참조하세요).

프로그레시브 웹 앱은 네이티브 앱 수준의 신뢰성과 안정성을 제공합니다. 사용자는 언제든지 왓츠앱WhatsApp을 열고 메시지를 빠르게 쓰고 인터넷 연결 상태에 대한 걱정 없이 휴대폰을 닫아도 된다는 것을 알고 있습니다. 웹은 아직이 정도 수준의 신뢰를 얻지 못했습니다. 이것이 사용자가 네이티브 앱을 더 선호하는 이유 중 하나입니다.

빠른 로딩 시간

서비스 워커를 사용하면 초고속 인터넷을 쓰든, 2G 연결이 불안정하든, 아예 인터넷이 없든, 바로 시작되는 웹사이트를 만들 수 있습니다. 웹사이트는 몇 밀리 초 만에 로드됩니다. 이전에 경험했던 어떤 웹보다도 훨씬 빠릅니다. 종종 네이티브 앱보다도 빠르죠('오프라인 우선' 철학에 대해 배우려면 5장을 참조하세요).

푸시(Push) 알림

프로그레시브 웹 앱은 사용자가 웹사이트를 떠난 며칠 뒤에도 사용자에게 알림을 보낼 수 있습니다. 알림은 사용자의 재참여를 유도하고 다시 방문하게 만들 수 있습니다. 프로그레시브 웹 앱의 알림은 아주 자연스러워 네이티브 앱의 알림과 차이가 없습니다(푸시 알림에 대한 자세한 내용은 9장을 참조하세요).

홈 화면 바로 가기

사용자가 프로그레시브 웹 앱에 관심을 보이기 시작하면, 브라우저는 사용자에게 홈 화면에 바로가기 아이콘을 추가하라고 제안합니다. 홈 화면에 아이콘을 추가하면 네이티브 앱과 구분하기가 어렵습니다(그림 1-2 참조. 사용자 홈 화면의 명당자리를 어떻게 차지하는지는 9장을 참조하세요).

그림 1-2 앱 인스톨 배너

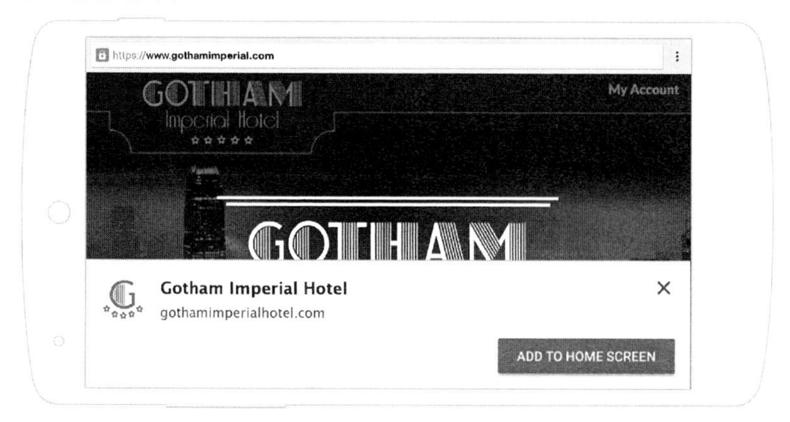

네이티브 앱과 같은 디자인

홈 화면에서 프로그레시브 웹 앱을 시작하면 네이티브 앱과 구별하기 어렵습니다. 로딩 중 스플래시 화면[03]을 표시하고 브라우저나 휴대폰 UI를 제외한 전체 화면으로 실행됩니다. 또한 가로/세로 중 특정 화면 모드만 지원하도록 강제할 수도 있습니다(이는 게임 앱의 필수 조건입니다).

더 자세한 사항은 9장을 참조하세요.

03 옮긴이주_ 부팅이나 로딩 등 기다리는 지루함을 감추기 위해 보여주는 화면입니다. 윈도우 운영체제가 부팅될 때 나타나는 윈도우 로고, 앱 실행 시 보여지는 제작사 로고 등을 보여주는 화면을 말합니다.

리프트Lyft: 더 많은 플랫폼, 더 많은 승객

프로그레시브 웹 앱은 사용자 경험(UX)이라는 장점 외에도 비즈니스에 다양한 이점을 가져다줍니다. 리프트는 인기 있는 택시 서비스로, 회사 매출을 전적으로 모바일 앱에 의존하고 있습니다.

리프트는 더 많은 기기와 모바일 OS를 지원해야 더 많은 사용자에게 다가갈 수 있다는 것을 알았습니다. 그러나 앱이 발전함에 따라 유지보수비는 늘어만 갔습니다. 유지보수비 증가를 막으려면 너무 오래된 iOS와 안드로이드 버전에 대한 지원은 줄여야 했습니다. 리프트는 이러한 잠재고객을 포기하는 방법 대신 프로그레시브 웹 앱을 만들었습니다(iOS 사용자 8%, 안드로이드 사용자 3%).

리프트 팀은 프로그레시브 웹 앱을 통해 여러 앱과 다양한 기기를 지원하는 데 드는 기술 및 운영 비용을 절감할 수 있었습니다. 더 중요한 것은 iOS와 안드로이드뿐 아니라 이전에는 고려할 수 없었던 아마존 파이어Amazon Fire 등의 사용자에게도 다가가게 되었다는 점입니다.

1.4 탭, 웹 그리고 서비스 워커

모든 프로그레시브 웹 앱의 핵심은 서비스 워커입니다.

서비스 워커는 웹 개발을 바라보는 시각을 바꿔 놓았습니다. 잠시 시간을 들여 서비스 워커가 어디에 위치하는지 이해하는 것은 중요합니다. 이렇게 해야 서비스 워커의 잠재력을 이해할 수 있습니다.

서비스 워커가 나오기 이전 코드는 서버 혹은 브라우저 창에서 실행되었습니다. 서비스 워커는 여기에 새로운 **계층**layer을 도입했습니다.

서비스 워커는 특정 사이트의 하나 혹은 그 이상의 페이지를 제어하는 스크립트입니다. 일단 설치되면 단일 브라우저 창이나 탭의 외부에 위치합니다.

그 곳에서, 서비스 워커는 자신이 제어하는 페이지에서 발생하는 이벤트를 수신합니다. 웹에서 파일을 요청하는 것과 같은 이벤트를 가로채거나 수정하고 다시 페이지로 돌려보낼 수 있습니다(그림 1-3 참고).

그림 1-3 탭, 웹 그리고 서비스 워커

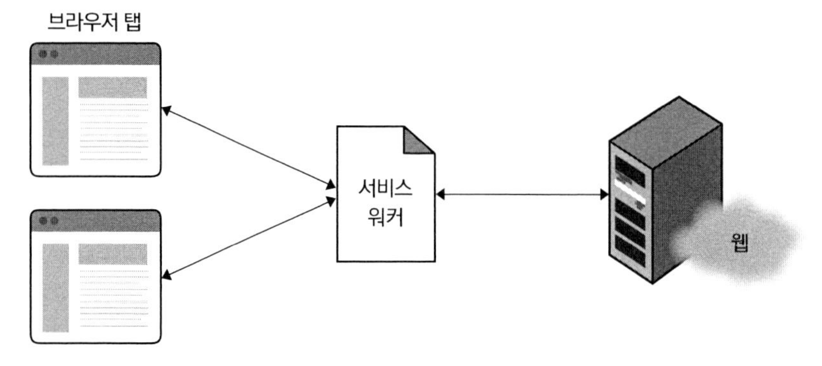

즉, 페이지(브라우저 탭)와 웹 사이에 네트워크 연결 상태와는 독립적으로 페이지 요청에 응답할 수 있는 계층(서비스 워커)이 추가됩니다. 이 계층은 사용자가 오프라인인 경우에도 작동합니다. 오프라인 상태나 서버의 느린 응답을 감지하면 캐시된 콘텐츠를 대신 브라우저에 보냅니다.

그림 1-4 사용자가 오프라인인 동안 페이지와 서비스 워커의 통신

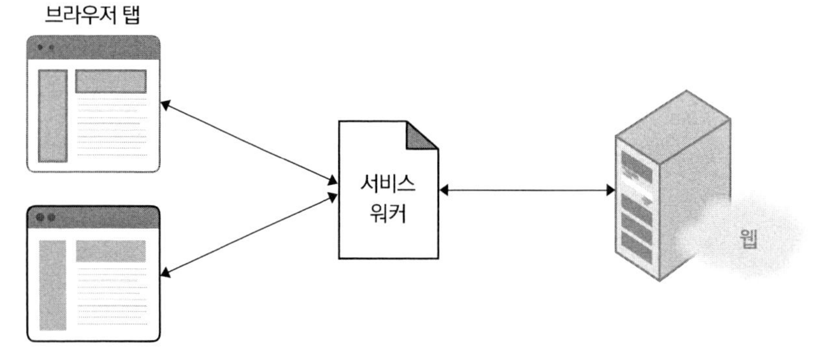

이 부분을 조금 더 생각해보면, 사용자가 브라우저에서 사용 중인 모든 탭을 닫아도, 서버와 통신하는 계층이 여전히 남아 있는 것입니다(그림 1-5). 이를 통해 푸시 알림을 수신하면 브라우저에 전달하고(사용자가 다시 서버에 접속하기 전에 프로그레시브 웹 앱을 닫고 엘리베이터로 탑승하더라도) 사용자가 수행한 모든 작업이 정말로 서버에 전달될 수 있습니다.

그림 1-5 사용자가 페이지에서 떠난 뒤의 서비스 워커 통신

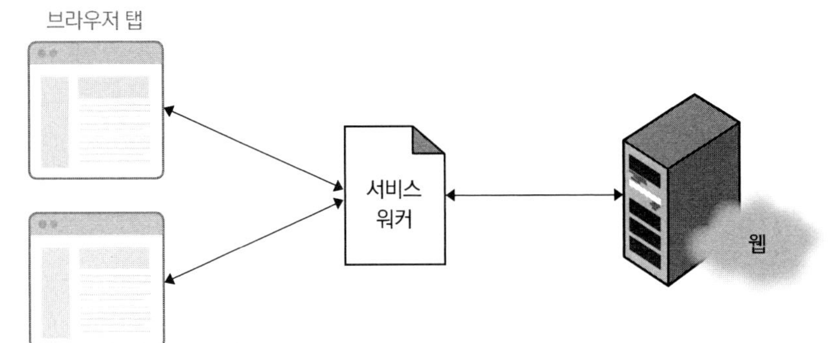

서비스 워커가 왜 모든 프로그레시브 웹 앱의 핵심인지 감이 올 겁니다. 서비스 워커의 영속성을 바탕으로 프로그레시브 웹 앱은 사람들이 앱에서 기대하는 수준을 웹에서 만족시킬 수 있습니다. 서비스 워커가 바로 네이티브 앱만이 할 수 있는 일과 오늘날의 프로그레시브 웹 앱이 할 수 있는 일 사이를 연결하는 '단절 고리 missing link'[04]입니다.

서비스 워커의 가장 중요한 장점은 아마도 서비스 워커가 단순한 자바스크립트 파일이라는 점일 겁니다. 서비스 워커는 지난 수년 간 사용된 다른 자바스크립트와 동일한 방법으로 구현됩니다.

따라서 서비스 워커와 이 책에서 다루는 관련 기술을 이해하여 얻을 수 있는 이점은 실로 엄청납니다. 이미 친숙한 자바스크립트, HTML, CSS와 같은 기존 지식을 활용하여 네이티브 모바일 앱과 경쟁하거나 능가할 수 있는 웹 앱을 작성할 수 있기 때문입니다.

04 옮긴이주_ 생물 진화 과정에서 멸실된 생물종을 가리킵니다. 진화 계열의 중간에 해당하는 종류가 존재했다고 추정되지만 화석으로는 발견되지 않은 것을 말합니다(출처: 두산백과).

chapter 2

당신의 첫 번째 서비스 워커

2.1 샘플 프로젝트 구성하기

이 책은 프로그레시브 웹 앱을 배우기 위해 실질적인 접근 방식을 따릅니다.

이번 장부터는 간단한 가상의 고담 임페리얼 호텔Gotham Imperial Hotel의 웹 앱을 만들고 점진적으로 개선해 볼 것입니다. 각 장에서는 이전 장의 작업에 이어 코드를 개선하고 구현하며, 각 장의 마지막에서는 출시 준비가 된, 즉 작동하는 웹 앱을 만듭니다.

이 책이 끝날 무렵이면 이 웹사이트는 완벽한 기능을 갖춘 프로그레시브 웹 앱으로 바뀔 것입니다.

코드 샘플을 가지고 놀면서 따라가려면 로컬 컴퓨터에 웹 앱의 소스 코드를 복사해야 합니다. 코드는 고담 임페리얼 호텔 깃허브 리포지토리(Gotham Imperial Hotel GitHub repository, https://pwabook.com/gihrepo)에서 찾을 수 있습니다.

코드를 복제하고 로컬에서 실행하려면 Git, Node.js, NPM을 로컬 컴퓨터에서 실행할 수 있어야 합니다. 이 중 하나라도 실행할 수 없다면 깃허브Github에서 직접 소스 코드를 내려받아 원격 서버에서 실행할 수 있습니다. 하지만 권장하지는 않습니다.

먼저 컴퓨터 명령 프롬프트(콘솔)를 열고, 코드를 내려받을 디렉터리로 이동한 후 다음 명령어를 실행합니다.

```
git clone -b ch02-start git@github.com:TalAter/gotham_imperial_hotel.git
cd gotham_imperial_hotel
npm install
```

"Permission denied (publickey). fatal: Could not read from remote repository"와 같은 권한 문제가 발생하는 경우 다음과 같이 명령어를 HTTPS 대안 경로로 변경하여 파일을 내려받으면 됩니다.

```
git clone -b ch02-start https://github.com/TalAter/gotham_imperial_
hotel.git
cd gotham_imperial_hotel
npm install
```

npm은 널리 사용되는 자바스크립트 패키지 매니저로, node.js를 설치하면 같이 설치됩니다. node.js의 설치 파일은 https://nodejs.org/ko/에서 내려받을 수 있습니다.[05]

이 명령어는 고담 임페리얼 호텔 웹 앱의 소스 코드를 복제하고 ch02-start라는 이름의 브랜치branch를 만듭니다. 그리고는 실행에 필요한 **의존 라이브러리(dependencies)**를 설치합니다.

다음 명령어로 브라우저에 사이트를 제공하는 로컬 서버를 시작합니다.

```
npm start
```

브라우저에서 http://localhost:8443를 열면 고담 임페리얼 호텔 웹 앱이 보입니다.

05 옮긴이주_ 해당 박스의 내용은 옮긴이가 확인하여 추가한 부분입니다.

웹 앱이 브라우저에 로드되지 않으면 다음 내용을 확인합니다.

- Git, Node.js, NPM을 설치하였고 명령 프롬프트에서 이를 사용할 수 있어야 합니다(예. macOS의 터미널Terminal 혹은 아이텀iTerm; 윈도 OS의 윈도 커맨드 프롬프트Windows Command Prompt 혹은 시그윈Cygwin).
- 앞서 언급한 모든 단계를 제대로 따라 했는지 확인합니다.

이제 통합개발환경(IDE, Integrated Development Environment)이나 에디터에서 프로젝트를 열고 책을 따라가며 이 사이트를 프로그레시브 웹 앱으로 바꿔봅시다.

각 장의 코드는 이전 장의 변경사항을 토대로 작성되었기 때문에, 각 장의 시작에 앞서 이전 장의 코드 변경 사항이 모두 반영되어 있어야 합니다. 이 책의 코딩 연습 문제나 장 전체를 건너뛰었다면, 명령 프롬프트에 다음 두 명령어를 입력하여 각 장의 시작 상태의 코드를 가져올 수 있습니다.

```
git reset —hard git checkout ch04-start
```

이 명령은 로컬에서 수행한 모든 변경사항을 초기화한 다음, 해당 장 이전의 모든 변경사항이 반영된 브랜치를 체크아웃[06]합니다. 두 번째 명령어의 브랜치 이름을 현재 장의 이름으로 변경합니다. 예를 들어 6장을 시작할 때 `git checkout ch06-start`를 실행하면 앞의 5개 장의 변경사항을 모두 반영한 브랜치를 체크아웃하게 됩니다.

06 옮긴이주_ 체크아웃checkout은 해당 브랜치를 사용하겠다고 명시적으로 지정하는 것입니다.

2.2 고담 임페리얼 호텔에 오신 것을 환영합니다

프로그레시브 웹 앱으로의 여정을 이끌 프로젝트는 가상의 고담 임페리얼 호텔 웹사이트입니다.

이 웹사이트는 두 페이지로 구성되어 있습니다.

1. 호텔, 지도, 다가오는 이벤트, 새 예약을 위한 폼 양식을 포함한 홈페이지[07]
2. 사용자 예약과 다가오는 이벤트, 새 예약을 위한 폼 양식을 포함하는 내 계정(My Account) 페이지

이 두 페이지는 단순하지만 콘텐츠 중심의 사이트와 앱과 유사한 웹 앱을 구성하는 대부분의 요소를 포함하고 있습니다.

책을 읽으면서 이 간단한 사이트를 완벽한 기능의 프로그레시브 웹 앱으로 바꿔나갈 겁니다.

다른 문제, 다른 해결

프로그레시브 웹 앱을 구성하는 기능을 살펴보면서 가끔은 고담 임페리얼 호텔 앱에서 한걸음 물러나 하나의 아이디어를 여러 맥락에서 살펴볼 겁니다.

호텔 앱은 기존 웹사이트와 비슷하지만, 여기에서는 기존 네이티브 앱과 유사한 앱의 관점에서 비슷한 문제를 살펴볼 것입니다. 접근 방법의 차이점과 유사점을 살펴봄으로써 각 기능이 다른 프로젝트에 어떻게 적용될 수 있는지, 사업의 형태에 따라 새로운 기능에서 어떤 이점을 얻을 수 있는지 더 잘 이해할 수 있습니다.

여기에서 살펴볼 가상의 메시징 앱 msger는 사용자가 140자짜리 메시지를 게시할 수 있게 해 주며, 최신 사용자 메시지 스트림을 보여줍니다. 새로운 메시지가 나타나면 메시지가 메시지 스트림 상단에 추가되어 오래된 메시지를 밑으로 밀어냅니다(그림 2-1).

07 옮긴이주_ 웹사이트의 첫 '인덱스 페이지'를 가리킵니다.

그림 2-1 샘플 메시징 앱

2.3 코드 알아가기

시작하기 전에 먼저 앱의 기본 코드 구조부터 익혀봅시다. 메인 프로젝트 디렉터리에는 매우 중요한 디렉터리가 2개 있습니다.

public

사이트의 모든 클라이언트 측 코드와 이를 실행하는 데 필요한 모든 파일을 포함합니다(예. 이미지, 스타일시트).

server

사이트를 제공하고 예약을 추적하며 알림을 보내는 서버 코드를 포함합니다.

이 책의 모든 코딩 연습 문제는 public 디렉터리와 관련이 있지만, 수시로 server 디렉터리를 들여다보고 싶을 수 있습니다(10장 참조).

시작하기 전, 코드에 관해 알아둘 것

앱 코드의 시작부는 매우 단순합니다. 앞으로 배울 핵심 원리를 명확하게 설명하기 위해 앱 코드는 코드 가독성에 관한 모범 사례 및 주요 상식을 잘 준수하지 않습니다.

이 책이 끝날 때쯤이면, 이 코드의 상당 부분을 개선할 수 있을 것입니다. 프로그레시브 웹 앱을 처음부터 만드는 방법뿐 아니라 기존 프로젝트를 프로그레시브 웹 앱으로 개선하고 바꾸는 방법을 배우게 될 것입니다.

이 책은 ES2015(ES6)[08]의 문법을 많이 사용하지 않습니다. 독자에게 익숙하지 않은 새로운 구문이 아니라 책의 주제에 집중했으면 해서입니다. 이 책의 코드에 ES2015의 이점을 적용하는 방법은 부록 A에서 확인할 수 있습니다.

2.4 현재의 오프라인 사용자 경험

이전 섹션을 완료하면, 고담 임페리얼 호텔 웹 앱 복사본과 이를 실행할 수 있는 로컬 웹 서버가 준비됩니다.

작업 중인 코드가 이번 장의 시작 코드와 동일하도록 명령 프롬프트에 다음 명령을 실행합니다.

```
git reset —hard
git checkout ch02-start
```

그런 다음 npm start 명령으로 로컬 웹 서버를 시작하고, 브라우저에서 고담 임페리얼 호텔 사이트를 엽니다(http://localhost:8443). 그림 2-2와 같은 사이트가 나타나야 합니다.

08 옮긴이주_ ES2015(ES6)는 ECMA에서 제정한 자바스크립트 표준 명세입니다.

그림 2-2 고담 임페리얼 호텔 홈페이지

오늘날의 웹은 풍부하고 아름답고 유용합니다. 이것이 오늘날 우리가 만들 수 있는 웹입니다. 개발자는 일반 사용자에 비해 성능 좋은 데스크톱, 노트북, 모바일 기기를 통해 사이트에 접속합니다. 또한, 로컬 서버나 가까이에 있는 개발 서버와의 연결도 안정적입니다. 그러나 일반 사용자는 전혀 다른 환경에서 웹 앱을 경험합니다. 사용자가 오프라인 상태일 때 웹 앱을 방문하면 어떤 일이 일어나는지 살펴보겠습니다.

그림 2-3 엘리베이터에서 사용자가 경험한 샘플 웹 앱

불행히도 많은 사용자가 겪는 오늘날의 웹은 그림 2-3과 같습니다. 다행인 것은 서비스 워커를 통해 이러한 웹에 뭔가를 할 수 있게 되었다는 것입니다.

오프라인 상태 시뮬레이션하기

샘플 앱을 작업하다 보면 오프라인 상태를 시뮬레이션해야 할 때가 많습니다. 오프라인 상태는 사용자가 서버에 연결할 수 없는 상태입니다. 오프라인 상태를 시뮬레이션하는 한 가지 방법은 개발 서버를 중단하는 것입니다.

로컬 서버가 작동하는 명령 창에 Ctrl+C키를 눌러 서버를 종료합니다. 브라우저에서 페이지를 다시 불러오면, 사용자가 오프라인 상태에서 해당 페이지를 불러올 때와 동일한 환경이 됩니다.

다시 온라인 상태로 돌아가려면 `npm start` 명령을 다시 실행하면 됩니다.

이 방법은 개발 과정에서 오프라인 상태를 시뮬레이션하는 데 효과적입니다. 그러나 일단 코드를 운영 중인 서비스로 배포하고 나면 무언가를 테스트할 때마다 서버를 내려 서비스를 중단할 수는 없습니다. 다행히도, 대부분의 최신 브라우저에는 오프라인 상태는 물론 서로 다른 연결 속도(그림 2-4)를 시뮬레이션할 수 있는 도구가 포함되어 있습니다. 자세한 내용은 4.8페이지의 '개발자 도구'를 참조하세요.

그림 2-4 구글 크롬 브라우저에서 오프라인 상태를 시뮬레이션하는 모습

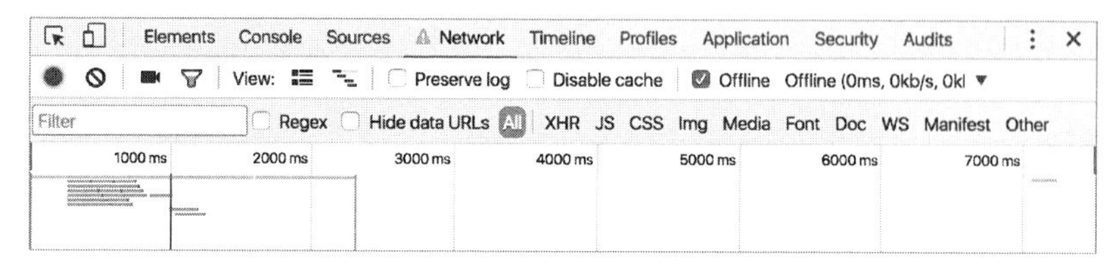

2.5 첫 번째 서비스 워커 만들기

사용자의 오프라인 환경을 관리해 보겠습니다.

먼저, 현재 페이지를 관리하는 새로운 서비스 워커부터 등록합니다. js/app.js 파일을 열어 상단에 다음 코드를 추가합니다.

```
if ("serviceWorker" in navigator) {
    navigator.serviceWorker.register("/serviceworker.js")
        .then(function(registration) {
            console.log("Service Worker registered with scope:", registration.
scope);
        }).catch(function(err) {
            console.log("Service worker registration failed:", err);
        });
}
```

우선 브라우저가 서비스 워커를 지원하는지 확인해야 합니다. 그런 다음 2개의 인수를 취하는 navigator.serviceWorker.register를 호출하여 서비스 워커를 등록합니다. 첫 번째는 서비스 워커 스크립트의 URL이고 두 번째는 선택적 options 객체입니다(50페이지 '서비스 워커의 범위 이해하기' 참조).

서비스 워커의 브라우저 지원 여부를 테스트하면 구형 브라우저 사용자도 앱을 이용할 수 있고 최신 브라우저 사용자에게도 향상된 경험을 제공할 수 있습니다. 이러한 **점진적 향상**Progressive Enhancement은 프로그레시브 웹 앱 구축의 핵심 방법입니다(자세한 내용은 41페이지의 '점진적 향상이란?' 참조).

register 함수를 호출하면 **프로미스**promise가 반환됩니다. 프로미스가 결과 값을 반환하면 서비스 워커가 성공적으로 등록된 것입니다. 그러면 then 구문에 정의된 함수가 호출되고, 만일 문제가 있으면 catch 블록에 정의된 함수가 호출됩니다.

브라우저에서 샘플 앱을 새로고침하면, "서비스 워커 등록 실패"[09]와 같은 오류 메시지가 나타납니다.

서비스 워커가 등록되지 않고 프로미스의 비동기 처리에 오류가 생기는 것은 우리

---

09 이 에러 메시지를 보지 못했다면 로컬 서버가 제대로 돌고 있는지 확인하고, 이번 절 말미의 '서비스 워커 브라우저 지원' 항목을 읽어보세요.

가 아직 serviceworker.js 파일을 만들지 않았기 때문입니다.

serviceworker.js라는 이름의 빈 파일을 만들어 프로젝트의 public 디렉터리(예. public/serviceworker.js) 루트에 저장합니다. 브라우저를 새로 고치면 “서비스 워커가 http://localhost:8443/ 에 등록되었습니다”라는 메시지가 나타납니다. 현재의 서비스 워커는 빈 파일에 불과하지만, 성공적으로 등록된 유효한 서비스 워커입니다.

serviceworker.js 파일을 프로젝트의 js 하위 디렉터리로 옮기고 싶어도 root 디렉터리에 두는 것이 좋습니다. 50페이지의 ‘서비스 워커 범위 이해하기’에서 이것이 왜 중요한지 알 수 있을 겁니다.

서비스 워커가 무엇을 할 수 있는지 살펴봅시다. 먼저 serviceworker.js 파일에 다음 코드를 추가합니다.

```
self.addEventListener("fetch", function(event) {
    console.log("Fetch request for:", event.request.url);
});
```

이 코드는 `self`의 `addEventListener`를 호출하여 서비스 워커에 **이벤트 리스너** event listener를 추가합니다(서비스 워커 내의 `self`는 서비스 워커 자체를 참조합니다). 이 리스너는 모든 fetch 이벤트를 수신합니다. 이벤트를 수신하면 등록된 함수를 실행합니다. 이 때, 이벤트 객체가 유일한 인수로 전달됩니다. 등록된 함수는 `request` 객체(fetch 이벤트의 속성으로 접근 가능)에 접근해 `request`의 URL을 콘솔에 출력합니다.

페이지를 새로고침하면, 페이지에서 발생한 모든 URL 요청이 브라우저 콘솔에 기록되는 것을 볼 수 있습니다(콘솔에서 아무 URL도 볼 수 없다면, 오래된 비어있는 서비스 워커가 아직 제어하고 있기 때문일 겁니다. 이에 대한 팁은 다음의 ‘서비스 워커의 생명주기’를 참조하세요).

페이지를 새로고침하면 페이지에서 발생하는 모든 URL 요청이 브라우저 콘솔에 기록됩니다.

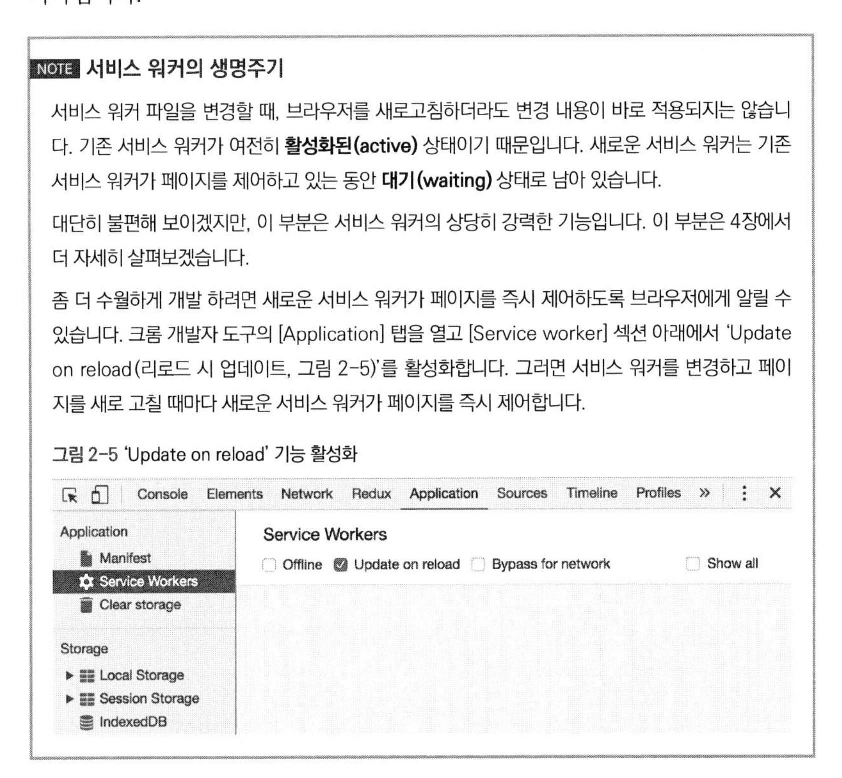

NOTE 서비스 워커의 생명주기

서비스 워커 파일을 변경할 때, 브라우저를 새로고침하더라도 변경 내용이 바로 적용되지는 않습니다. 기존 서비스 워커가 여전히 **활성화된(active)** 상태이기 때문입니다. 새로운 서비스 워커는 기존 서비스 워커가 페이지를 제어하고 있는 동안 **대기(waiting)** 상태로 남아 있습니다.

대단히 불편해 보이겠지만, 이 부분은 서비스 워커의 상당히 강력한 기능입니다. 이 부분은 4장에서 더 자세히 살펴보겠습니다.

좀 더 수월하게 개발 하려면 새로운 서비스 워커가 페이지를 즉시 제어하도록 브라우저에게 알릴 수 있습니다. 크롬 개발자 도구의 [Application] 탭을 열고 [Service worker] 섹션 아래에서 'Update on reload(리로드 시 업데이트, 그림 2-5)'를 활성화합니다. 그러면 서비스 워커를 변경하고 페이지를 새로 고칠 때마다 새로운 서비스 워커가 페이지를 즉시 제어합니다.

그림 2-5 'Update on reload' 기능 활성화

이 기능이 그다지 인상적이지는 않을 겁니다. 하지만 한번 생각해보세요. 해당 페이지에서(제3자 서버 포함) 요청이 이루어질 때마다 서비스 워커를 거치게 됩니다. 이제 이러한 모든 요청을 중간에 가로채서 분석하고 조작할 수 있습니다.

이 기능이 얼마나 강력한지 예를 들어 살펴보겠습니다.

serviceworker.js 파일의 코드를 다음과 같이 수정하고 브라우저를 새로고침합니다.

```
self.addEventListener("fetch", function(event) {
    if (event.request.url.includes("bootstrap.min.css")) {
        event.respondWith(
            new Response(
                ".hotel-slogan {background: green!important;} nav
{display:none}",
                { headers: { "Content-Type": "text/css" }}
            )
        );
    }
});
```

이 코드는 fetch 이벤트를 수신하고 모든 요청의 URL을 검사하여 bootstrap.min.css라는 문자열이 포함되어 있는지 확인합니다. 만약 포함되어 있다면, 서비스 워커는 사용자 정의 CSS를 포함하는 새로운 응답response을 즉시 생성하고 원격 서버에서 이 파일을 가져오는 대신 새롭게 생성한 응답을 이용해 페이지 요청에 응답합니다(그림2-6).

그림 2-6 CSS 요청을 덮어쓰기하여 백그라운드 컬러 변경하기

몇 줄의 자바스크립트로 서드파티 서버에 대한 요청을 가로채고, 새로운 응답을 즉석에서 만들어 마치 원격 서버에서 해당 응답이 온 것처럼 브라우저에 건네는

서비스 워커를 만들 수 있습니다. 다시 말해 본질적으로 브라우저 내부에 프록시 서버를 만들 수 있습니다.

서비스 워커 브라우저 지원

서비스 워커 지원을 위한 사양은 2014년에야 발표되었지만, 많은 브라우저에서 놀랍도록 빠른 속도로 서비스 워커를 지원하고 있습니다. 2015년 말까지 크롬, 오페라, 파이어폭스, 삼성 인터넷 모두 서비스 워커 지원을 추가했습니다. 이 책이 출판될 당시 Webkit 팀은 마이크로소프트 엣지 팀과 마찬가지로 아이폰을 비롯한 모든 사파리 관련 브라우저에 서비스 워커 구현을 하고 있었습니다.[10]

서비스 워커를 지원하는 브라우저 및 관련 기술에 대한 최신 정보는 제이크 아치발(Jake Archibal)의 'Is Service Worker Ready' 사이트(https://pwabook.com/isswready)를 확인하기 바랍니다.

2.6 점진적 향상이란?

현대적인 웹 앱의 핵심 철학은 바로 **점진적 향상**입니다.

점진적 향상이란, 사용자가 경험할 수 있는 만큼의 기능을 제공하는 것을 의미합니다. 이는 사용자가 특정 기능을 지원하지 않는 브라우저를 사용하는 경우에도, 작동이 멈추지 않는 사이트를 만들어야 함을 의미합니다.

점진적 향상은 웹 앱을 계층화된 방식으로 구축하는 방식으로 생각해 볼 수도 있습니다. 우선 기본 콘텐츠, 간단한 HTML 링크, 이미지 등으로 시작합니다. 자바스크립트를 사용할 수 있으면 링크를 강화하여 콘텐츠를 비동기적으로 가져오는 레이어를 추가합니다. 지도의 정적 이미지를 상호작용 가능한 Google 지도로 대체합니다. 서비스 워커를 지원하는 브라우저에서는 오프라인 지원을 추가합니다. 알림을 수신 할 수 있는 사용자에게는 푸시 알림을 보냅니다.

이렇게 하면 모든 사용자에게(오래된 브라우저나 피처 폰을 사용하는 사용자를 포함하여)

10 옮긴이주_ 2018년 봄, 사파리에서도 서비스 워커를 지원하기 시작했습니다. 애플 개발자 사이트(https://apple.co/2CyjAyf)의 'What's new in Safari'를 참조하세요.

완벽히 작동하는 앱을 제공할 수 있을뿐만 아니라, 더 많은 잠재 고객이 사이트에 쉽게 접근할 수 있고 검색 엔진은 사이트 내의 모든 콘텐츠에 대해 올바르게 **인덱스**index를 생성할 수 있습니다.

앞서 서비스 워커를 등록할 때 가장 먼저 브라우저 지원 여부를 확인했습니다. 서비스 워커를 지원하는 브라우저를 사용하는 사용자가 향상된 경험을 누리는 동안 지원하지 않는 브라우저를 사용하는 사용자도 기존과 같은 경험을 유지합니다. 기존 사용자를 불편하게 만들지 않고도 앱을 점진적으로 향상시킬 수 있습니다.

프로그레시브 웹 앱progressive web apps과 **프로그레시브 향상**progressive enhancement을 혼동하지 마세요. 프로그레시브 웹 앱은 프로그레시브(점진적인) 향상을 염두에 두고 개발하는 게 가장 이상적이지만, 기술적 요구 사항은 아닙니다. 최신 브라우저에서만 아름답게 작동하고 다른 모든 브라우저에서는 끔찍하게 깨지는 프로그레시브 웹 앱을 구현하지는 마세요.

2.7 HTTPS와 서비스 워커

방금 본 것처럼, 서비스 워커는 요청을 가로채어 콘텐츠를 수정하거나 완전히 새로운 응답으로 대체할 수 있습니다. 악의적인 제 3자는 이러한 기능을 통해 중간자 공격(man-in-the-middle attack)을 시도할 수 있습니다. 이를 방지하고 사용자를 보호하기 위해 보안 연결(HTTPS)을 통해 제공되는 페이지만 서비스 워커를 등록할 수 있습니다.

개발 중에는 호스트 이름을 localhost로 사용하여 보안 연결 없이 서비스 워커를 사용할 수 있습니다(예. http://localhost/ 및 http://local-host:1234/user/index.html을 모두 사용할 수 있습니다). 그러나 서버에 웹 앱을 배포 한 후에는 서비스 워커가 작동할 수 있도록 HTTPS 연결로 서비스를 제공해야 합니다.

웹이 점점 더 강력해짐에 따라 많은 새로운 기능이 HTTPS를 요구하고 있습니다. 서비스 워커만의 이야기는 아닙니다. 예를 들어 SpeechRecognition과 같은 API는 HTTPS가 필수는 아니지만, HTTPS를 사용하면 더 잘 작동합니다. 이전에는 비보안 연결 상태에서도 사용할 수 있었지만, HTTPS에서만 작동하도록 변경된 기능(예. Geolocation API)도 있습니다.

그래도 HTTPS로 옮겨가기가 망설여지신다구요? 보안 연결을 통해 제공되는 페이지는 구글이 검색 순위에 약간의 가산점을 부여한다는 점을 기억하세요 (https://pwabook.com/httpsranking).

HTTPS 상에서 사이트를 운영하는 데 드는 비용과 노력은 계속 감소하고 있습니다. 많은 새로운 인증 기관에서 SSL 인증서를 무료로 제공하기 시작했습니다. 새로운 도구와 프로세스 덕분에 서버 구성이 더욱 쉬워지고 있습니다. HTTP를 고집할 이유가 사라지고 있는 겁니다.

2.8 웹에서 콘텐츠 가져오기

앞서 우리는 내용과 헤더를 지정해서 새로운 response 객체를 처음부터 새로 만들었습니다. 이보다는 서비스 워커가 웹에서 제공하는 콘텐츠로 요청에 응답하는 게 더 일반적입니다.

serviceworker.js의 코드를 다음과 같이 교체합니다.

```
self.addEventListener("fetch", function(event) {
    if (event.request.url.includes("/img/logo.png")) {
        event.respondWith(
            fetch("/img/logo-flipped.png")
        );
    }
});
```

이전 단계를 모두 따라한 후, 페이지를 새로고침하면, 사이트 로고가 거꾸로 뒤집어져 보입니다(그림 2-7).

이전과 마찬가지로 `fetch` 이벤트 발생을 기다리지만, 이번에는 /img/logo.png에 대한 요청을 찾고 있습니다. 이 요청이 감지되면, `fetch` 명령을 사용해 뒤집어진 대체 로고 URL을 전달해 새로운 요청을 생성합니다. `fetch`는 새로운 response를 포함하는 프로미스를 반환합니다. 이 response를 인자로 `Event.respondWith` 메소드를 호출하여, 원래 `request` 이벤트에 응답합니다.

정리하면 서비스 워커는 로고 요청을 기다리고 있다가, 요청을 받으면 원래 로고가 아닌 다른 로고를 적용한 결과를 브라우저 창으로 돌려보냅니다.

그림 2-7 다른 이미지로 이미지 요청 오버라이딩하기

NOTE fetch(request[, options]);

fetch 함수의 첫 번째 인자는 필수이며 Request 객체나 절대 경로 혹은 상대 경로 형식의 URL 문자열을 받을 수 있습니다.

```
// URL로 가져오기
fetch("/img/logo.png");
// request 객체의 URL로 가져오기
fetch(event.request.url);
// request 객체를 전달하여 가져오기
// request 객체에는 URL외에도 추가 헤더, 폼데이터 등이 포함되어 있을 수 있다.
fetch(event.request);
```

fetch 함수의 두 번째 인자는 request에 대한 옵션 항목을 추가하는 객체지만 필수 항목은 아닙니다. 다음은 헤더에 쿠키를 포함하여 이미지에 대한 POST를 요청하는 예제입니다(기본적으로 credentials 필드값은 omit(생략)됩니다. 다시 말해, fetch 함수를 호출할 때 쿠키값은 전달되지 않습니다).

```
fetch("/img/logo.png", {
    method: "POST",
    credentials: "include"
});
```

fetch는 프로미스를 반환하고, 프로미스 객체는 response 객체로 리졸브될 수 있습니다.

2.9 오프라인 요청 감지하기

지금까지 살펴본 내용을 활용하여, 서비스 워커가 오프라인 상태를 감지하고 브라우저의 기본 오류 메시지 대신 조금 더 사용자 친화적인 오류 메시지를 표시하도록 변경해 보겠습니다.

우선 serviceworker.js 코드를 수정해 서비스 워커가 특별한 일은 하지 않고 모든 요청을 가로채 원래 request에서 요청했던 결과를 똑같이 반환하도록 합니다.

```
self.addEventListener("fetch", function(event) {
    event.respondWith(
        fetch(event.request)
    );
});
```

이 코드를 살펴보면, 왜 이런 일을 하는지 의문이 들 겁니다. 브라우저에서 발생하는 모든 fetch 호출을 가로챈 후 똑같은 일을 하는 fetch 호출로 응답합니다. 실제로 브라우저에서 사이트를 테스트해 보면 서비스 워커 적용 전과 어떠한 차이도 없습니다.

그럼 서비스 워커를 적용해 생기는 차이점은 무엇일까요? 이전 예제에서 fetch 함수는 프로미스로 감싼 response 객체를 반환한다고 이야기했습니다. 만일 웹 요청이 실패한 경우, 이를 먼저 확인해 원하는 일을 할 수 있습니다.

serviceworker.js 코드를 다음과 같은 내용으로 수정합니다.

```
self.addEventListener("fetch", function(event) {
    event.respondWith(
        fetch(event.request).catch(function() {
            return new Response(
                "Welcome to the Gotham Imperial Hotel.\n"+
                "There seems to be a problem with your connection.\n"+
                "We look forward to telling you about our hotel as soon as
you go online."
            );
        })
    );
});
```

브라우저를 새로고침하여 최신 버전의 서비스 워커를 설치하고 등록합니다. 이후 오프라인 모드로 들어갑니다(36페이지의 '오프라인 상태 시뮬레이션하기' 참조). 페이지를 한 번 더 새로고침합니다. 그러면 브라우저의 기본 에러 메시지 대신, 고담 임페리얼 호텔의 개인화된 에러 메시지가 나타날 겁니다(그림 2-8).

그림 2-8 간단한 오프라인 텍스트 메시지

우선, 메시지에 몇 가지 포맷을 적용한 후 코드를 차근차근 살펴보겠습니다.

2.10 HTML Response 생성하기

오프라인 상태에서 단순한 텍스트로 이루어진 오류 페이지로 웹을 퇴보시키는 대신 우아한 HTML 페이지를 전송하도록 코드를 수정해 봅시다.

serviceworker.js의 코드를 다음과 같이 수정합니다.

```
var responseContent =
    "<html>" +
        "<body>" +
        "<style>" +
        "body {text-align: center; background-color: #333; color: #eee;}" +
        "</style>" +
        "<h1>Gotham Imperial Hotel</h1>" +
        "<p>There seems to be a problem with your connection.</p>" +
        "<p>Come visit us at 1 Imperial Plaza, Gotham City for free WiFi.</p>"
+
        "</body>" +
```

```
"</html>";
self.addEventListener("fetch", function(event) {
    event.respondWith(
        fetch(event.request).catch(function() {
            return new Response(
                responseContent,
                {headers: {"Content-Type": "text/html"}}
            );
        })
    );
});
```

브라우저를 새로고침하여 새 버전의 서비스 워커를 설치합니다. 그런 다음, 오프라인 상태에서 페이지에 접속하여 새로 적용한 오프라인 메시지가 잘 표시되는지 확인합니다(그림 2-9).

그림 2-9 간단한 오프라인 HTML 메시지

그럼 어떻게 이것이 가능한지 살펴봅시다.

가장 먼저 오프라인 환경에서 사용자에게 보여줄 콘텐츠를 정의했습니다. 그리고 이 콘텐츠를 responseContent 변수에 대입합니다.

그 후, 모든 fetch 이벤트를 감지하는 이벤트 리스너를 추가합니다. fetch 이벤트가 발생하면, FetchEvent 오브젝트가 인자로 넘어오고, 정의된 사용자 함수가 호출됩니다. 이때, FetchEvent의 respondWith 메소드를 호출하여, 기본 작동 대신 원하는 형태로 fetch 이벤트에 응답할 수 있습니다.

respondWith 메소드는 하나의 인자를 받습니다. 이 인자는 response 자체 혹은 응답 코드 값입니다. 나머지 코드는 response를 만들기 위한 코드입니다.

우선 fetch를 호출하고 사용자로부터 전달받은 원본 request 그대로 전달합니다(FetchEvent 객체 내에서 찾을 수 있습니다). 헤더, 쿠키 및 요청 메소드가 변경되지 않았는지 확인하기 위해 URL이 아니라 원래 request 객체를 전달합니다. fetch 호출은 프로미스를 반환합니다. 만일 사용자가 온라인 상태고 서버도 온라인 상태며 사용자가 요청한 파일이 서버에 있으면 프로미스가 완료되고, fetch 호출은 response를 반환합니다. 반환된 response를 event.respondWith로 넘기면, 사용자는 자신이 요청한 페이지를 평소와 똑같이 브라우징 할 수 있습니다. 만일, fetch 호출에서 문제가 생기면 (예를 들어 사용자가 비행기를 타고 있는 중이라던가) 프로미스가 실패하고, catch 메소드 내에 개발자가 정의해둔 콜백 함수가 호출됩니다.

두 개의 인자를 사용해 new Response를 호출하고, 새로운 response 객체를 생성합니다. 첫 번째 인자는 응답 본문(전에 정의해둔 HTML 페이지)을 담고 있습니다. 두 번째 인자는 응답에 추가 속성을 정의할 때 사용됩니다. 여기서는, 해당 응답에 Content-Type 헤더를 추가하기 위해 사용했습니다.

새롭게 생성된 response 객체는 event.respondWith 호출을 통해 페이지로 반환되며, 정상적으로 웹 서버에서 반환된 응답처럼 작동합니다.

직접 Content-Type 헤더를 추가한 이유가 궁금하다면, 이 부분을 제거하고 헤더 없이 콘텐츠를 반환하도록 코드를 수정한 결과를 살펴보기 바랍니다.

브라우저는 응답 결과를 단순 텍스트로 간주하고 처리합니다. HTML 태그, 스타일 등을 포함한 모든 내용이 단순한 텍스트로 표시됩니다. 일반적으로는 브라우저에게 HTML 형식의 파일이 HTML 형식을 따르고 있다고 알려줄 필요가 없습니다. 여기서는 왜 Content-Type을 명시했을까요?

대부분의 웹 서버는 널리 사용되는 파일을 전송할 때 자동으로 올바른 헤더 값을 지정합니다. 다시 말해 서버가 HTML 파일을 전송할 때 HTML 본문과 여러 종류의 헤더 값이 포함된 response를 만듭니다. 그중 일부에는 브라우저가 전송되는 파일의 종류를 알 수 있도록 Content-Type 헤더가 포함되어 있습니다. response를 처음부터 만들 경우 응답 본문(HTML)뿐 아니라 이러한 헤더값도 직접 올바르게 구성해줘야 합니다.

2.11 서비스 워커의 범위(Scope) 이해하기

이 장의 초반에는 서비스 워커 파일을 프로젝트 root 폴더에 저장해습니다. 왜 서비스 워커 파일의 위치가 중요한지, /js/sw.js와 같이 하위 디렉터리에 저장하면 왜 문제가 되는지 살펴보겠습니다.

서비스 워커는 강력합니다. 서버스 워커를 통과하는 모든 요청을 마음대로 수정할 수 있습니다. 그만큼 일정 부분에서는 보안상의 제약이 필요합니다.

예를 들어 고담 시의 맛집 목록을 정리해둔 사이트가 있다고 가정하겠습니다(예. www.GothamEats.com). 이 사이트는 식당이 메뉴나 음식 사진을 관리할 수 있도록 식당마다 서브 도메인(예. www.GothamEats.com/Ginnos) 권한을 주고 있습니다. 만약 Ginno 레스토랑의 주인이 서비스 워커 스크립트를 자신의 사이트(예. www.GothamEats.com/Ginnos/sw.js)에 업로드한 후, 경쟁 레스토랑 사이트(예. www.GothamEats.com/Ralphs)로 가는 모든 트래픽을 가로채어 해당 레스토랑이 이미 망했다고 안내한다면 어떤 일이 일어날까요? 만일 브라우저에서 이런 일이 가능하다면, 고담시의 평화는 한층 더 요원한 일이 될 것입니다.

이러한 문제를 방지하고자 각각의 서비스 워커는 컨트롤 범위가 제한되어 있습니다. 컨트롤 범위는 서비스 워커 스크립트 파일이 위치한 디렉터리 위치에 의해 정해집니다. 앞선 예제처럼 serviceworker.js 파일을 root 디렉터리에 저장하는 경우, 서비스 워커가 사이트의 어느 곳에서 발생한 요청이든 제어할 수 있습니다. 반면 서비스 워커 스크립트 파일을 js 디렉터리에 저장하면, 해당 서브 디렉터리를 대상으로 하는 요청만 서비스 워커로 전달됩니다.

서비스 워커를 등록할 때 추가로 scope option을 인자로 넘겨서 컨트롤 범위를 변경할 수도 있습니다. 이를 통해 서비스 워커의 컨트롤 범위를 좀 더 좁힐 수는 있지만, 넓힐 수는 없습니다(예를 들어 /ginnos/sw.js가 /ginnos/menu/에 대한 요청만 전달받도록 제한할 수 있지만, 루트 도메인까지 영향력을 확대하도록 만들 수는 없습니다).

```
// 다음 두 명령어는 정확히 동일한 범위를 가진다.
navigator.serviceWorker.register("/sw.js");
navigator.serviceWorker.register("/sw.js", {scope: "/"});
// 다음 두 명령어는 서로 다른 디렉터리를 제어하는 두 개의 서비스 워커를 등록한다.
navigator.serviceWorker.register("/sw-ginnos.js", {scope: "/Ginnos"});
navigator.serviceWorker.register(“/sw-ralphs.js”, {scope: “/Ralphs”});
```

2.12 정리

이번 장은 브라우저의 오류 메시지를 조금 덜 멋진 오류 메시지로 수정한 정도로만 생각할 수 있습니다.[11] 하지만, 이는 실로 굉장한 일입니다.

이번 장에서는 서비스 워커를 브라우저 윈도우와 네트워크 사이에 등록하여 페이지에서 발생하는 모든 요청을 확인했습니다. 페이지에서 발생하는 요청을 가로채고 (타사 서버로 전달되는 요청 포함), 요청을 수정하고, 다른 요청으로 변경하거나, 요

11 크롬의 에러 페이지에서 공룡과 놀 수 있다는 사실을 알고 있나요? 어서 가서 클릭해보세요.

청 실패를 감지해 보았습니다. 더 나아가 오프라인 사용자가 더 이상 어둠 속에서 헤매지 않도록 사이트의 기능을 개선했습니다. 고담 시티에 도착한 사용자는 오프라인 상태에서도 간소화된 버전의 사이트를 탐색할 수 있게 되었습니다.

다음 장에서는 지금까지 배운 내용을 바탕으로 캐싱 마법을 좀 더 사용해서 사용자가 오프라인이든, 온라인이든 고담 임페리얼 호텔 사이트의 모든 기능을 이용할 수 있도록 사이트를 개선할 것입니다.

chapter 3

캐시 스토리지 API

2장 마지막 부분에서 고담 임페리얼 호텔 웹사이트를 크게 발전시켰습니다. 사용자가 오프라인 상태일 때 브라우저의 에러 화면을 보여주는 대신 별도로 정의한 HTML 콘텐츠를 보여주었습니다. 그러나 유감스럽게도 이미지나 스타일 시트가 없는 단순한 페이지만 보여줄 수 있었을 뿐, 고담 임페리얼이라는 이름에 걸맞는 현대적인 웹사이트를 만들지는 못했습니다.

이번 장의 목표는 오프라인으로 사이트에 방문한 사용자에게 이미지와 스타일 시트가 포함된 index-offline.html 파일을 보여주는 것입니다(그림 3-1). 브라우저에서 어떻게 보이는지 확인하고 싶다면 http://localhost:8443/index-offline.html에 방문하세요.

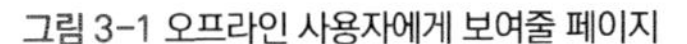
그림 3-1 오프라인 사용자에게 보여줄 페이지

사용자에게 이를 보여주려면 실패한 request를 catch하고 대체 콘텐츠를 반환해야 합니다.

```
self.addEventListener("fetch", function(event) {
    event.respondWith(
        fetch(event.request).catch(function() {
            return fetch("/index-offline.html");
        })
    );
});
```

다만, 이 코드에는 문제점이 있습니다. 눈치채셨나요?

코드가 아닌 로직에 에러가 있습니다. 사용자가 오프라인이라는 것을 알고 있을 때만 오프라인 파일을 가져오는데, 그러려면 사용자가 온라인일 때 오프라인 파일을 가져와 사용자 기기에 저장한 후 사용자가 오프라인일 때 이 파일을 제공해야 합니다.

사용자 기기에 콘텐츠를 저장하기 위한 '그 어딘가'가 비어있던 퍼즐의 한 조각이었는데요. 다행히도 서비스 워커가 소개되면서, 필요했던 퍼즐의 한 조각으로 CacheStorage API를 사용할 수 있게 되었습니다.

3.1 CacheStorage란 무엇인가

CacheStorage는 개발자가 완전히 제어할 수 있는 새로운 형태의 **캐싱 레이어** caching layer입니다.

이전 브라우저에도 캐시가 있었습니다. 이 캐시는 백그라운드에서 쉴 새 없이 돌면서 어떤 파일을 캐싱할 지, 언제 파일을 제공할지, 언제 캐싱된 파 일을 제거할 지를 결정했고, 개발자의 제어를 완전히 벗어나 있었습니다. 브라우저 캐시에 영향을 미칠 수 있는 유일한 방법은 서버가 각 응답과 함께 보내는 HTTP 헤더를 사용하여 콘텐츠에 대한 힌트를 브라우저에게 주는 것입니다.

또한 CacheStorage는 **캐시 매니페스트**cache manifest 파일을 이용하여 오프라인에서 사용할 수 있는 파일을 원시적인 방법으로 정의했던 이전의 AppCache API와는 아무 관련이 없습니다. 이 API는 이후 웹 표준에서 삭제되었고, 제이크 아치발Jake Archibal이 자신의 기사 「Application Cache is a Douchebag(https://pwabook.com/appcachedouche)」에서 신랄하게 비판한 것으로 유명합니다.

CacheStorage는 다른 접근 방식을 취했습니다. 개발자가 모든 것을 제어할 수 있습니다.

CacheStorage는 이전 기술과 달리 캐시 생성 및 관리를 위한 기본적인 API를 직접 제공합니다. 브라우저 설정에 따라 어떻게 작동할지 모르는 캐시 정책에 신경 쓰는 대신, 개발자는 원하는 수만큼 캐시를 생성하거나 열 수 있고, 응답 정보를 캐시에 저장, 검색, 삭제할 수 있습니다.

CacheStorage와 서비스 워커를 결합하여 캐시에서 뭘 삭제할지, 어떤 응답이 캐시로부터 반환되는지, 어떤 것이 네트워크로부터 반환되는지 프로그램으로 직접 제어할 수 있습니다.

3.2 언제 캐시할지 결정하기

이제 고담 임페리얼 호텔로 돌아가서 방문자에게 오프라인 사이트를 보여주기 위해 파일을 어떻게 캐싱하는지 살펴보겠습니다.

사용자가 오프라인 상태라면 인덱스 파일의 오프라인 버전을 가져오는 데 문제가 있다는 것을 이미 알고 있을 겁니다. 사용자가 온라인 상태가 되었을 때 인덱스 파일과 다른 파일을 가져와야 합니다.

서비스 워커의 **생명주기**lifecycle는 다음과 같습니다.

그림 3-2 서비스 워커 생명주기

지금까지는 서비스 워커가 fetch 이벤트(**활성화된 서비스 워커**에 의해서만 잡히는 이벤트)를 받는 데 사용됐습니다. 여기서는 그 이전에 발생하는 이벤트를 수신하고, 서비스 워커가 오프라인 환경해서 사용할 파일을 캐싱하는데 사용해 보겠습니다.

서비스 워커의 install 이벤트는 서비스 워커가 가장 처음 등록된 직후, 그리고 이벤트가 활성화되기 전에 단 한 번만 발생하는 이벤트입니다. 서비스 워커가 페이지를 제어하고 fetch 이벤트 수신을 시작하기 전에, 오프라인화 가능한 모든 파일을 캐싱할 기회를 얻을 수 있습니다.

Install 이벤트 내에서 서비스 워커 설치 자체를 취소할 수도 있습니다. 이후 사용자가 사이트에 재방문하면 서비스 워커 설치가 다시 시작됩니다. 이를 활용하면 서비스 워커의 의존성을 효과적으로 관리할 수 있습니다. Install 이벤트 내에서 서비스 워커가 정상적으로 작동하는데 필요한 파일을 미리 내려받거나 캐시에 저장할 수 있으며, 이 과정에서 문제가 발생하면 설치 자체를 취소할 수도 있습니다.

3.3 CacheStorage에 요청 저장하기

이제 코딩을 시작해 봅시다. 2장에서 모든 단계를 완료하지 않았거나, 작업하고 있는 코드가 이 장의 시작 부분과 같은지 확인하려면 다음 명령을 실행합니다.

```
git reset —hard
git checkout ch03-start
```

seviceworker.js를 지우고 코드를 다음과 같이 바꾸세요.

```
self.addEventListener("install", function(event) {
    event.waitUntil(
        caches.open("gih-cache").then(function(cache) {
            return cache.add("/index-offline.html");
        })
    );
});
```

여기에는 이전에 접해보지 않은 몇 개의 새로운 명령어가 있습니다. 하나씩 살펴보겠습니다.

install 이벤트를 위해서 이벤트 리스너부터 추가해 보겠습니다. 이 이벤트는 설치 단계에서 새로운 서비스 워커가 등록된 직후 호출됩니다.

서비스 워커는 index-offline.html에 의존적입니다. 따라서 성공적으로 설치가 진행되고 새 서비스 워커가 활성화되었다고 이야기하기 전에 성공적으로 캐싱되었는지 확인해야 합니다. 파일을 가져와 캐시에 저장하는 일이 비동기적으로 일어나기 때문에, 이 비동기 이벤트asynchronous event가 완료될 때까지, install 이벤트를 연기해야 합니다.

그러려면 install 이벤트에서 wailUntil을 호출해야 합니다. waitUntil은 전달된 프로미스가 리졸브resolve될 때까지 이벤트의 수명lifetime을 연장합니다. install 이벤트가 완료되기 전 파일을 캐시에 성공적으로 저장할 때까지 이벤트 수명을 연장할 수 있으며, 어느 단계에서든 문제가 생기면 프로미스를 리젝reject함으로써 설치를 중단할 수 있습니다.

waitUntil 함수 내에서, caches.open을 호출하여 캐시명을 전달합니다(이것은 CacheStorage의 또 다른 강력한 기능을 암시합니다. 4장에서는 사이트를 위한 여러 개의 캐시를 생성하는 등의 작업을 할 것입니다).

caches.open은 기존 캐시를 열고 반환하거나, 해당 이름의 기존 캐시를 찾지 못하면 새로운 캐시를 생성하고 반환합니다. caches.open은 프로미스로 래핑된 캐시 객체를 반환합니다. 이후 then문을 사용해 캐시 객체를 변수로 받아들이는 함수로 전달합니다.

마지막으로 할 일은 cache.add('/index-offline.html')을 호출하여 파일을 가져오고 "/index-offline.html"키와 함께 캐시에 저장하는 것입니다.

앞선 예제 코드는 연속된 프로미스 묶음입니다. 이를 의사 코드(pseudocode)로 바꾸면 다음과 같습니다.

```
If an install event is detected, don't declare it a success until:
    You successfully open the cache
        then
    You successfully fetch the file and store it in the cache
If any of these steps failed, abort the service worker installation.
```

install 이벤트가 발생한 후, 캐싱이 성공적으로 완료 될 때까지 그 어느 것이라도 멈추면 서비스 워커가 설치되지 않습니다. 다시 말해, 활성화된 서비스 워커가 있다면, install 이벤트가 성공적으로 완료되었다는 것을 의미합니다. 이는 index-offline.html이 캐시에 저장 되었고, 서비스 워커가 관리하는 모든 페이지에서 사용 가능하다고 볼 수 있습니다.

3.4 CacheStorage로부터 요청 받아오기

이제 CacheStorage에 오프라인 버전 페이지가 있으므로, 이를 가져와 사용자에게 반환해야 합니다.

다음 코드를 serviceworker.js 내 install 이벤트 수신 코드 아래에 추가합니다.

```
self.addEventListener("fetch", function(event) {
    event.respondWith(
        fetch(event.request).catch(function() {
            return caches.match("/index-offline.html");
        })
    );
});
```

이전 장에서 소개한 코드와 비슷합니다. 다른 점은 새로운 응답을 만들거나 웹에서 가져오는 대신 caches.match를 호출해 CacheStorage에서 콘텐츠를 반환받는다는 점입니다.

또한, 캐시 안에 요청(request)에 대한 응답이 정말 있는지 확인하지 않고 바로 응답을 반환받습니다. 이는 앞서 캐시에 성공적으로 해당 응답을 저장한 후에만 서비스 워커가 설치되도록 구현했기 때문입니다.

CacheStorage는 동일한 출처의 보안 정책을 따릅니다. caches.match()를 사용하거나 caches.open()를 사용하여도 현재 origin에서 생성된 캐시에만 접근 가능합니다. 즉, 애플리케이션이 caches.match("bank-password")를 수행하고 있는 동안에는 애플리케이션에서 생성된 캐시만이 검색될 것입니다. 자세한 내용은 276페이지의 '동일 근원 정책'을 참조하세요.

NOTE match(request[, options]);

match 메소드는 주어진 request에 대하여 캐시로부터 response 객체를 반환합니다.

match 메소드는 모든 캐시에서 match를 검색하는 캐시 객체에서 호출되거나 특정 캐시 객체에서 호출될 수 있습니다.

```
// 모든 캐시에서 일치하는 request를 검색
caches.match("logo.png");
// 특정 캐시에서 일치하는 request를 검색
caches.open("my-cache").then(function(cache) {
    return cache.match("logo.png");
});
```

match의 첫 번째 변수는 캐시에서 검색을 위한 request 객체이거나 URL입니다. 이것은 당신이 캐시에 추가한 request와 일치해야 합니다.

두번째 변수는 선택적 options 객체 입니다.

match는 캐시에서 가장 처음 검색된 response 혹은 일치하는 항목이 없는 경우 undefined로 프로미스를 반환합니다.

match를 통하여 반환된 프로미스는 response를 찾지 못해도 리젝되지 않습니다. 이러한 이유로, response가 존재하는지가 확실하지 않다면, response를 반환하기 전에 확인해야 합니다.

```
caches.match("/logo.png").then(function (response) {
    if (response) {
        return response;
    }
});
```

3.5 샘플 앱에서 캐싱하기

만약 홈페이지에 한 번 더 방문하고(새로운 서비스 워커의 인스톨 기회 제공), 이후 오프라인 상태일 때 홈페이지에 다시 방문하면 indexoffline.html의 콘텐츠를 볼 수 있을 것입니다.

하지만 아직 끝나지 않았습니다. 현재 코드는 파일 하나(index-offline.html. 스타일시트나 이미지 없이 사용자에게 초라한 오프라인 환경을 제공하고 있습니다)만 캐싱하고 제공합니다. 게다가 실패하는 모든 요청에 대해서 동일한 HTML 페이지를 소박하게 반환하고 캐싱합니다. 사용자가 index.html을 요청하였는지, bootstrap.min.css나 gih-offline.css를 요청했는지는 중요하지 않습니다. 그 어떤 요청이 실패하더라도, 서비스 워커는 항상 동일한 HTML 페이지를 보여줍니다.

그림 3-3 스타일시트를 요청했을 때 보이는 HTML 페이지

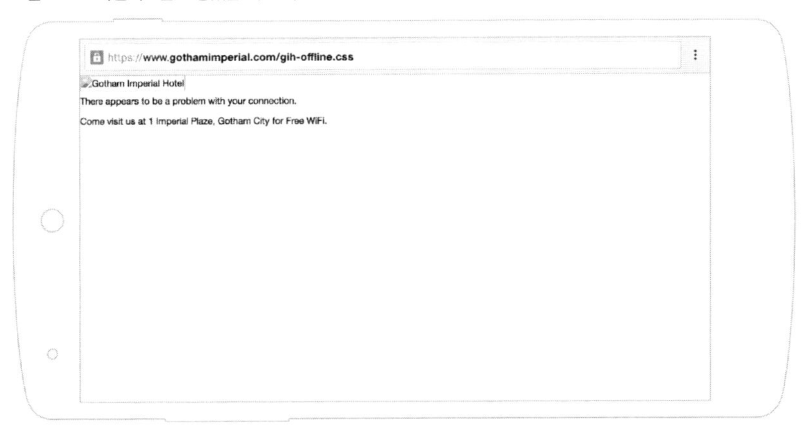

'임무 완료' 배너를 달기 전에 서비스 워커가 캐시에서 필요한 모든 리소스를 저장하도록 개선하고 각각의 요청이 올바른 응답과 매치되도록 해야 합니다.

먼저 index-offline.html에서 필요한 모든 스타일시트와 이미지를 캐싱해봅시다.

지금까지 배웠던 모든 것을 사용하여 이를 수행할 수 있고, 많은 수의 cache.add 호출을 하나로 간단하게 묶을 수도 있습니다.

```
self.addEventListener("install", function(event) {
    event.waitUntil(
        caches.open("gih-cache").then(function(cache) {
            return cache.add("/index-offline.html").then(function() {
                return cache.add(
                    "https://maxcdn.bootstrapcdn.com/bootstrap/3.3.6/css/
bootstrap.min.css"
                );
            }).then(function() {
                return cache.add("/css/gih-offline.css");
            }).then(function() {
                return cache.add("/img/jumbo-background-sm.jpg");
            }).then(function() {
                return cache.add("/img/logo-header.png");
            });
        })
    );
});
```

코드가 그리 깔끔하지는 않습니다. 이렇게 호출을 묶으면 각각의 요청이 다음 요청을 캐시에서 가져오고 저장되기 전에 완료되어야 합니다. 이것이 서비스 워커 설치를 느리게 만듭니다.

다행히 더 좋은 방법이 있습니다. serviceworker.js에서 install 이벤트 핸들러를 다음 코드로 바꿔 보세요.

```
var CACHE_NAME = "gih-cache";
var CACHED_URLS = [
    "/index-offline.html",
    "https://maxcdn.bootstrapcdn.com/bootstrap/3.3.6/css/bootstrap.min.css",
    "/css/gih-offline.css",
    "/img/jumbo-background-sm.jpg",
    "/img/logo-header.png"
```

```
];
self.addEventListener("install", function(event) {
    event.waitUntil(
        caches.open(CACHE_NAME).then(function(cache) {
            return cache.addAll(CACHED_URLS);
        })
    );
});
```

이 예제의 코드는 두 개의 새 변수를 설정하는 것으로 시작합니다. 첫 번째 변수는 캐시의 이름을 들고 있고, 두 번째 변수는 우리가 캐시하고자 하는 URL 리스트를 배열로 가지고 있습니다.

이번에는 `cache.add()`를 호출하는 대신 `cache.addAll()`을 호출하고 URL 배열을 전달해 봅시다.

`cache.addAll()`은 `cache.add()`와 비슷하게 작동하지만, cache.addAll()은 하나의 URL 대신 모든 URL을 배열로 가져와 캐시에 저장합니다. `cache.add()` 처럼, `cache.addAll()`에서 반환된 프로미스도 요청이 실패할 경우 리젝됩니다.

3.6 각각의 요청에 올바른 응답 매칭하기

이제 오프라인 앱에서 보여줄 모든 리소스를 캐싱하였지만, 아직은 실패한 모든 요청에 대하여 index-offline.html을 무조건 반환하고 있습니다. 이미지 요청에도 HTML을 반환하고 있습니다.

각각의 실패한 요청을 캐싱된 올바른 응답과 매치하여 제공해야 합니다.

우선 serviceworker.js 내 `fetch` 이벤트 핸들러를 다음과 같이 바꿉니다.

```
self.addEventListener("fetch", function(event) {
    event.respondWith(
        fetch(event.request).catch(function() {
            return caches.match(event.request).then(function(response) {
                if (response) {
                    return response;
                } else if (event.request.headers.get("accept").includes("text/
html")) {
                    return caches.match("/index-offline.html");
                }
            });
        })
    );
});
```

이 예제의 새로운 fetch 이벤트 핸들러 코드는 아직 네트워크로부터 요청을 가져오고 온라인 사용자에게 해당 응답을 반환하려고 시도합니다. 하지만 가져오는 것에 실패하면 catch 블록 내의 새로운 함수가 실행됩니다.

catch 함수는 캐시 안에 저장된 요청을 매칭하는 것에서 시작합니다. caches.match에서 반환된 프로미스는 절대 리젝되지 않으므로 (match가 발견되지 않았더라도) 반환되기 전에 if(response)를 사용하여 캐시에서 응답이 발견되었는지 체크해야 합니다. 그럼에도 캐시에서 찾을 수 없다면 대신 index-offline.html을 반환합니다. 여기서 기억해야 할 점은 브라우저는 절대로 index-offline.html을 명시적으로 요청하지 않는다는 점입니다. 브라우저는 /index.html를 요청할 수도 있고 그냥 루트 디렉터리(/)만 요청할 수도 있습니다. 대신 index-offline.html를 제공할지의 여부는 우리에게 달려있습니다.

저는 좀 더 안전하게 처리하기 위해 indexoffline.html을 반환하기 전에 추가 체크를 했습니다. 이를 통해 요청이 text/html에 대하여 accept 헤더를 가지고 있는지 확인했습니다. 이렇게 하면 이미지, 스타일 시트 등의 요청과 같은 다른 요

청에 대해서는 HTML 페이지를 반환하지 않게 할 수 있습니다.[12]

코드에서 바로 새로운 HTML 응답을 생성하였던 것을 기억할 것입니다. 브라우저가 해당 응답이 HTML이라는 것을 올바로 확인하기 위해 "Content-Type"을 "text/html"로 정의해야 했습니다. 그런데 왜 이전 예제 코드에서는 수동으로 Content type을 HTML,CSS,image로 먼저 정의하지 않고도 응답을 반환 받을 수 있었을까요? 그 이유는 cache.add()와 cache.addAll()가 fetch하고 난 후, 완전한 응답 객체를 캐싱하기 때문입니다. 여기에는 본문뿐 아니라 서버에서 반환 받은 응답 헤더도 포함됩니다("Content-Type" 포함).

ignoreSearch

request 객체를 전달하여 캐시에서 엔트리entry를 찾는 것은(예. caches.match(event.request)) 잠재적인 위험을 가지고 있음을 기억해야 합니다.

사용자가 항상 동일한 URL을 사용해 사이트에 방문하지는 않습니다. 예를 들어 어떤 사이트에서 새 프로모션을 진행하고 있다고 가정해 봅시다. 홈페이지(인덱스 페이지)에서 프로모션 페이지를 클릭한 사용자는 https://www.site.com/promo.html와 같은 URL을 통해 사이트에 방문할 것입니다. 하지만 외부 광고나 캠페인을 통해 해당 페이지가 연결되어 있는 배너를 클릭하면 https://www.site.com/promo.html?utm_source=halloween-campaign&utm_medium=cpc와 같은 URL을 통해 방문하게 됩니다. 이처럼 수백 개의 다른 URL 변형이 있는 것은 드문 일이 아니며, 각각은 쿼리 문자열만 다릅니다(search 속성으로 알려져 있으며, 물음표 뒤를 읽을 수 없어 '엉망진창'이라고도 부릅니다).

install 이벤트가 캐시에 /promo.html을 저장하면, caches.match(event.request)가 /promo.html?utm_source=a를 찾기 시작하지만, 실제로는 아무것도 찾지 못합니다. 따라서 match()로 전달하기 전에 URL에서 쿼리 문자열을 분리하는 특정 규칙을 작성하거나, URL 문자열이 promo.html을 포함하는지 테스트하고 match()에 하드 코딩된 URL을 전달하여 이 문제를 해결할 수 있습니다.

쿼리 변수가 페이지 콘텐츠에 아무 영향을 미치지 못한다는 확신이 있다면 ignoreSearch에 match()가 쿼리 변수를 무시하도록 지시할 수도 있습니다.

---

12 이 기술에 대한 저작권은 제프리 포스닉Jeffrey Posnick에게 있습니다. https://pwabook.com/matchhtml를 참조하세요.

```
caches.match(event.request, {ignoreSearch: true});
```

이렇게 되면, 쿼리 변수를 무시하고 request URL에 대한 엔트리와 매치됩니다(예. /promo.html은 /promo.html?utm_source=urchin과 /promo.html?utm_medium=social 모두 매치합니다).

3.7 HTTP 캐싱과 HTTP 헤더

CacheStorage는 이전의 HTTP 캐시를 대체하지 않습니다.

서버가 1년 동안 브라우저 캐시에 파일을 저장한다고 표기된 HTTP 헤더와 함께 파일을 제공하는 경우, 브라우저는 캐시에서 그 파일을 계속 제공합니다. 서비스 워커 내에서 파일을 가져온다면 네트워크로 가기 전에 브라우저 캐시를 여전히 체크할 것입니다.

예를 들어보겠습니다. 서비스 워커가 설치되면 `cache.addAll(['/main.css'])`가 호출됩니다. 이 파일은 네트워크로부터 `fetch`되어 CacheStorage에 저장됩니다. 당신의 서버에서 `Cache-Control:max-age=31536000` 헤더를 사용하여 파일을 제공하는 경우(이는 서버가 콘텐츠를 1년 동안 캐시하는 방법입니다), CacheStorage 외에 브라우저 캐시에도 저장됩니다.

만약 당신이 main.css를 일주일 후 업데이트한 다음 서비스 워커를 업데이트하기로 결정했다면, `cache.addAll(['/main.css'])`가 다시 호출되고 그 파일은 네트워크가 아닌 브라우저 캐시로부터 반환될 것입니다.

이건 CacheStorage에 한정된 문제는 아닙니다. 이것은 HTTP 캐싱이 작동하는 방법입니다. HTTP 캐싱을 이해하고 올바르게 수행하는 것이 원래 중요했던 것처럼, 이 또한 중요합니다. 이 주제에 대해 좀 더 알고 싶다면 제이크 아치발Jake Archibald의 「Caching best practices & max-age gotchas」를 참조하세요 (https://pwabook.com/httpcaching).

3.8 정리

이번 장에서 많은 것을 완성했습니다. 강력한 새 도구인 CacheStorage에 대해 알아보았고, 각기 다른 요청에 따라 서로 다른 콘텐츠를 제공하는 서비스 워커를 어떻게 생성하는지도 배웠습니다. 또 응답을 어떻게 가져오고 캐싱하는지 이해하게 되었고, 서비스 워커에 대한 `install` 종속성을 어떻게 생성하는지도 알았습니다. 마지막으로, 이 모든 새로운 도구를 사용하여 현대적인 최신 브랜드 버전의 홈페이지를 오프라인 사용자에게 제공할 수 있었습니다(그림 3-4).

그림 3-4 고담 임페리얼 호텔의 오프라인 브랜드 페이지

2장에서 배운 내용을 활용해 사용자가 오프라인이든 온라인이든 상관없이 캐싱된 콘텐츠를 반환하도록 만들었습니다. 이 방법은 자주 바뀌지 않는 콘텐츠에 아주 적합하며, 사이트의 로딩 타임을 획기적으로 단축시켜 사용자 대역폭과 서버 비용을 절약할 수 있습니다.

하지만 조금 앞서나간 측면이 있으니 다음 장에서는 이 모든 흥분을 잠시 가라앉히고, 서비스 워커의 생명주기를 올바르게 이해하는 시간을 갖겠습니다.

`install` 이벤트를 활용해 `install` 종속성을 추가한 것처럼, 나머지 서비스 워커의 생명주기를 이해하면 프로그레시브 웹 앱을 제어하는 다양한 방법을 활용할

수 있게 될 것 입니다.

또한, 개발자로서의 삶이 훨씬 수월해지도록 돕는 개발자 도구도 살펴볼 것입니다. 마지막으로 책임감 있는 어른처럼 책임을 지고 캐시를 관리하는 방법도 다룰 예정입니다.

chapter 4

서비스 워커 생명주기와 캐시 관리

서비스 워커를 사용해 보면 서비스 워커의 작동 방식에 몇 가지 특이점이 있음을 알게 됩니다.

페이지를 로드할 때 가끔 서비스 워커 코드가 페이지를 관리하지 못하는 것처럼 보이고 (서비스 워커가 활성화되어 있더라도), 페이지를 여러 번 새로고침해야 했던 경험이 있을 겁니다. 서비스 워커 코드를 변경한 다음 페이지를 몇 번이나 새로고침해도 변경한 내용이 전혀 적용되지 않은 적도 있을 겁니다.

앞서 2장에서는 페이지가 새로고침될 때마다 서비스 워커에 변경사항이 있는지 바로 알 수 있는 'Update on reload' 모드를 켜도록 권장했습니다. 이 모드는 추억의 8비트 또는 16비트 게임에 존재하는 치트키 같은 것입니다. 이 방법을 사용하면 위와 같은 문제를 겪지는 않겠지만, 서비스 사용자에게 권장할 수 있는 방법은 아닙니다.

서비스 워커의 특성을 처음 접할 때는 혼란스러울 수 있습니다. 하지만, 서비스 워커의 생명주기를 잘 짚고 넘어가면 서비스 워커가 무슨 이유로 이렇게 작동하는지 명확히 이해할 수 있습니다.

이번 장에서는 브라우저에서 사용 가능한 여러 가지 개발 도구를 살펴보고 사용해볼 예정입니다. 편의상 크롬을 사용하여 앱에 접근할 것이라 가정합니다. 이 코드는 서비스 워커를 지원하는 모든 브라우저에서 작동하지만, 브라우저나 버전에 따라 개발자 도구의 위치나 사용 가능 여부는 달라질 수 있습니다. 자세한 내용은 93페이지의 '개발자 도구'를 참조하세요.

그럼 지금부터 사용자가 앱을 어떻게 경험하게 되는지 살펴봅시다.

시작하기 전 명령어 창에서 다음 명령어를 실행해, 3장 끝에서 완성했던 코드와 동일한 상태인지 확인합니다.

```
git reset —hard
git checkout ch04-start
```

만약 프로젝트의 로컬 서버가 아직 실행 중이 아니라면, npm start로 다시 구동합니다.

그런 다음 serviceworker.js의 코드를 다음과 같이 변경합니다.

```
self.addEventListener("install", function() {
    console.log("install");
});
self.addEventListener("activate", function() {
    console.log("activate");
});
self.addEventListener("fetch", function(event) {
    if (event.request.url.includes("bootstrap.min.css")) {
        console.log("Fetch request for:", event.request.url);
        event.respondWith(
            new Response(
                ".hotel-slogan {background: green!important;} nav
{display:none}",
                { headers: { "Content-Type": "text/css" }}
            )
        );
    }
});
```

지금쯤이면 이 코드에 익숙해졌을 겁니다. 이 코드는 install 이벤트와 activate 이벤트를 받을 수 있고(이 장의 뒷부분에서 activate 이벤트를 다룰 예정입니다), 이 중 하나의 이벤트가 발생하면 콘솔에 메시지를 출력합니다. 또한,

bootstrap.min.css에 대한 fetch 이벤트가 발생하면, 페이지 헤더의 배경 색깔을 초록색으로 변경하는 간단한 스타일 시트로 응답합니다.

앱의 배경이 초록색으로 보일 것이라는 것은 자연스럽게 예상할 수 있습니다. 이제 테스트 환경을 사용자와 마찬가지로 해당 앱을 처음 사용할 때처럼 세팅한 후 테스트를 진행해 보겠습니다.

1. 브라우저에서 앱을 엽니다(http://localhost:8443/).
2. 'Update on reload' 모드가 켜져 있다면 모드를 끕니다(39페이지의 '서비스 워커의 생명주기' 참조).
3. 이 페이지에 등록된 기존의 모든 서비스 워커를 삭제합니다. 크롬에서는 개발자 도구의 Application 패널에 있는 'Clear Storage' 도구를 사용해서 삭제할 수 있습니다(자세한 내용은 93페이지의 '개발자 도구' 참조). 서비스 워커를 삭제함으로써 신규 사용자가 페이지에 방문할 때처럼 서비스 워커가 설치되지 않은 환경에서도 페이지를 방문할 수 있는 환경을 만듭니다.

페이지를 새로고침하면 그림 4-1과 같은 화면을 볼 수 있습니다.

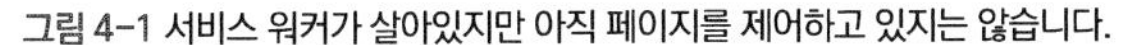
그림 4-1 서비스 워커가 살아있지만 아직 페이지를 제어하고 있지는 않습니다.

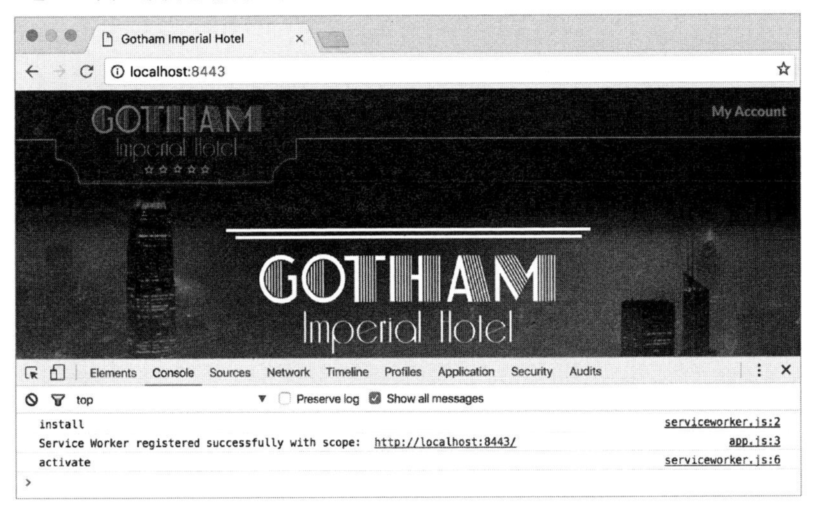

페이지를 다시 새로고침하세요. 화면은 그림 4-2와 같아야 합니다.

그림 4-2 서비스 워커가 활성화되어 있고 페이지를 제어하고 있습니다.

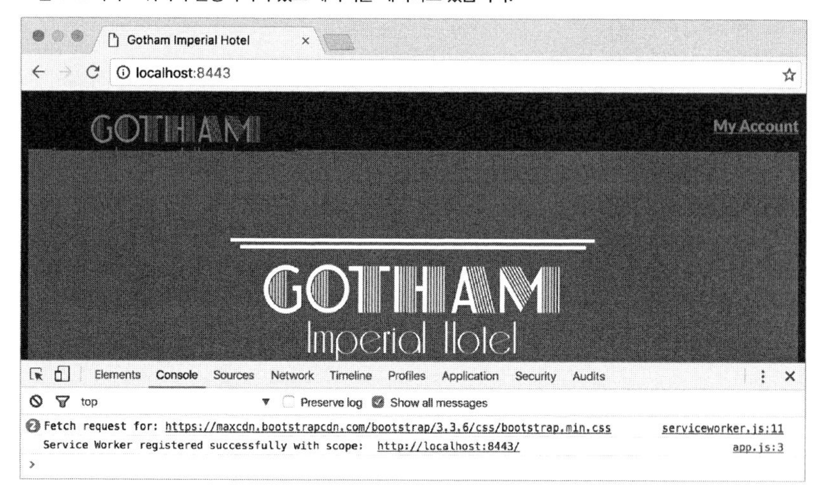

여기서 무슨 일이 일어났을까요? 그림 4-1에서 명확하게 볼 수 있듯이, 서비스 워커는 첫 번째 새로고침 후에 성공적으로 설치되고 활성화되었지만, `fetch` 이벤트는 없었기에 스타일 시트는 변화없이 그대로였습니다. 서비스 워커가 `fetch` 이벤트를 받기 위해 새로고침을 한 번 더 해야했던 이유는 무엇일까요?

이를 이해하려면 '서비스 워커의 생명주기'를 이해해야 합니다.

4.1 서비스 워커의 생명주기

페이지가 새로운 서비스 워커를 등록하려면 여러 단계의 상태를 거쳐야 합니다(그림 4-3).

그림 4-3 서비스 워커의 생명주기

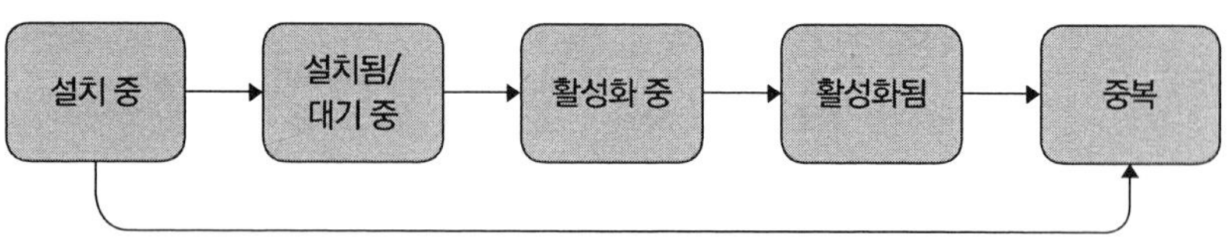

설치 중(Installing)

navigator.serviceWorker.register를 사용하여 새로운 서비스 워커를 등록할 때, 자바스크립트가 다운로드되고 파싱되고 나면, 서비스 워커는 **설치 중** 상태에 들어서게 됩니다. 설치가 성공적으로 이루어지면, **설치됨** 상태로 변경됩니다. 설치 중 에러가 발생하면, 페이지를 새로고침하여 서비스 워커를 다시 등록하거나, 아니면 스크립트는 **중복**Redundant 상태의 구렁으로 영원히 빠져 버리게 됩니다.

Install 이벤트 콜백 내에서 waitUntil()를 호출하면, **설치 중** 상태를 연장할 수 있습니다. 인자로 전달된 프로미스가 완료되기 전에는 서비스 워커의 상태가 변경되지 않습니다. 만일 프로미스가 성공적으로 리졸브되면, 서비스 워커는 **설치됨** 상태로 변경되고, 실패한다면, 전체 설치 과정이 실패하고 서비스 워커는 **중복** 상태가 될 것입니다.

3장에서는 성공적으로 캐싱 된 리소스와 성공적으로 설치된 서비스 워커 사이에 종속성을 만들었습니다. **설치됨** 상태로 넘어가기 전, 캐싱 함수에서 반환되는 프로미스가 리졸브 될 때까지 기다립니다. 파일 중 어느 하나라도 캐싱 되지 않으면 설치가 실패하고, 서비스 워커는 곧장 **중복** 상태로 넘어갑니다.

설치됨/대기 중(Installed/waiting)

서비스 워커가 성공적으로 설치되면, **설치됨** 상태로 넘어가게 됩니다. 현재 활성화되어 있는 다른 서비스 워커가 앱을 제어하고 있지 않으면, 바로 **활성화 중** 상태로 전환됩니다. 앱을 제어하고 있는 경우에는 **대기 중** 상태가 유지됩니다.

78페이지의 '서비스 워커 업데이트하기'에서 **대기 중** 상태를 살펴볼 것입니다.

활성화 중(Activating)

서비스 워커가 활성화되어 앱을 제어하기 전, activate 이벤트가 발생합니다. **설치 중** 상태와 비슷하게, **활성화 중** 상태 또한 event.waitUntil()을 호출하여 연장할 수 있습니다.

90페이지의 '캐시를 관리해야 하는 이유'에서 이 이벤트를 활용하여 앱 캐시를 관리하는 방법을 알아볼 것입니다.

활성화됨(Activated)

서비스 워커가 활성화 되면, 페이지를 제어하고 fetch 이벤트와 같은 동작 이벤트를 받을 준비가 됩니다.

서비스 워커는 페이지 로딩이 시작하기 전에만 페이지 제어 권한을 가져올 수 있습니다. 즉, 서비스 워커가 **활성화**되기 전에 로딩이 시작된 페이지는 서비스 워커가 제어할 수 없습니다. 이에 대한 이유는 75페이지의 '서비스 워커가 페이지 로딩 후에 페이지를 제어할 수 없는 이유'에 설명되어 있습니다.

중복(Redundant)

서비스 워커가 등록 중, 설치 중 실패하거나 새로운 버전으로 교체되면 **중복** 상태가 됩니다. 이 상태의 서비스 워커는 앱에 아무런 영향을 미치지 못합니다.

서비스 워커와 서비스 워커의 상태는 개별 브라우저나 탭의 영향을 받지 않습니다. 즉, **활성화됨** 상태에 들어 간 서비스 워커가 이미 존재하면, 사용자가 또 다른 탭을 열어 똑같은 서비스 워커 등록을 요청하는 경우에도 서비스 워커는 같은 상태를 유지합니다. 페이지가 이미 **활성화**된 서비스 워커 등록을 요청하는 경우, 브라우저는 이를 감지하여 서비스 워커를 다시 설치하지 않습니다.

다시 말해, install 이벤트와 activate 이벤트는 서비스 워커의 생명주기동안 한 번만 발생합니다.

지금쯤이면 서비스 워커의 다양한 상태에 친숙해졌을 테니, 이제 서비스 워커가 앱의 스타일 시트를 한 번 더 새로고침을 한 경우에만 바꾸는 이유를 확인해봅시다.

사용자가 사이트에 처음 방문하면, 앱은 서비스 워커를 등록합니다(이 상황을 시뮬레이션해 보려면 서비스 워커를 삭제하고 페이지를 새로고침해 보면 됩니다). 이때 서비스 워커 파일이 다운로드되면서 설치가 시작됩니다. install 이벤트가 발생하고, 콘솔에 상황을 출력하는 함수가 호출됩니다. 서비스 워커는 설치됨 상태로 들어서고,

그 즉시 활성화 중 상태가 됩니다. 다시 한번, activate 이벤트에 의한 함수 하나가 호출되어 콘솔에 상태 변경을 출력합니다. 마지막으로, 서비스 워커는 활성화됨 상태로 들어갑니다. 서비스 워커는 이제 활성화되어 있고, 범주 내의 페이지를 제어할 준비가 되어 있습니다.

하지만 안타깝게도 서비스 워커가 설치되는 동안, 페이지는 이미 로딩과 렌더링을 시작했습니다. 즉, 서비스 워커가 **활성화**된다 하더라도, 이 페이지를 제어할 수 없다는 뜻입니다. 페이지를 다시 한 번 새로고침해야 페이지 로딩 전에 서비스 워커가 활성화될 수 있습니다. 이제 서비스 워커가 활성화되고 페이지도 제어하며, fetch 이벤트를 수신하고 실행할 수 있습니다.

서비스 워커가 페이지 로딩 후에 페이지를 제어할 수 없는 이유

만일 서비스 워커가 페이지 로딩 후에도 페이지를 제어할 수 있으면 어떻게 될지 생각해 봅시다. 비디오 파일이 너무 느리게 로딩되고 있다는 것을 감지하여 같은 비디오를 호스팅하는 다른 미러 서버의 링크를 제공하는 서비스 워커를 상상해 봅시다. 이 서비스 워커는 비디오 파일에 대한 모든 요청을 가로채어, 요청된 비디오를 반환하거나 미러 사이트 링크를 제공하는 JSON 파일을 반환합니다. 또한, app.js에 대한 요청을 가로채서 대신 미러 사이트 링크가 포함된 JSON 파일을 올바르게 처리할 수 있는(비디오 리스폰스를 표시하거나 JSON에서 링크 목록을 렌더링할 수 있는) app-sw.js를 제공합니다. 페이지가 로딩되기 전에 서비스 워커가 페이지 제어를 한다면 어떤 일이 일어날지 생각해 보세요. 서비스 워커가 페이지 제어를 시작하기 전, 페이지가 수정되지 않은 app.js 파일을 내려받고, 비디오 요청이 들어왔을 때 서비스 워커에서 JSON 파일을 내려받기 시작하면 어떻게 될까요? app.js는 이 응답을 어떻게 처리해야 할지 모르고, 전체 페이지의 작동이 깨질 수 있습니다.

서비스 워커가 로딩이 시작된 후 페이지를 제어할 수 없도록 제한함으로써, 하나의 페이지는 로딩 시점부터 페이지를 닫을 때까지 하나의 서비스 워커로만 제어되도록 합니다. 이는 위의 예처럼, 서비스 워커가 예기치 않은 다양한 문제를 피할 수 있도록 돕습니다.

4.2 서비스 워커의 수명과 waitUntil의 중요성

서비스 워커가 성공적으로 설치되고 활성화되었다면 어떻게 될까요? 서비스 워커가 브라우저 탭이나 윈도우 창에 직접 묶여있지 않고 언제든 이벤트에 응답할 수 있기 때문에, 서비스 워커가 늘 돌고 있다는 뜻이 될까요?

아닙니다. 브라우저가 현재 등록된 서비스 워커를 항상 실행 상태로 유지하는 것은 아닙니다. 만약 그렇다면, 사이트가 서비스 워커를 많이 등록할수록 실행되고 있는 서비스 워커 또한 늘어나면서 성능이 급격히 떨어질 것입니다.

서비스 워커의 수명은 서비스 워커가 처리하는 이벤트와 직접적으로 연관되어 있습니다. 서비스 워커 범위 내에서 이벤트가 발생한다면, 서비스 워커는 활성화되고 이벤트를 처리한 후 종료됩니다.

다시 말해 사용자가 사이트를 방문할 때, 서비스 워커가 시작되고, 페이지에서 이벤트 처리를 완료하는 즉시 종료될 것입니다. 다른 이벤트가 나중에 들어온다면, 서비스 워커는 다시 시작되고 완료되는 즉시 종료될 것입니다.

만약 서비스 워커의 이벤트 핸들링 코드가 비동기적으로 호출되도록 설정되어 있다면 어떻게 될까요? 그 예로 push 이벤트 핸들러에 대해 살펴봅시다. push 이벤트는 10장에서 좀 더 자세히 살펴보겠지만, 지금은 서버가 사용자에게 푸시 메시지를 보낼 때 push 이벤트가 트리거된다는 것만 알고 있으면 됩니다(앱이 실행되고 있지 않을 때에도).

```
self.addEventListener("push", function() {
    fetch("/updates")
        .then(function(response) {
            return self.registration.showNotification(response.text());
        });
});
```

push 이벤트가 발생하면, 서버로부터 업데이트를 가져오기 위해 시도하고, 응답을 받게 되면 업데이트를 사용자에게 알립니다.

하지만 이 코드에는 문제가 있습니다. 업데이트를 확인하기 위해 fetch 요청이 비동기적으로 진행되는 동안 이벤트 리스너 코드의 실행이 종료됩니다. 이때 이벤트가 끝나면 fetch 요청에 대한 응답을 받기 전에 브라우저가 서비스 워커를 종료하게 됩니다. 이렇게 되면 fetch 요청 응답을 처리하고 업데이트를 표시할 주체도 없어집니다.

브라우저가 서비스 워커 작업이 완료될 때까지 기다리게(waitUntil) 하려면 어떻게 해야 할까요? 서비스 워커의 수명은 실행 중인 이벤트 리스너 코드와 직접적으로 연관되어 있습니다. waitUntil을 사용하여 필요한 작업이 완료될 때까지 이벤트 리스너 코드 실행을 연장하면 서비스 워커가 종료되는 것을 방지할 수 있습니다.

```
self.addEventListener("push", function() {
    event.waitUntil(
        fetch("/updates")
            .then(function() {
                return self.registration.showNotification("New updates");
            })
    );
});
```

이 예제 코드는 waitUntil를 호출하여 프로미스가 리졸브되거나 리젝될 때까지 push 이벤트 리스너가 종료되지 않도록 만듭니다. 따라서 서비스 워커의 수명도 함께 연장됩니다. 결과적으로 서비스 워커의 수명을 fetch와 showNotification 작업이 완료될 때까지 연장할 수 있습니다.

4.3 서비스 워커 업데이트하기

기존 서비스 워커를 업데이트할 때 어떤 일이 일어나는지 살펴 보겠습니다.

serviceworker.js 파일을 수정하여 헤더 배경 색깔을 **초록색**이 아닌 **빨간색**으로 바꿉니다. fetch 이벤트 리스너는 다음과 같아야 합니다.

```
self.addEventListener("fetch", function(event) {
    if (event.request.url.includes("bootstrap.min.css")) {
        console.log("Fetch request for:", event.request.url);
        event.respondWith(
            new Response(
                ".hotel-slogan {background: red!important;} nav
{display:none}",
                { headers: { "Content-Type": "text/css" }}
            )
        );
    }
});
```

페이지를 한 번, 두 번, 세 번 새로고침합니다.

그러면 변경 사항이 페이지에 반영되지 않고 배경도 초록색 그대로인 모습을 볼 수 있습니다.

무슨 일이 일어난 걸까요? 서비스 워커 파일에 배경이 빨간색이어야 한다고 명확하게 명시했는데, 페이지가 서비스 워커에 의해 제어되고 있음에도 배경은 초록색입니다.

크롬 개발자 도구(설정→도구 더보기→개발자 도구)로 가서 Application→Service Workers 항목에 들어가면(그림 4-4)이 예제 코드에서 무슨 일이 벌어지고 있는지 알 수 있습니다.

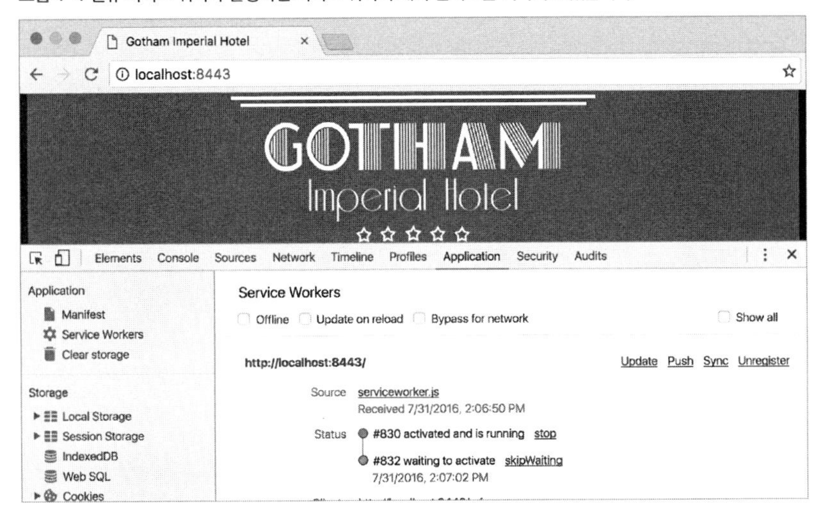

그림 4-4 신규 서비스 워커가 활성화된 서비스 워커의 제어 릴리즈를 기다리고 있습니다.

이 그림에서 볼 수 있듯이, 이 페이지에는 두 개의 서비스 워커가 등록되어 있지만, 그 중 하나만 페이지를 제어하고 있습니다. 새로운 서비스 워커(빨간색 배경)가 **대기 중** 상태에 머무르는 동안 기존의 서비스 워커(초록색 배경)는 활성화되어 있습니다.

활성화된 서비스 워커와 함께 페이지가 로드되면, 해당 페이지는 서비스 워커 스크립트에 대한 업데이트가 있는지 확인합니다. 서비스 워커가 등록된 이후 파일이 변경되면 새 파일이 등록되고 설치됩니다. 설치가 완료되면, 새로운 서비스 워커는 기존 서비스 워커로 바로 교체되지 않는 대신 **대기 중** 상태에 남게 됩니다. 기존 서비스 워커의 범위에 해당하는 모든 탭과 윈도우 창이 종료되거나, 범위를 벗어난 새로운 페이지로 이동할 때까지, 새로운 서비스 워커는 대기 중 상태를 유지하게 됩니다. 활성화된 서비스 워커가 제어하는 페이지가 더 이상 열려 있지 않을 때에만, 활성화되어 있던 이전의 서비스 워커가 **중복** 상태가 되고 새 서비스 워커가 활성화됩니다.

이제 왜 앱 배경이 바뀌지 않았는지 이해할 수 있을 겁니다. 탭을 닫고 다시 열거나, 다른 사이트로 이동한 후 '뒤로 가기' 버튼을 눌러보세요. 이전 서비스 워커가 **중복** 상태로 변경되고, 새로운 서비스 워커가 활성화되면서 배경 색깔이 마침내 빨간색으로 변경됩니다.

설치가 완료된 새로운 서비스 워커가 활성화되고 제어를 시작하기 전, 서비스 워커 범위 내에 있는 모든 페이지가 종료될 때까지 기다려야 합니다. 이유가 무엇일까요?

똑같은 서비스 워커로 제어되는 두 페이지가 각각의 탭에 열려 있다고 가정해 봅시다. 첫 번째 탭이 새로고침되면서 새로운 서비스 워커를 내려받아 해당 서비스 워커가 활성화되면 어떻게 될까요? 하나의 서비스 워커를 사용하고 로드했던 두 번째 페이지가 갑자기 다른 서비스 워커로 제어되기 시작합니다. 이러한 상황은 75페이지의 '서비스 워커가 페이지 로딩 후에 페이지를 제어할 수 없는 이유'에서 언급했던 여러 가지 문제를 야기합니다.

하지만 기존 서비스 워커로 제어되던 예전 페이지가 남아 있을 때, 서비스 워커 설치가 끝나고 로딩된 새 페이지는 왜 새 서비스 워커로 제어되지 않는 걸까요? 왜 브라우저는 여러 개의 서비스 워커를 추적할 수 없을까요? 왜 모든 페이지는 항상 하나의 서비스 워커로만 제어해야 할까요?

이를 이해하기 위해, 이러한 상황에서 발생하는 문제들을 살펴봅시다. 새 버전의 서비스 워커를 릴리즈하고 이 서비스 워커의 `install` 이벤트가 캐시에서 user-data.json를 지우고 대신 users.json를 추가한다고 가정해 봅시다. 그 후 사용자 데이터를 요청하면 기존 파일 대신 새로운 캐시 파일을 사용해 `fetch` 이벤트에 응답합니다. 만약 여러 서비스 워커가 서로 다른 페이지를 제어했다면, 예전 서비스 워커로 제어된 페이지들은 이미 삭제된 구식 user-data.json를 캐시에서 찾을 것이고, 결과적으로 앱이 정상적으로 작동하지 않을 것입니다.

열려 있는 모든 탭이 로딩된 순간부터 종료될 때까지 같은 서비스 워커로 제어되도록 하면 이러한 문제를 피할 수 있습니다. 언제든 어느 서비스 워커가 책임지고 있는지 예측 가능하도록 해야 합니다.

4.4 캐시를 관리해야 하는 이유

지금까지 서비스 워커의 생명주기에 대해 알아봤습니다. 다시 앱으로 돌아가서 앱을 업데이트할 때 무슨 일이 일어나는지 살펴봅시다.

오프라인 홈페이지의 콘텐츠를 변경하기로 했다고 가정해 봅시다. sw-index.html이 업데이트 되었다면, 서비스 워커가 새 버전 파일을 내려받고 CacheStorage에 저장해야 한다는 것을 어떻게 알 수 있을까요?

시작하기 전에 다음 명령어를 명령어 라인에 입력하여 serviceworker.js를 3장을 끝냈을 때의 상태로 되돌립니다.

```
git reset —hard
git checkout ch04-start
```

serviceworker.js는 다음과 같아야 합니다.

```
var CACHE_NAME = "gih-cache";
var CACHED_URLS = [
    "/index-offline.html",
    "https://maxcdn.bootstrapcdn.com/bootstrap/3.3.6/css/bootstrap.min.css",
    "/css/gih-offline.css",
    "/img/jumbo-background-sm.jpg",
    "/img/logo-header.png"
];

self.addEventListener("install", function(event) {
    event.waitUntil(
        caches.open(CACHE_NAME).then(function(cache) {
            return cache.addAll(CACHED_URLS);
        })
    );
});

self.addEventListener("fetch", function(event) {
    event.respondWith(
        fetch(event.request).catch(function() {
            return caches.match(event.request).then(function(response) {
                if (response) {
                    return response;
                } else if (event.request.headers.get("accept").includes("text/
html")) {
```

```
                    return caches.match("/index-offline.html");
                }
            });
        })
    );
});
```

서비스 워커는 설치 단계에 있는 동안 필요한 파일을 내려받고 캐시에 저장합니다. 이 파일을 다시 내려받고 캐싱하려면, 다시 한 번 `install` 이벤트가 발생되어야 합니다. 39페이지의 '서비스 워커의 생명주기'에서 살펴본 바와 같이, 서비스 워커에 변경 사항이 있다면 다음 번 사용자가 앱 페이지를 방문할 때 새로운 서비스 워커가 설치됩니다.

이제 서비스 워커 생명주기에 대해 이해했으므로, 좀 더 쉬운 개발을 위해 'Update on reload' 모드를 켜도 좋습니다.

serviceworker.js의 첫 번째 라인에 있는 캐시명을 `gih-cache-v2`로 바꿉니다. 첫 번째 라인은 다음과 같아야 합니다.

```
var CACHE_NAME = "gih-cache-v2";
```

캐시명에 버전 넘버를 달고, 파일이 변경될 때마다 버전 숫자를 증가시키면, 다음 두 목표를 달성할 수 있습니다.

1. 변경 사항이 서비스 워커 파일에 반영되면(캐시 버전 숫자의 한 자리 수를 바꾸는 것과 같은 소소한 변경 사항일지라도), 브라우저는 활성화된 서비스 워커를 새로운 서비스 워커로 바꿔 설치해야 함을 알게 됩니다. 이는 새 파일을 내려받고 캐시에 저장하도록 하는 새 `install` 이벤트를 발생시킵니다.
2. 이 방법은 각 버전의 서비스 워커에 해당하는 별도의 캐시를 생성합니다(그

림 4-5). 이것이 중요한 이유는 캐시가 이미 업데이트되었더라도, 사용자가 열려 있는 모든 페이지를 닫기 전까지는 기존 서비스 워커가 활성화되어 있기 때문입니다. 서비스 워커는 새로운 서비스 워커가 변경한 파일을 포함한 특정 파일이 캐시에 있을 것임을 예상할 수 있습니다. 각각의 서비스 워커가 각자의 캐시를 가지고 있게 함으로써 예상치 못한 오류를 방지할 수 있습니다.

그림 4-5 각자의 캐시를 들고 있는 두 개의 서비스 워커

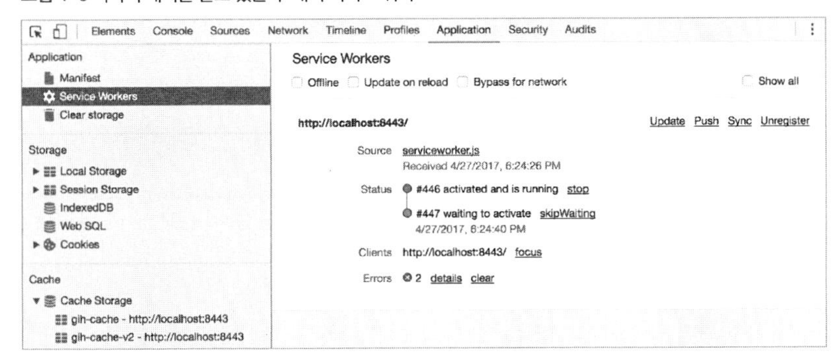

캐시 이름으로 번호가 매겨진 버전명을 사용하면 (예. "gih-cache-v2", "gih-cache-v3") 개발자 편의와 가독성을 높일 수 있습니다. 브라우저는 차이가 있다는 것만 알 뿐 "gih-cache-v2"가 "gih-cache-v3"보다 오래된 버전이라는 것을 알지 못합니다. 우리는 편하게 "cachesierra"나 "nevada-store"라고 이름을 지을 수도 있었습니다.

코드상으로는 "gih-cache-v2"가 캐시 버전명이지만, 캐시명을 종종 서비스 워커 버전명으로 참조합니다. 예를 들어, 서비스 워커 버전이 2일 경우 캐시명을 "gih-cache-v2"로 사용하여 서비스 워커를 참조할 수 있습니다. 각 서비스 워커 버전에 대하여 각 캐시 버전을 유지하기로 했다면, 서비스 워커와 캐시 버전명을 동일하게 사용하면 작업이 훨씬 수월해집니다.

4.5 캐시 관리 및 이전 캐시 제거

캐시와 서비스 워커의 버전을 관리함으로써, 서비스 워커의 버전마다 각각의 버전에 해당하는 캐시 파일에만 의존하면 되는 강력한 시스템을 구축할 수 있습니다. 언제든지 서비스 워커나 캐시에 저장하고자 하는 파일을 업데이트할 수 있고, 사용자에게 예기치 못한 방향으로 영향이 가지 않도록 관리할 수 있습니다. 서비스 워커를 버전 327로 업데이트했더라도 사용자는 버전 122의 서비스 워커를 가지고 있을 수 있음을 잊지 않아야 합니다.

그런데 정말 매번 서비스 워커를 업데이트 할 때마다, 전체 캐시를 다시 만들어야 할까요? 여기에는 한 가지 문제가 있습니다. 매번 캐시를 다시 생성하는 것은 사용자 기기 공간을 낭비할 수 있다는 점입니다. 이것은 327개의 동일한 사이트 로고 이미지와 327개의 똑같은 고해상도 사진을 저장하는 결과가 될 수 있습니다. 브라우저가 개입하여 할당된 저장 용량 한도에 도달했다는 것을 알려주기까지 오래 걸리지 않을 것입니다.

NOTE 저장 용량 한도

브라우저는 CacheStorage 관리하기, 각 사이트 캐시에 공간 할당하기, 이전 캐시 항목 지우기와 관련해 각각 다르게 작동합니다. 사이트에 할당된 공간의 양은 브라우저, 버전, 기기에 따라 매일 변할 수 있습니다(기기의 여유 공간 변화에 따라 바뀝니다).

또한 사이트(origin이라고도 알려진)의 저장 제한 외에도, 대부분의 브라우저는 전체 캐시에 대한 용량 제한을 두고 있습니다. 캐시가 한도에 도달하면 브라우저는 가장 오래 전에 접속했던 (최근에 가장 적게 사용한) 사이트의 캐시를 삭제합니다.

서비스 워커는 캐시를 생성하는 것뿐만 아니라, 오래된 불필요한 캐시를 책임감 있게 처리하고 브라우저에서 훌륭하게 살아가는 법을 배워야 합니다.

이 문제를 해결하기 전에, caches 객체의 두 가지 새로운 방법에 먼저 익숙해져야 합니다.

caches.delete(cacheName)

첫 번째 인수로 캐시명을 받고 캐시를 삭제합니다.

caches.keys()

접근 가능한 모든 캐시의 이름을 받아오는 편리한 방법. 캐시명 배열을 리졸브하는 프로미스를 반환합니다.

이 두 가지 방법을 결합하여, 전체 캐시를 삭제하거나 일부 캐시를 삭제하는 코드를 만들 수 있습니다. 만약 전체 캐시를 삭제하고자 한다면, 다음 코드를 사용할 수 있습니다.

```
caches.keys().then(function(cacheNames) {
    cacheNames.forEach(function(cacheName) {
        caches.delete(cacheName);
    });
});
```

이제 이 방법을 사용하여 캐시를 관리하는 방법에 대하여 알아보겠습니다.

이 앱에 맞는 방법이 반드시 여러분의 앱에도 맞는 해결책이라고 할 수는 없습니다. 여기서는 버전별로 하나의 캐시에 모든 고담 임페리얼 호텔의 리소스를 저장하기로 결정했지만, 여러분은 여러분 앱에 적합한 다른 캐시 구조를 선택해도 됩니다. 예를 들어, 아주 드물게 변경되는 파일(벤더 라이브러리, 로고 등)에 대해 캐시 하나를 할당하고, 매 릴리즈마다 변경되는 파일에 대해 캐시 하나를 할당할 수도 있습니다. 단, 이렇게 할당하고자 한다면 여기에 맞춰 패턴을 꼭 수정하세요.

앱은 최대 2개의 캐시를 필요로 합니다. 현재 활성화되어 있는 서비스 워커에 대한 캐시가 하나 필요하고, 그리고 지금 막 설치되었으나 아직 활성화되지 않은 새로운 서비스 워커에 대한 캐시가 하나(존재하는 경우) 필요합니다. 중복된 서비스 워커에 종속되어 있는 캐시는 모두 필요하지 않습니다.

이제 서비스 워커 생명주기 관점으로 이를 나누어 보겠습니다.

1. 새로운 서비스 워커를 설치할 때마다 새로운 캐시를 생성합니다.
2. 새로운 서비스 워커가 활성화되면, 이전 서비스 워커가 생성해 두었던 모든 다른 캐시는 삭제하는 것이 안전합니다.

우리의 코드는 이미 첫 번째 단계를 만족시키고 있습니다. 두 번째 단계를 추가하면, 서비스 워커가 집(캐시)을 제대로 청소할 수 있습니다. 다행히도 우리는 이 작업을 수행할 수 있는 완벽한 방법(activate 이벤트)을 알고 있습니다.

기존 서비스 워커를 가지고 activate 이벤트 리스너를 새로 추가해봅시다.

serviceworker.js의 CACHE_NAME 변수를 "gih-cache-v4"로 변경하고, 파일의 가장 아래 부분에 다음 코드를 추가합니다.

```
self.addEventListener("activate", function(event) {
    event.waitUntil(
        caches.keys().then(function(cacheNames) {
            return Promise.all(
                cacheNames.map(function(cacheName) {
                    if (CACHE_NAME !== cacheName && cacheName.startsWith("gih-
cache")) {
                        return caches.delete(cacheName);
                    }
                })
            );
        })
    );
});
```

이제 코드는 activate 이벤트를 추가로 수신할 수 있습니다. activate 이벤트는 **설치됨/대기 중** 상태에 있는 서비스 워커가 활성화되고, 기존 서비스 워커와 교체될 준비가 되었을 때 호출됩니다. 이 단계에는 이미 필요한 파일이 성공적으로 캐싱되어 있습니다. 하지만 새로운 서비스 워커가 활성화되었다고 선언하기 전에, 이전 서비스 워커가 사용한 모든 캐시를 삭제하고 싶을 것입니다.

activate 이벤트 코드를 한 줄씩 살펴보도록 하겠습니다.

waitUntil을 사용하여 activate 이벤트를 연장시키는 것부터 살펴보겠습니다. 기본적으로 서비스 워커는 활성화가 완료되기 전에 오래된 모든 캐시를 삭제할 때까지 기다릴 것(waitUntil)을 요청받습니다. waitUntil에 프로미스를 전달하여 이를 진행할 수 있습니다.

이 프로미스를 생성하는 코드는 caches.keys()를 호출하는 것으로 시작합니다. 이 함수는 앱에서 생성한 모든 캐시의 이름을 담은 배열을 리졸브하는 프로미스를 반환합니다. 이 배열을 갖고, 이름이 가리키는 각각의 캐시를 모두 순회한 후 리졸브되는 프로미스를 생성하고자 합니다. 이를 위해, Promise.all()를 사용하여 여러 개의 프로미스를 하나의 프로미스로 감쌀 수 있습니다.

Promise.all()은 프로미스 배열을 받고, 배열 내 모든 프로미스가 일단 리졸브되면 리졸브되는 한 개의 프로미스를 반환합니다. 만약 그 프로미스 중 하나라도 리젝된다면, Promise.all()이 생성한 프로미스 또한 리젝될 것입니다. 만약 모두 성공적으로 리졸브되었다면, Promise.all()로 생성된 프로미스도 성공적으로 리졸브됩니다.

다음으로 Promise.all()로 전달될 프로미스 배열을 생성합니다. cacheNames 배열을 받아 Array.map()을 사용하여 각각의 캐시 이름에 대해, 캐시 삭제를 시도하고 삭제가 성공한 경우에 리졸브되는 Pormise를 생성합니다.

프로미스 배열을 생성하기 위한 Array.map()의 자세한 사용법은 89페이지의 'Promise.all()의 프로미스 배열 생성하기'를 참조해주세요.

생성된 프로미스 배열을 Promise.all()로 전달합니다. 모든 캐시가 성공적으로 삭제된 경우에만 리졸브되는 프로미스가 생성됩니다. 이 프로미스를 event.waitUntil()로 전달합니다.

여기서 다루지 않은 유일한 부분은 caches.delete() 호출을 둘러싼 if문입니다. 이 if문은 다음 두 조건을 모두 충족하는 캐시만 삭제합니다.

1. 이 캐시의 이름은 활성화된 캐시 이름과는 다릅니다.
2. 이 캐시의 이름은 gih-cache로 시작합니다.

첫 번째 조건은 방금 막 생성된 신규 캐시를 삭제하지 않도록 합니다. 두 번째 조건은 모든 서비스 워커의 캐시 이름으로 정한 임의의 접두어를 확인합니다. 이러한 방법으로 서비스 워커와는 상관 없는, 다른 곳에서 생성한 캐시를 앱이 삭제하지 않도록 합니다.

상당히 간단한 작업을 위한 코드이지만, 프로미스 체인promise chain과 일반적이지 않은 방법을 사용하기 때문에, 책의 다른 곳에 사용된 코드보다는 다소 복잡해 보일 수 있습니다. 코드의 역할을 파악하는 가장 쉬운 방법은 **활성화**된 전체 리스너를 의사 코드pseudocode로 요약하는 방법입니다.

```
activate 이벤트를 기다린다.
    다음 작업이 완료될 때까지 기다리고 활성화된 서비스 워커만 선언한다
        다음 모든 작업이 성공적으로 완료되면:
          각각의 캐시명에 대하여:
              캐시명이 현재 캐시명과 다른지, 'gih-cache'으로 시작하는지 확인한다.
                  그 캐시를 삭제한다.
```

NOTE Promise.all()을 위한 프로미스 배열 생성하기

모든 프로미스가 리졸브되고 난 후에만 리졸브되는 프로미스를 만들고 싶을 때 Promise.all()를 사용할 수 있습니다.

Promise.all()는 프로미스 배열을 인자로 받고 하나의 프로미스를 반환합니다. 이 프로미스는 전달받은 모든 프로미스가 일단 리졸브되고 난 후에만 리졸브됩니다. 이 중 하나라도 리젝된다면, Promise.all()이 반환한 프로미스 또한 리젝될 것입니다.

Array.map()을 사용하여 다른 배열에서 프로미스 배열을 생성할 수 있습니다(이전 예제에서 본 캐시명 배열과 동일합니다). 배열의 map()으로 콜백 함수를 전달하여 이 작업을 진행할 수 있습니다. 이 콜백은 배열에서 하나의 아이템을 받고 새 프로미스를 반환합니다.

다음 예제는 이를 단순화한 버전을 나타냅니다.

```
var values = [true, false, true, true];
Promise.all(
    values.map(function(val) {
        if (val === true) {
            return Promise.resolve();
        } else {
            return Promise.reject();
        }
    })
    )
    .then(function() {console.log("Everything is true");})
    .catch(function() {console.log("Not everything is true");});
```

이 코드는 values 배열을 받아, 프로미스 4개를 포함한 새 배열을 생성합니다. 4개의 프로미스 중 3개는 성공적으로 리졸브되지만, 하나는 리젝될 것입니다. 이로 인해 Promise.all이 반환한 전체 프로미스가 리젝되고 catch 블럭 안의 코드가 실행됩니다.

4.6 캐싱된 response를 다시 사용하기

버전이 지정된 캐시로 접근하는 것은 캐시를 제어하고 최신 상태로 업데이트하는 아주 유연한 방법입니다. 하지만 자세히 살펴보면, 그 안에 존재하는 비효율성을 발견할 수 있습니다.

새로운 캐시를 생성할 때마다, cache.add()나 cache.addAll()을 사용하여 앱에 필요한 모든 파일을 캐싱합니다. 하지만 사용자가 이미 기기에 cache-v1이라는 캐시를 가지고 있고, 우리가 cache-v2를 새롭게 생성한다면 어떻게 될까요? 절대 변경될 일이 없을 파일이라면 같은 것을 또 네트워크로부터 내려받게 될 것이고, 이는 아까운 대역폭과 시간을 낭비하는 일이 됩니다.

새 캐시를 생성할 때, 변하지 않는 파일 목록(bootstrap.3.7.7.min.css이나 style-v355.css처럼 절대 변경되지 않을 파일)을 먼저 검토하게 하면 어떨까요? 이런 파일들이 기존 캐시에 있는지 검색하고, 존재한다면 네트워크에서 다시 내려받는 대신 기존 캐시에서 새 캐시로 직접 복제하도록 하는 겁니다. 이 작업을 한번 완료하고 난 후에는 이전처럼 cache.add()나 cache.addAll()를 사용하여 나머지 파일(오래된 캐시에서 찾을 수 없는 변경 불가한 파일과 변경 가능한 파일)을 가져올 것입니다.

```
var immutableRequests = [
    "/fancy_header_background.mp4",
    "/vendor/bootstrap/3.3.7/bootstrap.min.css",
    "/css/style-v355.css"
];
var mutableRequests = [
    "app-settings.json",
    "index.html"
];
self.addEventListener("install", function(event) {
    event.waitUntil(
        caches.open("cache-v2").then(function(cache) {
            var newImmutableRequests = [];
            return Promise.all(
                immutableRequests.map(function(url) {
                    return caches.match(url).then(function(response) {
                        if (response) {
                            return cache.put(url, response);
                        } else {
                            newImmutableRequests.push(url);
                            return Promise.resolve();
                        }
```

```
                    });
                })
                ).then(function() {
                    return cache.addAll(newImmutableRequests.
concat(mutableRequests));
                });
        })
    );
});
```

위 코드는 캐싱해야 할 리소스를 2개의 배열로 분리합니다.

1. immutableRequests에는 절대 바뀌지 않는 리소스를 가리키는 URL이 들어 있습니다. 이것은 캐시에서 캐시로 안전하게 복사가 가능합니다.
2. mutableRequests에는 우리가 새로운 캐시를 생성할 때마다 네트워크로부터 받고자 하는 리소스를 가리키는 URL이 들어 있습니다.

Install 이벤트는 모든 immutableRequests를 검토하고 존재하는 모든 캐시에서 URL을 찾습니다. 발견된 모든 URL은 cache.put[13]을 사용하여 새로운 캐시로 복사됩니다. 발견되지 않은 URL은 newImmutableRequests 배열로 위치하게 됩니다.

모든 요청이 확인되고 나면, 코드는 cache.addAll()를 사용하여 mutableRequests와 newImmutableRequests에 존재하는 모든 URL을 캐시합니다.

13 cache.put은 키와 값을 가지고 캐시에 새 엔트리를 생성합니다. URL만 취하는 cache.add와 달리 캐시에 대한 응답을 이미 가지고 있기 때문에 cache.put은 또다른 네트워크 요청을 필요로 하지 않습니다.

이 패턴은 대부분의 서비스 워커 작업 시 유용합니다. 코드를 간결히 유지하기 위해, 이전 패턴을 훨씬 쉽게 사용할 수 있고 `cache.addAll()`를 대체할 수 있는 `cache.adderall()`을 만들었습니다.

```
importScripts("cache.adderall.js");
self.addEventListener("install", function(event) {
    event.waitUntil(
        caches.open("cache-v2").then(function(cache) {
            return adderall.addAll(cache, IMMUTABLE_URLS, MUTABLE_
URLS)
        })
    )
});
```

`cache.adderall()`에 대한 더 자세한 사항은 https://pwabook.com/cacheadderall에서 확인할 수 있습니다.

4.7 올바른 헤더 캐싱을 제공하기 위한 서버 설정

매번 로드될 때마다 서비스 워커 파일이 체크되기 때문에, 서버는 응답 헤더의 캐싱 만료 시간을 짧게 설정 해야 합니다(예. 1~10분). 만료 시간을 너무 길게 설정하면, 브라우저는 변경 사항을 확인하지 않고, 캐시를 위한 신규 서비스 워커 버전이나 신규 파일을 검색하지 않습니다.

서비스 워커가 항상 캐시에서 checkout.js을 제공하는데, 어느 날 실수로 버그가 포함된 checkout.js 버전을 릴리즈했다면 어떤 상황이 벌어질지 상상해 보세요. 새로운 버전을 캐싱하기 위한 서비스 워커를 업데이트하지 못한다면, 몇 시간 동안 수정된 버전을 릴리즈하지 못할 수 있습니다.

다행히 브라우저는 이를 안전하게 처리하기 위해, 개발자가 긴 만료 시간을 설정하려고 하더라도 24시간을 기본 만료 시간으로 설정합니다.

4.8 개발자 도구

이 책을 통해 서비스 워커, CacheStorage, 여러 신규 API에 대해 알아가는 동안 다양한 브라우저에서 제공하는 개발자 도구에 대해서도 살펴보기를 권장합니다.

크롬, 오페라, 파이어폭스와 같은 대부분의 최신 브라우저에는 워크플로우를 개선하고, 더 쉽게 개발하고, 디버깅할 수 있는 도구가 있습니다.

아래에 개인적으로 가장 많이 사용하는 개발자 도구 몇 가지를 정리해 보았습니다.

4.8.1 콘솔

브레이크 포인트 세팅하기, 변수 관찰하기, 찬찬히 들여다보기 등 최신 브라우저가 제공하는 디버깅 툴은 아주 멋진 기능을 많이 가지고 있습니다. 하지만 새로 뭔가를 배우기에는 나이도 많고 고집이 센 개발자는, 디버깅할 때 제일 먼저 구식 콘솔(좋은 콘솔입니다)을 찾게됩니다.

서비스 워커를 작업할 때, 탭에서 콘솔을 열더라도 명령어는 서비스 워커가 아닌 윈도우의 콘텍스트에서 실행된다는 것을 기억해야 합니다. 서비스 워커 콘텍스트를 살펴보고 서비스 워커에서 명령어를 실행하고 싶다면, 콘솔 콘텍스트를 변경해야 합니다.

크롬과 오페라에서는 콘솔을 열고 top(윈도우)에서 서비스 워커 파일로 콘텍스트를 변경하여 이 작업을 수행할 수 있습니다. 이 콘텍스트 선택은 그림 4-6에 빨간색으로 표시된 부분에서 찾아볼 수 있습니다.

그림 4-6 크롬에서 콘솔 컨텍스트 바꾸기

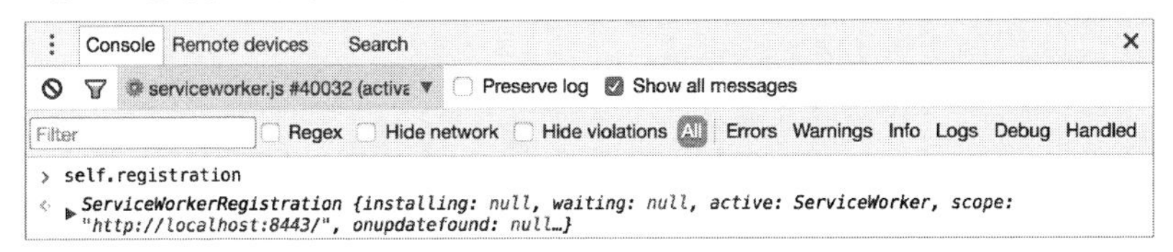

파이어폭스에서는 about:debugging#workers를 열고, 서비스 워커 옆의 디버그debug 버튼을 클릭하여 같은 작업을 수행할 수 있습니다. 서비스 워커 옆에 디버그 버튼이 보이지 않는다면, 먼저 Start를 해보세요.

4.8.2 껐다 켰다 해보셨나요?

작업 중에는 코드와 데이터 구조가 늘 바뀌게 됩니다. 보통 우리는 브라우저에서 앱을 열 때 늘 최신 버전의 코드로, 가장 최신의 데이터를, 깨끗한 캐시 상태에서 작업하기를 원합니다.

예전에는 이것이 단순했습니다. 키보드의 쉬프트shift 키를 누른 상태에서 새로고침하는 강제 새로고침hard refresh으로 브라우저 캐시를 무시하고 무조건 새로운 변경 사항을 읽어오도록 했습니다. 하지만 점점 더 다양한 장소(CacheStorage, IndexedDB, Cookies, Local Storage, Session Storage 등)에 많은 리소스가 저장됨에 따라, 이 방법으로는 충분하지 않게 되었습니다.

이 경우 크롬과 오페라의 개발자 도구를 사용하면 빠르고 깔끔하게 시작할 수 있습니다. 브라우저 개발자 도구에서 Application 탭을 열고 Clear storage 섹션을 선택한 후, 체크 박스를 확인하고 'Clear site data'를 클릭하면 됩니다.

4.8.3 CacheStorage와 IndexedDB 검사

개발하는 동안 CacheStorage와 IndexedDB에 저장된 리소스를 검사해야 하는 경우가 자주 생깁니다(6장 참조).

콘솔을 사용하면 이 저장소에 접근해서 저장소 연결을 열고 데이터를 읽을 수 있습니다(단, 이 작업은 꽤 번거로울 수 있습니다).

파이어폭스, 크롬, 오페라는 직접 저장소를 검사할 수 있는 기능을 GUI로 제공합니다. 파이어폭스에서는 웹 개발 도구의 저장소 검사기Storage 탭에서 이 기능을 사용할 수 있습니다(그림 4-7). 크롬과 오페라에서는 Application 탭에서 이 기능을 찾을 수 있습니다.

그림 4-7 파이어폭스에서 저장소 검사하기

Inspector | Console | Debugger | Performance | Storage

- Cache Storage
  - http://localhost:8443
    - gih-cache-v6
- Cookies
- Indexed DB
  - http://localhost:8443
    - gih-reservations (default)
      - reservations

Filter items

URL	Status
http://localhost:8443/css/gih.css	OK
http://localhost:8443/events.json	OK
http://localhost:8443/img/about-hotel-luxury.jpg	OK
http://localhost:8443/img/about-hotel-spa.jpg	OK
http://localhost:8443/img/event-calendar-link.jpg	OK
http://localhost:8443/img/event-default.jpg	OK
http://localhost:8443/img/event-gala.jpg	OK

4.8.4 네트워크 조절 및 오프라인 상태 시뮬레이션

항상 최적의 상황에서 밝은 불빛 아래 로컬 머신에서 앱을 개발하다 보면, 이 작업 내용이 사용자가 앱에서 마주하게 될 경험이 아니라는 사실을 망각할 수도 있습니다.

사용자를 고려해 앱을 개선할 때 유용한 도구 중 하나는 오프라인 상태를 시뮬레이션 하는 기능과 더불어 다양한 연결 속도를 시뮬레이션 하는 기능입니다.

파이어폭스에서는 웹 개발 도구 메뉴의 '반응형 디자인 모드Responsive Design Mode'로 연결 속도를 조절할 수 있고, 창 상단에 보이는 조절 설정에서 변경할 수도 있습니다. 크롬과 오페라에서는 개발자 도구의 네트워크 탭에서 조절 컨트롤을 클릭하고 다른 연결 설정을 선택하면 동일한 작업을 진행할 수 있습니다(그림 2-4).

모바일 기기를 시뮬레이션하는 것은 현재 단계까지만 가능하다는 점을 기억하세요. 이후 실제 기기 테스트를 대체할 방법은 없습니다. 현실을 직시할 수 있도록 알렉스 러셀Alex Russel의 'Progressive Performance' 강연(https://pwabook.com/progressiveperformance)을 강력히 추천합니다.

4.8.5 라이트하우스

라이트하우스(https://pwabook.com/lighthouse)는 구글에서 개발한 오픈소스 도구이며, PWA 모범 사례와 비교하며 자동으로 앱을 검사하는데 사용할 수 있습니다.

라이트하우스는 브라우저 확장(그림 4-8)은 물론 지속적인 통합(CI, Continuous Integration) 파이프라인에 합쳐질 수 있는 command-line 도구로 사용이 가능합니다.

그림 4-8 고담 임페리얼 호텔 앱을 테스트하는 라이트하우스 크롬 확장프로그램

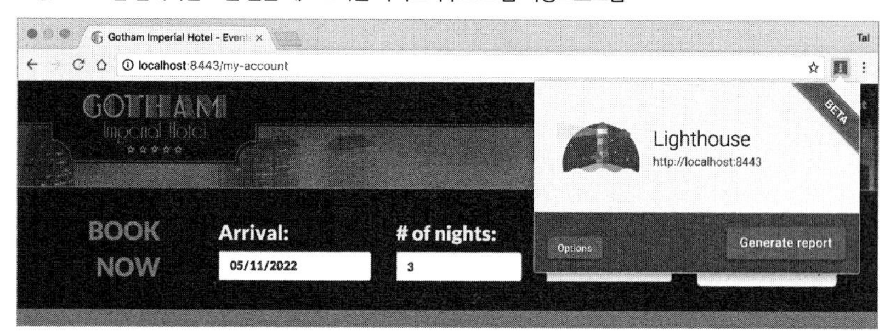

4.9 정리

이번 장을 통해 서비스 워커 생명주기에 대해 더 잘 이해할 수 있었기를 바랍니다.

서비스 워커가 구동되기 전에 가끔씩 페이지를 새로고침해야 하는 이유가 무엇인지, 혹은 서비스 워커를 업데이트하고 새로고침을 해도 새 코드가 작동하지 않는 이유가 무엇인지 아직 이해되지 않으셨다면 이번 장을 다시 읽어보세요.

서비스 워커 생명주기는 가장 헷갈리는 부분 중 하나입니다. 20분 동안 지저분한 버그를 디버깅하다가 끝에 가서야 페이지가 아직 예전 서비스 워커에 의해 제어되고 있다는 것을 깨닫게 되는 경우도 종종 있습니다.

서비스 워커 생명주기를 이해하고 나면 놀라운 일들을 할 수 있고 새로운 기회가

열립니다. install 이벤트가 어떻게 작동하는지 이해하고 나면, 서비스 워커 설치 의존성을 생성할 수 있습니다. 서비스 워커가 설치됨 상태에서 활성화됨 상태로 이동하게 되는 과정을 이해하면, 단 몇 줄의 코드 만으로 여러 캐시 버전을 관리하는 정교한 시스템을 만들 수 있습니다.

다음 장에서는 배운 것을 활용하여 더욱 멋진 일을 해 봅시다.

chapter 5

'오프라인 우선'을 받아들이기

약 10년 전, 저는 Wi-Ser라는 회사를 설립했습니다. 2004년 당시 우리 회사의 사명은 카페와 식당 주인들에게 바로 지금이 고객에게 무료 Wi-Fi를 제공할 시점임을 알리는 것이었습니다.

하지만 이 혁신적인 아이디어는 두 가지 반대에 부딪쳤습니다.

어떤 사람들은 이렇게 물었습니다. "왜 우리가 고객에게 Wi-Fi를 제공해야 하죠? 왜 고객들이 커피를 마실 때 온라인 상태여야 합니까?" 또 어떤 사람들은 "Wi-MAX가 곧 등장할 것이고 온라인 연결에 대한 문제도 곧 해결될 거에요"이라고 말했습니다.

그 후 10년이 지나서야 사람들은 '모바일 연결Mobile Connectivity'이 금방 해결되는 문제가 아니라는 것을 알게 되었습니다.

인터넷은 '신뢰할 수 있는 인터넷 연결'이 잘 갖추어진 집이나 사무실에서는 문제가 되지 않습니다. 인터넷 연결 문제는 지구 절반의 운 없는 사람들만의 문제로 보일 수 있습니다. 하지만 비행기에 탑승하거나, 로밍 서비스 없이 외국을 방문하거나, 지하철을 타거나, 하이킹을 가거나, 인터넷 공유기가 없는 집 방 한 구석에 앉아 있다면(정말 높은 의자에 서 있는 경우 제외) 그 누구에게라도 영향을 줄 수 있는 문제입니다.

사람들은 이런 문제에 너무나 익숙해져서 "나 지금 터널 지나가." 혹은 "나 지금

엘리베이터 안이야." 같은 말을 농담처럼 할 수 있게 되었습니다. 온라인 상태에서 벗어나고 싶을 때 할 수 있는 변명이지요.

이제는 인터넷 연결이 불안정한 상황을 어쩔 수 없는 웹 앱의 에러 상태로 치부해 버리는 것을 그만두어야 합니다. 오프라인 및 불안정한 인터넷 연결을 피할 수 없다면, 이것을 어떻게 처리할지 미리 계획해두어야 합니다.

사람들은 사용자가 모바일 디바이스를 통해 사이트에 접속한다는 사실을 더 이상 무시할 수 없게 된 이후로 **모바일 우선**Mobile-First이 현실임을 받아들였습니다. 15인치 스크린에서만 멋지게 보이는 웹사이트는 더 이상 필요하지 않음을 받아들였고, 모바일 기기를 먼저 고려하여 거기서부터 사용자 경험을 쌓아가야 한다는 것을 배웠습니다.

하지만 인터넷 연결이 끊기거나 속도가 느린 모바일 환경에 대해서는 여전히 고려가 부족합니다.

사이트가 점점 더 정교해지고 완전한 웹 앱이 되어 감에 따라, 사이트의 평균 크기도 급격히 증가했습니다. 그 예로, 아주 정적인 콘텐츠로 이루어져 있음에도 불구하고 수 메가바이트로 구성된 웹페이지를 쉽게 찾을 수 있습니다.

모바일 우선 시대에 접어들었지만, 연결 및 대역폭에 대한 접근 방식은 여전히 데스크톱 시대에 뿌리를 두고 있습니다.

이제는 오프라인에 대해 먼저 생각해야 할 때입니다.

5.1 오프라인 우선이란 무엇입니까?

기존의 웹 앱은 전적으로 서버에 의존했습니다. 모든 앱 데이터, 콘텐츠, 디자인 및 로직은 서버에 저장되어 있었습니다. 클라이언트는 화면에 HTML 페이지를 그리는 역할만을 담당했습니다. 하지만 웹 앱이 발전하면서 점점 더 많은 기능과 권한이 서버에서 클라이언트로 이동했고, 웹 앱은 데이터 처리, 템플릿 렌더링 등의 작업을 수행하게 됐습니다. 하지만 웹 앱은 네이티브 앱과는 달리 여전히 전적으로 서버에 의존하고 있습니다. 따라서 인터넷 연결이 끊어지면 앱 구동에 실패할 수도 있습니다.

오프라인 우선 Offline-first은 단순한 진실을 받아들이는 데서 시작합니다. 그 진실은 바로 오프라인 상태와 불안정한 인터넷 연결 상태가 불가피한 조건이라는 사실입니다. 이는 치명적인 오류가 아니라 웹 앱이 작동하는 동안 언제든지 발생할 수 있는 상태입니다. 계획을 세우고 품위 있게 대처해야 하는 상태 말입니다.

즉, 오프라인 우선을 받아들인다는 것은 사용자가 오프라인일 때 앱의 일부 기능이 작동하지 않을 수는 있지만 그 외 대부분의 기능은(올바르게 처리된다면) 계속 작동한다는 사실을 인정하는 것입니다.

32페이지의 '다른 문제, 다른 해결'에서 언급한 샘플 메시징 앱을 살펴봅시다. 사용자가 오프라인 상태일 때 앱에 방문하면 브라우저는 간단히 오류라고만 표시합니다. 네이티브 앱에서는 이런 끔찍한 UX를 용납하지 않습니다. UX 기준을 웹 기준으로 맞출 이유는 없습니다.

PWA의 기술을 활용해 구현된 모던 웹 앱은 가장 최근 메시지 내용뿐만 아니라 인터페이스와 로직을 클라이언트에 캐싱해 둘 수 있습니다. 그러면 사용자에게 마지막으로 캐싱된 콘텐츠를 사용자 인터페이스를 통해 보여줄 수 있습니다. 이 말은 콘텐츠가 조금 오래되었더라도(사용자에게 이를 알리는 것이 중요) 유용할 수 있다는 의미입니다. 이 앱은 더 이상 인터넷 연결이 끊기는 상황을 치명적인 오류로 처리하지 않습니다. 이 앱은 사용자의 현재 환경에 가장 적합한 UX를 제공합니다.

오프라인 우선의 또 다른 기본적인 측면은, 연결 상태에 대한 변경 사항을 우아하게 처리하는 것입니다. 인터넷 연결이 끊기는 상황에서 사용자에게 일부 기능이 작동하지 않을 수 있고, 사용자가 찾고 있는 데이터가 최신이 아닌 몇 시간 지난 데이터임에도 여전히 많은 기능을 제공하고 있음을 알리는 것입니다. 오프라인에서 완전하게 구동되는 웹 앱을 구축하고 인터넷 연결을 우아하게 관리하면, 사용자에게 이 앱을 계속 사용해도 된다는 신뢰와 데이터도 손실되지 않을 것이라는 확신을 줄 수 있습니다.

다시 메시징 앱 예제로 돌아가서, 개발자는 사용자가 오프라인 상태에서 새 메시지를 보내는 경우 이를 어떻게 처리할지도 결정해야 합니다. 이 경우 입력 필드를 비활성화한 다음, 사용자에게 오프라인 상태에서는 메시지를 보낼 수 없다고 알려주면 작업을 '우아하게 중단'할 수 있습니다. 아니면 사용자가 새 메시지를 작성할 수 있도록 하되, 메시지는 브라우저 로컬 데이터베이스에 저장하여(6장 참조) 다시 인터넷 연결이 되는 즉시 전송되도록 하는 방법도 있습니다. 백그라운드 동기화(7장 참조)를 사용하면, (사용자가 오프라인이든 온라인이든 간에) 인터넷 연결 상태 변경과는 관계 없이 항상 메시지가 전송됨을 보장할 수 있습니다.

정리하면, 모바일 우선이라 함은 항상 사용자에게 모바일 장치에 가장 적합한 환경을 제공하는 것을 의미합니다. 오프라인 우선이라 함은 항상 사용자에게 현재의 네트워크 상태에서 최상의 경험을 제공하는 것을 의미합니다.

5.2 일반적인 캐싱 패턴

이번 장이 끝날 즈음에는 고담 임페리얼 호텔의 웹사이트를 수정하여 오프라인 우선 접근을 완전히 적용시킬 것입니다.

이 사이트의 다른 부분에 대한 캐싱 전략을 결정하려면 먼저 캐싱에 사용되는 일반적인 디자인 패턴을 몇 가지 알고 있어야 합니다.

사용되는 패턴은 상황에 따라 달라집니다. 대부분의 앱은 각각 다른 몇 가지 패턴을 사용합니다. 예를 들어, 날씨 앱을 만들고 있다면 네트워크에서 최신 날씨 데이터를 항상 로드하는 패턴을 채택하고 싶을 것이고 네트워크 요청에 실패하는 경우에만 캐시로부터 데이터를 로드하고자 할 것입니다. 반면 다양한 날씨를 보여주는 아이콘의 경우, 항상 캐시에서 아이콘을 먼저 가져오고 이를 캐시에서 찾을 수 없는 경우에만 네트워크 요청을 시도하는 패턴이 좋을 수도 있습니다.

날씨는 빈번하게 바뀌는 리소스의 한 예입니다. 날씨에서는 가장 최신 데이터를 보여주는 것이 중요합니다. 반면 흐린 날을 나타내는 아이콘은 시간에 민감하지도 않고 자주 변경되지도 않습니다.

그 외 일반적인 캐싱 패턴을 추가로 살펴보겠습니다.

Cache only (캐시만 사용)

모든 리소스 요청을 캐시를 통해 처리합니다. 캐시에서 응답을 찾을 수 없을 경우 요청은 실패합니다. 이 패턴은 일반적인 의존성 관리와 유사하게, 서비스 워커가 설치되는 동안 웹 앱 작동에 필요한 모든 리소스가 이미 캐싱된 것으로 가정합니다.

로고나 아이콘, 스타일시트와 같은 정적static 리소스를 처리하는 데 유용합니다. 정적이라는 의미는 해당 리소스를 절대 바꿀 수 없다는 의미는 아닙니다. 하나의 앱 버전이 살아있는 동안 변하지 않음을 의미합니다.

만일 리소스의 내용을 변경해야 하는 경우, 정적 리소스 파일의 이름을 변경한 후 캐시에 저장합니다. 이 방법은 서비스 워커와 상관없이 이전부터 자주 사용되던 캐싱 패턴과 유사합니다. 새로운 버전을 배포할 때마다 모든 정적 리소스 파일의 이름을 변경하고(예. style.v1.0.3.css 혹은 main_ae3f7.js), 캐시 만료 날짜를 아주 길게 혹은 무기한으로 서버를 설정하는 방법과 비슷합니다.

만약 파일 이름을 변경하지 않기로 했다면, 새로운 버전의 서비스 워커를 릴리즈하고, 서비스 워커의 활성화activation 이벤트 동안 필요한 파일을 다시 가져와 캐시에 저장해 둘 수 있습니다(4장 참조).

```
self.addEventListener("fetch", function(event) {
    event.respondWith(
        caches.match(event.request)
    );
});
```

Cache, falling back to network(캐시, 실패하는 경우 네트워크)

이 패턴은 Cache only와 비슷하게 캐시에 저장된 콘텐츠를 먼저 찾습니다. 만일 캐시에서 콘텐츠를 찾지 못할 경우 네트워크로 콘텐츠를 요청합니다.

```
self.addEventListener("fetch", function(event) {
    event.respondWith(
        caches.match(event.request).then(function(response) {
            return response || fetch(event.request);
        })
    );
});
```

Network only(네트워크만 사용)

웹의 전통적인 모델입니다. 모든 리소스를 네트워크에서 가져옵니다. 네트워크 요청이 실패하면 전체 요청이 실패합니다. 캐시를 활용할 필요가 없는 요청(예. analytics pings) 등을 처리하는 데 유용합니다.

서비스 워커에서 fetch 이벤트를 별도로 처리하지 않으면 Network Only 패턴이 적용 됩니다. 만일 코드 상에서 프로그래밍으로 직접 이 패턴을 구현해야 하는 경우, 다음 코드가 도움이 될 수 있습니다.

```
self.addEventListener("fetch", function(event) {
    event.respondWith(
        fetch(event.request)
    );
});
```

Network, falling back to cache(네트워크, 실패하는 경우 캐시)

우선 네트워크로 요청을 전달합니다. 네트워크 요청이 실패하면, 캐시로부터 응답을 찾습니다. 캐시에서 찾을 수 없다면 요청은 실패할 것입니다.

```
self.addEventListener("fetch", function(event) {
    event.respondWith(
```

```
        fetch(event.request).catch(function() {
            return caches.match(event.request);
        })
    );
});
```

사용자는 항상 현재의 연결 상태에서 가장 최신의 콘텐츠를 내려받게 됩니다. 이 방법은 자주 변경되는 콘텐츠나 가장 최신 응답을 보여주는 것이 중요한 상황에서 유용합니다.

Cache, then network(캐시 이후 네트워크)

네트워크에서 최신 버전을 체크하는 동안 캐시에서 데이터를 바로 보여줍니다. 네트워크 응답을 받으면, 캐시보다 최신 버전인지 확인하고, 새 콘텐츠가 있는 경우 페이지를 업데이트합니다.

이 방법은 네트워크를 통한 최신 콘텐츠 제공과 캐시의 빠른 응답이 결합된 가장 우수한 접근 방식으로 보이지만, 대신 구현 비용이 올라갑니다.

두 가지 요청을 만들기 위해 앱을 수정하고, 캐싱된 콘텐츠를 표시하며, 마지막으로 새로운 콘텐츠가 사용 가능할 때 페이지를 업데이트 합니다. 여기서 중요한 것은 이 패턴이 앱에 새로운 UX 문제를 야기할 수도 있다는 점입니다. 사용 가능한 최신 버전의 이미지로 변경하는 것은 쉽고 간단하겠지만, 업데이트하려는 문서를 사용자가 편집 중인 경우에는 그렇지 않습니다. 사용자가 이미 문서 편집을 시작했는데 당신이 두 번째 문장을 변경해야 한다면 어떻게 해야 할까요? 가장 좋은 수정 방법은 무엇일까요? 사용자와 어떻게 소통을 해야 할까요?

Generic fallback(기본 대체 리소스)

사용자가 요청하는 콘텐츠가 캐시에 없고 네트워크도 사용할 수 없을 때, 이 패턴은 에러를 반환하는 대신 캐시에서 'default fallback(기본 폴백)'을 반환합니다.

대표 사용 사례는 특정 이미지 대신 일반적인 이미지를 반환하는 것입니다. 예를 들어 사용자 아바타가 캐시에 없고 네트워크 사용이 불가능한 경우, 앱에 깨진 이미지를 남겨두는 대신 일반 아바타를 표시하면 오프라인 상태를 매끄럽게 처리할 수 있습니다.

이 패턴은 보통 마지막 폴백fallback으로 다른 패턴들과 함께 사용됩니다. 다음 예시는 network, falling back to cache, falling back to generic 패턴을 생성하기 위해 network, falling back to cache 패턴을 어떻게 활용할 수 있는지 보여줍니다.

```
self.addEventListener("fetch", function(event) {
    event.respondWith(
        fetch(event.request).catch(function() {
            return caches.match(event.request).then(function(response) {
                return response || caches.match("/generic.png");
            });
        })
    );
});
```

PWA를 활용해 신흥 시장 진출 한 트위터의 사례

트위터의 경우, 프로그레시브 웹 앱은 성장 기회가 많은 신흥 시장 진입에서 특히 유용했습니다. 이러한 신흥 시장은 종종 비싸고 느리고 신뢰할 수 없는 인터넷 연결 상태로 설명되기도 합니다.

트위터의 프로그레시브 웹 앱(https://mobile.twitter.com/)은 네이티브 앱보다 많은 이점을 가지고 있습니다. 용량은 400KB에 불과하고(안드로이드 앱의 2.5%), 배터리도 적게 사용하며, 네이티브 앱보다 홈스크린에서 몇 초 빠르게 구동됩니다. 가장 중요한 것은 네이티브 앱의 기능을 희생시키지 않으면서 이러한 장점을 모두 갖추고 있다는 점입니다.

느린 피처폰이나 신뢰할 수 없는 연결, 비싼 인터넷이 일반적인 시장에서는 이 모든 장점이 트위터에게 막강한 장점이 됩니다.

5.3 믹스 앤 매치, 새 패턴 생성하기

일반적인 캐싱 패턴을 살펴보았으니, 이제 콘텐츠를 캐싱하고 제공하는 새로운 방법을 어떻게 만드는지 살펴봅시다.

Cache on demand(요청에 따라 캐시)

자주 바뀌지는 않지만, 서비스 워커의 install 이벤트 동안 캐싱하고 싶지 않은 리소스에 대해서는 네트워크에서 반환된 요청을 캐시에 저장하기 위해 cache, falling back to network 패턴을 확장할 수 있습니다.

이 패턴을 활용하면 네트워크 응답을 받은 즉시 해당 리소스를 캐시에 저장할 수 있습니다. 최초에 리소스가 요청되면 캐시에서 찾을 수 없을 것입니다. 따라서, 서비스 워커는 네트워크로부터 리소스를 받고, 캐시에 저장한 후 이를 반환합니다. 다음에 이 리소스가 다시 요청되면, 캐시로부터 즉시 반환될 것입니다.

```
self.addEventListener("fetch", function(event) {
    event.respondWith(
        caches.open("cache-name").then(function(cache) {
            return cache.match(event.request).
then(function(cachedResponse) {
                return cachedResponse || fetch(event.request).then(
                    function(networkResponse) {
                        cache.put(event.request, networkResponse.clone());
                        return networkResponse;
                });
            });
        })
    );
});
```

복제가 필요한 경우, 응답을 한 번 이상 사용하기

마지막 세 가지 패턴의 코드를 보면서, 무언가 새로운 점을 눈치챘을 것입니다. 그것은 바로 응답을 캐시에 저장하기 전에 clone 메소드를 호출했다는 점입니다.

```
fetch(request).then(function(response) {
    cache.put(request, response.clone());
    return response;
});
```

이쯤에서 한 가지 생각해봅시다. 왜 response의 원본이 아닌 response의 clone, 즉 복제본을 캐시에 넣었을까요? 일단 cache.put()이 사용된 사실과는 관련이 없습니다. 이미 이전에 캐시에 response를 저장했기 때문에 먼저 복제를 할 필요가 없습니다. 진짜 이유는 response를 한 번 이상 사용할 예정이기 때문입니다.

response는 종이 한 장에 쓰여진 연설문 같은 거라고 생각하면 됩니다. 드웨인Dwayne 가문의 상속자인 고담 임페리얼 호텔 소유주가 연설을 준비하는 모습을 상상해보세요. 그는 무대에 오르기 직전, 비서에게 연설문을 창고에 넣어두라고 했습니다. 무대에 오르고 나서야 사람들이 꽉찬 강당에서 손에 아무것도 없이 서 있는 자신을 발견합니다. 비서에게 준 연설문이 원본이 아니라 사본이었더라면 이야기는 달라졌을 겁니다.

response도 이와 비슷하게 작동합니다. response를 한 곳에서 다른 곳으로 전달할 수는 있지만(예. return문 사용), 한 번 이상 사용하기로 했다면(예. 캐시에 저장한 후 이벤트 리스너 반환 시 response를 또 사용하는 경우), clone 명령어를 사용하여 복제본이 만들어졌는지 확인해야 합니다.

Cache, falling back to network with frequent updates (캐시, 이후 네트워크 사용해 캐시 업데이트)

가끔씩 변경되긴 하지만, 최신 버전을 보여주는 것보다는 빠른 응답이 더 중요한 리소스의 경우(예. 사용자 아바타) cache, falling back to network 패턴을 수정하여, 요청한 리소스가 캐시에 있을 때에도 다음 요청을 위해 네트워크에서 최신 버전을 가져오도록 수정할 수 있습니다. 기존 캐시에 저장되어 있는 콘텐츠를 활용해 빠르게 응답하는 동시에, 서버에 최신 버전이 있으면 이를 가져와 백그라운드에서 캐시에 저장합니다. 네트워크에서 새롭게 가져온 리소스는 다음 번에 사용자가 같은 리소스를 요청할 때 사용됩니다. 이는 빠른 응답과 비교적 최신 응답의 이점을 합친 것입니다(이 패턴이 적용된 콘텐츠는 마지막에 사용자 요청이 있었던 시점만큼 최신입니다).

```
self.addEventListener("fetch", function(event) {
    event.respondWith(
        caches.open("cache-name").then(function(cache) {
            return cache.match(event.request).
then(function(cachedResponse) {
                var fetchPromise =
                fetch(event.request).then(function(networkResponse) {
                cache.put(event.request, networkResponse.clone());
                return networkResponse;
                });
                return cachedResponse || fetchPromise;
            });
        })
    );
});
```

이벤트 핸들러는 event.respondWith로 시작합니다. 나머지 코드는 적절한 response를 구성하는 구문입니다. 먼저 캐시를 연 후, 매칭되는 요청을 찾습니다. 캐시 매칭 여부와 관계없이 cache.match에 의하여 반환된 프로미스는 완료되고, then 콜백 함수가 호출됩니다. 콜백 함수는 해당 리소스를 네트워크에서 가져온 후, 이를 캐시에 저장하고 요청 결과를 반환합니다. 마지막 코드는 캐시에 저장된 response를 반환하거나, 캐시에 저장된 리소스가 없는 경우, 네트워크 요청 결과를 반환하는 프로미스를 반환합니다.

fetch를 호출할 때 프로미스가 바로 반환되고, fetch 호출은 비동기적으로 처리됩니다. 스크립트는 계속 수행되며, fetch 호출이 끝날 때까지 기다리지 않고도 cachedResponse를 반환하거나 혹은 fetch 호출에 의해 생성된 프로미스를 반환할 수 있습니다(네트워크를 통해 해당 리소스를 가져오는 프로미스).

Network, falling back to cache with frequent updates

(네트워크, 실패하는 경우 캐시 사용 및 빈번한 캐시 업데이트)

항상 최신 리소스를 제공하는 것이 중요한 경우에는 network, falling back to cache 패턴 작동에 약간의 변화를 줄 수 있습니다. 원래 패턴과 같이, 이 패턴도 항상 네트워크에서 최신 버전을 가져오려고 시도하며, 네트워크 요청이 실패하는 경우에만 캐싱된 버전을 사용합니다. 또한 네트워크 연결에 성공했을 때마다 네트워크 응답을 사용하여 캐시를 업데이트합니다.

```
self.addEventListener("fetch", function(event) {
    event.respondWith(
        caches.open("cache-name").then(function(cache) {
            return fetch(event.request).then(function(networkResponse) {
                cache.put(event.request, networkResponse.clone());
                return networkResponse;
            }).catch(function() {
                return caches.match(event.request);
            });
        })
    );
});
```

5.4 캐싱 전략 세우기

지금까지 고담 임페리얼 호텔 앱의 연결 문제에 접근하는 방식으로 network, falling back to cache 패턴을 사용했습니다. 이 패턴을 사용하여 홈페이지의 단순화된 버전을 캐싱했고, 네트워크 에러가 감지되었을 때는 사용자에게 알릴 수 있었습니다.

이는 처음 만들었던 웹 앱에 비교하면 큰 발전입니다. 쉽게 적용 가능하고 사용자에게 더 나은 경험을 제공할 수 있기 때문입니다.

지금까지 다양한 캐싱 패턴에 대해 알아보았으니 이 단계를 좀 더 진행시켜 보겠습니다.

먼저 지금까지 배운 모든 것들을 활용하여 고담 임페리얼 호텔 앱에 오프라인 우선 접근을 적용해보겠습니다. 이 작업이 완료되면 페이지는 언제든지 즉시 로딩될 것입니다. 이때 가끔씩 변경되는 리소스는 네트워크에서 로드되고, 네트워크 접근이 불가능할 때는 캐시로부터 로드될 것입니다.

먼저 홈페이지를 살펴봅시다.

우리 홈페이지는 버전이 바뀌어도 변경 사항이 거의 없는 index.html로 구성되어 있습니다. 이 파일은 정적인 이미지, 스타일시트, 자바스크립트 파일에 접근합니다. index.html에서 사용되는 파일은 설치 중에 모두 캐싱될 수 있으며 cache, falling back to network 패턴에 적합합니다. 이 방법을 사용하면 사용자의 인터넷 연결 상태와 관계없이 홈페이지를 훨씬 빠르게 로드하여 제공할 수 있습니다.

Index.html 파일 자체는 어떨까요? 이 파일은 버전이 바뀌어도 거의 변경되지 않기 때문에 cache, falling back to network 패턴을 고려할 수 있습니다. 하지만 이 접근 방식에는 심각한 단점이 있습니다. 이 파일이 업데이트되면 새로운 파일을 받아 캐시에 저장되도록 서비스 워커를 업데이트 해야 한다는 겁니다.

설상가상으로 이전 서비스 워커가 페이지 제어권을 풀고 새 파일을 제공하는 새 서비스 워커가 활성화 되기 전까지 사용자는 새 버전을 볼 수 없습니다. 표 5-1에 연속 방문 시 이러한 상황이 어떻게 진행되는지 정리해두었습니다.

표 5-1 각각의 연속 방문 시 페이지 및 서비스 워커의 상태

방문 횟수	메모	서비스 워커	index.html
첫 번째		SW v1 설치, HTML v1를 캐시	네트워크에서 HTML v1 제공
두 번째	서비스 워커(v2)의 새 버전, 새 HTML 파일 사용 가능	SW v2 설치, HTML v2를 캐시. SW v1 이 아직 페이지 제어 중	캐시에서 HTML v1 제공
세 번째	SW v1페이지 제어를 릴리즈할 수 있는 기회를 가짐	SW v2 활성화되고 페이지 제어	캐시에서 HTML v2 제공

새 HTML 파일로 서비스 워커를 업데이트하더라도 사용자는 이 파일을 다음 앱 방문 때까지 보지 못합니다.

왜 이런 일이 발생하는지, 서비스 워커가 이런 상태 사이를 어떻게 이동하는지는 4장에서 자세히 설명했습니다.

이쯤에서 Index.html을 캐싱하기 위한 몇 가지 옵션을 살펴보겠습니다.

1. cache, falling back to network 패턴을 사용하여 제공합니다. 이는 이미 캐싱된 최신 버전을 보여주지 않는다는 단점이 있습니다. 하지만 이 패턴은 응답이 빠르고 네트워크 사용 측면에서 효율적인 해결책입니다.
2. network, falling back to cache 패턴을 사용하여 제공합니다. 장점은 항상 최신 파일을 보여줄 수 있다는 겁니다. 단점은 이미 캐싱된 HTML 파일의 로딩 시간을 개선할 기회를 놓친다는 점입니다.
3. cache, falling back to network with frequent updates 패턴을 사용하여 제공합니다. 1번 옵션과 비슷하게 항상 캐시로부터 index.html을 처리하여 아주 빠른 응답 시간을 제공합니다. 또한 업데이트된 index.html 파일을 확인하여, 새로운 버전의 서비스 워커를 릴리즈하지 않고도 캐시를 업데이트합니다. 다음번에 사용자가 페이지를 로드하면, 최신 파일이 표시됩니다. 이러한 접근 방식은 응답이 빠르고 비교적 최신 파일을 유

지할 수 있다는 장점을 갖고 있습니다. 하지만 2번 옵션만큼 네트워크 데이터를 사용하거나, 예상한 버전의 서비스 워커가 없을 수도 있습니다.

고담 임페리얼 호텔 홈페이지에서는 3번 옵션으로 진행하기로 했습니다. 이 접근 방식은 사용자의 연결 상태에 상관 없이 홈페이지를 바로 로드할 수 있다는 장점이 있습니다. 이 경우, 첫 번째 단점은 사용자가 페이지를 갱신하기 전까지는 예전 페이지를 보여줄 수 있다는 점입니다(이 경우에는 변경될 수 있는 모든 동적 데이터가 가장 최신 데이터를 제공하는 패턴을 사용하여 캐싱되기 때문에 큰 문제는 아닙니다). 두 번째 단점은 캐시에 이미 HTML이 존재할 수 있음에도 방문할 때마다 네트워크에서 HTML을 fetch한다는 점입니다(이 또한 파일이 비교적 작고 서버가 HTTP 캐시에 저장되어 있음을 확인하기 위해 Expires와 ETag 헤더를 보낼 수 있기 때문에 큰 문제가 아닙니다).

홈페이지의 하단을 보면 구글맵 자바스크립트 API를 사용하여 생성한 지도를 볼 수 있습니다. 이 인터랙티브 맵은 페이지가 로드될 때마다 구글 서버에서 로드됩니다. 구글맵의 로직과 데이터를 모두 캐싱할 수는 없기 때문에, 구글맵 자바스크립트 파일 로드를 실패하거나 대체 자바스크립트 파일을 로드하는 것을 감지하기 위해 서비스 워커를 업데이트할 것입니다. 네트워크 연결이 없는 경우 동적이고 상호작용이 가능한 맵 위젯 대신 정적인 맵 이미지를 보여줄 것입니다. 이는 점진적인 향상을 의미합니다. 온라인 사용자가 완전한 인터랙티브 맵을 보게되는 반면, 오프라인 사용자는 정적인 이미지의 맵을 보게 될 것입니다.

홈페이지는 호텔에서 앞으로 진행될 이벤트 목록이 포함된 JSON 파일도 로드합니다. 이는 언제든 바뀔 수 있는 데이터이며, 사용자가 항상 최신 버전의 콘텐츠를 볼 수 있게 하려고 합니다. 이 파일을 제공하기 위해 network, falling back to cache with frequent updates 패턴을 사용할 것입니다. 네트워크 조건에 따라 접근가능한 최신 데이터를 항상 제공할 수 있습니다(사용자가 온라인이면 실시간 데이터, 사용자가 오프라인이면 캐싱 된 마지막 버전).

또한, 이벤트 JSON 파일은 각각의 이벤트를 나타내는 여러 이미지 파일 참조를 포함하고 있습니다. 이 파일은 설치 단계에서 캐싱되지 않기 때문에, Cache on demand 패턴을 사용할 수 있습니다. 파일이 요청되면 캐시에서 가져옵니다. 캐시에서 찾을 수 없다면 네트워크에 요청합니다. 네트워크 응답을 받으면 나중을 위해 캐시에 저장한 후, 페이지로 반환할 것입니다.

또한 페이지에 깨진 이미지가 없도록, 이미지가 캐시에 없거나 네트워크가 작동하지 않을 때 `default fallback`(기본 폴백) 이미지를 이벤트 이미지로 보여줄 수 있도록 캐싱 코드를 수정할 것입니다. 기본 이미지는 서비스 워커 설치 단계에서 설치 의존성install dependency 형식으로 캐싱될 것입니다.

마지막으로, 아날리틱스 핑은 캐싱이나 fallback 없이 직접 네트워크로 전송되도록 규칙을 설정할 것입니다. 사용자가 오프라인 상태라면 이 핑은 실패합니다.

홈페이지 캐싱 전략을 요약해 봅시다.

1. cache, falling back to network with frequent updates 패턴을 사용하여 index.html을 반환합니다.
2. cache, falling back to network 패턴을 사용하여 홈페이지를 표시하는 데 필요한 모든 정적 파일을 반환합니다.
3. 네트워크로부터 구글맵 자바스크립트 파일을 반환합니다. 요청이 실패하면 오프라인에서 사용 가능한 대체 스크립트를 반환합니다.
4. network, falling back to cache with frequent updates 패턴을 사용하여 events.json 파일을 반환합니다.
5. cache on demand 패턴을 사용하여 이벤트 이미지 파일을 반환하고, 네트워크를 사용할 수 없고 이미지가 캐싱되어 있지 않으면 기본 일반 이미지를 사용합니다.
6. 아날리틱스 핑을 변경하지 않고 그대로 둡니다.

5.5 캐싱 전략 구현하기

시작하기에 앞서 다음 명령어를 실행하여 4장 마지막 부분에서 완성한 코드와 동일한 상태인지 확인해주세요.

```
git reset —hard
git checkout ch05-start
```

이제 서비스 워커가 홈페이지를 구성하는 모든 정적 리소스를 포함, 홈페이지 전체를 캐싱하고 제공할 수 있도록 새로운 캐싱 전략을 적용해 서비스 워커를 업데이트 해보겠습니다.

serviceworker.js 파일에 있는 코드를 다음 코드로 교체합니다.

```
var CACHE_NAME = "gih-cache-v4";
var CACHED_URLS = [
    // HTML
    "/index.html",
    // Stylesheets
    "/css/gih.css",
    "https://maxcdn.bootstrapcdn.com/bootstrap/3.3.6/css/bootstrap.min.css",
    "https://fonts.googleapis.com/css?family=Lato:300,600,900",
    // JavaScript
    "https://code.jquery.com/jquery-3.0.0.min.js",
    "/js/app.js",
    // Images
    "/img/logo.png",
    "/img/logo-header.png",
    "/img/event-calendar-link.jpg",
    "/img/switch.png",
    "/img/logo-top-background.png",
    "/img/jumbo-background.jpg",
    "/img/reservation-gih.jpg",
    "/img/about-hotel-spa.jpg",
    "/img/about-hotel-luxury.jpg"
];
self.addEventListener("install", function(event) {
```

```
    event.waitUntil(
        caches.open(CACHE_NAME).then(function(cache) {
            return cache.addAll(CACHED_URLS);
        })
    );
});
self.addEventListener("fetch", function(event) {
    event.respondWith(
        fetch(event.request).catch(function() {
            return caches.match(event.request).then(function(response) {
                if (response) {
                    return response;
                } else if (event.request.headers.get("accept").includes("text/
html")) {
                    return caches.match("/index.html");
                }
            });
        })
    );
});
self.addEventListener("activate", function(event) {
    event.waitUntil(
        caches.keys().then(function(cacheNames) {
            return Promise.all(
                cacheNames.map(function(cacheName) {
                    if (CACHE_NAME !== cacheName && cacheName.startsWith("gih-
cache")) {
                        return caches.delete(cacheName);
                    }
                })
            );
        })
    );
});
```

이 코드는 두 가지 변경 사항을 제외하고는, 4장이 끝났을 때의 코드와 유사합니다.

첫 번째, sw-index.html 대신 페이지를 보여주는 데 필요한 모든 정적 파일과 index.html을 포함하도록 CACHED_URLS 배열의 내용을 수정했습니다.

두 번째, fetch 이벤트 리스너에서 캐시에서 sw-index.html 대신 index.html를 찾아 반환합니다.

이 두 가지 변경 사항은 오프라인 사용자들에게 온라인 홈페이지와 거의 동일한 사용자 경험을 주기에 충분합니다.

이번에는 사용자가 온라인 상태에 있더라도 Index.html과 정적 파일이 바로 로드되도록 더 자세히 살펴보고 개선해 보겠습니다.

servicewoker.js 파일의 fetch 이벤트 리스너 코드를 다음 코드로 교체합니다.

```
self.addEventListener("fetch", function(event) {
    var requestURL = new URL(event.request.url);
    if (requestURL.pathname === "/" || requestURL.pathname === "/index.html")
{
        event.respondWith(
            caches.open(CACHE_NAME).then(function(cache) {
                return cache.match("/index.html").
then(function(cachedResponse) {
                    var fetchPromise =
                        fetch("/index.html")
                            .then(function(networkResponse) {
                                cache.put("/index.html", networkResponse.
clone());
                                return networkResponse;
                            });
                    return cachedResponse || fetchPromise;
                });
            })
        );
    } else if (
        CACHED_URLS.includes(requestURL.href) ||
            CACHED_URLS.includes(requestURL.pathname)
        ) {
        event.respondWith(
            caches.open(CACHE_NAME).then(function(cache) {
                return cache.match(event.request).then(function(response) {
                    return response || fetch(event.request);
```

```
                });
            })
        );
    }
});
```

새로운 fetch 이벤트 핸들러는 요청 URL에 따라 다르게 작동합니다.

먼저 도메인 루트 혹은 /index.html에 대한 요청을 판단합니다(두 가지 모두 홈페이지를 부를 수 있는 유효한 요청입니다). cache, falling back to network with frequent updates 패턴으로 이 요청을 처리합니다. index.html 파일을 캐시에서 찾습니다. 이때 캐시에서 찾았는지의 여부와 상관없이 네트워크에서 최신 버전을 가져와 캐싱합니다. 그동안 캐싱된 버전을 바로 반환하거나, 캐시에서 찾을 수 없는 경우 네트워크에서 응답을 가져오기 위해 프로미스를 반환합니다.

fetch 함수는 비동기적으로 실행되기 때문에 캐시로부터의 응답은 fetch가 완료되기 전에 반환 될 수 있습니다.

이 패턴은 캐시에서 즉각적인 응답(몇 밀리초)을 제공하는 동시에 사용자가 상대적으로 최신 HTML 파일을 볼 수 있도록 보장합니다.

이 코드의 자세한 사항은 102페이지의 '일반적인 캐싱 패턴'에 설명되어 있습니다.

다음으로 요청된 URL이 서비스 워커 설치 중에 캐싱한 URL 중 어느 하나와 일치한다면, 이벤트 핸들러를 종료하고, 캐시를 사용해 이벤트에 응답합니다. 만약 캐시에서 찾지 못했다면, 네트워크에서 반환을 시도합니다(이것은 cache, falling back to network 패턴입니다).

이 두 가지 조건과 일치하지 않는 요청은 서비스 워커를 지나쳐 일반적인 방식으로 작동할 것입니다.

new URL(urlString, [baseURL])

fetch 이벤트 핸들러의 주요 조건문은 URL을 테스트하여 서로 다른 request를 관리하는 방법을 결정합니다. 예전에는 꽤 지저분한 규칙 표현을 포함하고 있었지만, 감사하게도 새로운 URL 인터페이스 덕분에 작업을 쉽게 진행할 수 있었습니다.

```
// 다음 세 줄은 같은 URL을 반환한다.
var url_1 = new URL("https://gothamimperial.com/index.html");
var url_2 = new URL("/index.html", "https://gothamimperial.com");
var url_3 = new URL("/index.html", url_1);

// 다음 네 줄은 모두 true이다.
url_1.href === "https://gothamimperial.com/index.html";
url_1.protocol === "https:";
url_1.hostname === "gothamimperial.com";
url_1.pathname === "/index.html";
```

110페이지의 '캐싱 전략 세우기'에서 설정한 첫 번째 목표와 두 번째 목표를 지금 막 달성했습니다. 이번에는 서로 다른 리소스를 개별적으로 다룰 수 있도록 이벤트 핸들러에 몇 가지 조건문을 추가해 보겠습니다.

serviceworker.js에 있는 코드를 다음 코드로 교체해주세요.

```
var CACHE_NAME = "gih-cache-v5";
var CACHED_URLS = [
    // HTML
    "/index.html",
    // Stylesheets
    "/css/gih.css",
    "https://maxcdn.bootstrapcdn.com/bootstrap/3.3.6/css/bootstrap.min.css",
    "https://fonts.googleapis.com/css?family=Lato:300,600,900",
    // JavaScript
    "https://code.jquery.com/jquery-3.0.0.min.js",
    "/js/app.js",
    "/js/offline-map.js",
    // Images
    "/img/logo.png",
```

```
    "/img/logo-header.png",
    "/img/event-calendar-link.jpg",
    "/img/switch.png",
    "/img/logo-top-background.png",
    "/img/jumbo-background-sm.jpg",
    "/img/jumbo-background.jpg",
    "/img/reservation-gih.jpg",
    "/img/about-hotel-spa.jpg",
    "/img/about-hotel-luxury.jpg",
    "/img/event-default.jpg",
    "/img/map-offline.jpg",
    // JSON
    "/events.json"
];
var googleMapsAPIJS = "https://maps.googleapis.com/maps/api/js?key="+
"AIzaSyDm9jndhfbcWByQnrivoaWAEQA8jy3COdE&callback=initMap";
self.addEventListener("install", function(event) {
    event.waitUntil(
        caches.open(CACHE_NAME).then(function(cache) {
            return cache.addAll(CACHED_URLS);
        })
    );
});
self.addEventListener("fetch", function(event) {
    var requestURL = new URL(event.request.url);
    // index.html을 위한 request 처리
    if (requestURL.pathname === "/" || requestURL.pathname === "/index.html")
{
        event.respondWith(
            caches.open(CACHE_NAME).then(function(cache) {
                return cache.match("/index.html").
then(function(cachedResponse) {
                    var fetchPromise = fetch("/index.html")
                        .then(function(networkResponse) {
                            cache.put("/index.html", networkResponse.clone());
                            return networkResponse;
                        });
                    return cachedResponse || fetchPromise;
                });
            })
        );
```

```
        // Google Maps JavaScript API 파일을 위한 request 처리
    } else if (requestURL.href === googleMapsAPIJS) {
        event.respondWith(
            fetch(
                googleMapsAPIJS+"&"+Date.now(),
                { mode: "no-cors", cache: "no-store" }
                ).catch(function() {
                    return caches.match("/js/offline-map.js");
                })
        );
        // events JSON 파일을 위한 request 처리
    } else if (requestURL.pathname === "/events.json") {
        event.respondWith(
            caches.open(CACHE_NAME).then(function(cache) {
                return fetch(event.request).then(function(networkResponse) {
                    cache.put(event.request, networkResponse.clone());
                    return networkResponse;
                }).catch(function() {
                    return caches.match(event.request);
                });
            })
        );
        // 이벤트 이미지를 위한 request 처리
    } else if (requestURL.pathname.startsWith("/img/event-")) {
        event.respondWith(
            caches.open(CACHE_NAME).then(function(cache) {
                return cache.match(event.request).then(function(cacheResponse)
{
                    return cacheResponse ||
                        fetch(event.request).then(function(networkResponse) {
                            cache.put(event.request, networkResponse.clone());
                            return networkResponse;
                        }).catch(function() {
                            return cache.match("/img/event-default.jpg");
                        });
                });
            })
        );
        // 아날리틱스 request 처리
    } else if (requestURL.host === "www.google-analytics.com") {
        event.respondWith(fetch(event.request));
```

```
        // 설치 중에 캐시된 파일에 대한 request 처리
    } else if (
        CACHED_URLS.includes(requestURL.href) ||
            CACHED_URLS.includes(requestURL.pathname)
        ) {
        event.respondWith(
            caches.open(CACHE_NAME).then(function(cache) {
                return cache.match(event.request).then(function(response) {
                    return response || fetch(event.request);
                });
            })
        );
    }
});
self.addEventListener("activate", function(event) {
    event.waitUntil(
        caches.keys().then(function(cacheNames) {
            return Promise.all(
                cacheNames.map(function(cacheName) {
                    if (CACHE_NAME !== cacheName && cacheName.startsWith("gih-
cache")) {
                        return caches.delete(cacheName);
                    }
                })
            );
        })
    );
});
```

이 예제 코드에 적용된 몇 가지 변경 사항에 대해 살펴보겠습니다.

먼저 CACHED_URLS 배열에 많은 수의 새 파일을 추가했습니다("/js/offline-map.js", "/img/event-default.jpg", "/img/map-offline.jpg", "/events.json" 포함). 그리고 호출해야 하는 Google Maps API 의 URL을 새로운 googleMapsAPIJS 변수로 세팅합니다(나중에 반복하지 않도록 여기서 한 번 설정합니다). 마지막으로 fetch 이벤트 핸들러에서 몇 가지 조건을 추가합니다.

첫 번째 조건과 마지막 조건은 변경되지 않고 그대로 유지됩니다. 그 둘 사이에는 4개의 새로운 조건이 추가되었습니다. 하나씩 검토해보겠습니다.

첫 번째 조건은 Google Maps 자바스크립트 API에 대한 요청을 찾는 것입니다.

```
if (requestURL.href === googleMapsAPIJS) {
    event.respondWith(
        fetch(
            googleMapsAPIJS+"&"+Date.now(),
            { mode: "no-cors", cache: "no-store" }
            ).catch(function() {
                return caches.match("/js/offline-map.js");
            })
    );
}
```

Maps 자바스크립트 파일을 요청하면 웹에서 이를 가져오기 위해 시도합니다. 사용자가 오프라인이거나 요청에 실패하면, 캐시로부터 대체 자바스크립트 파일을 반환합니다. 간단한 자바스크립트 파일(offline-map.js)에는 다음과 같은 한 줄짜리 코드가 들어 있습니다.

```
document.getElementById("map-container").classList.add("offline-map");
```

사용자가 오프라인일 경우, 이 코드는 Google Maps API 대신 실행되고 `map-container div`에 `offline-map`이라고 불리우는 class를 추가할 것입니다. CSS file을 검토해보면 이 class가 지도가 들어 있는 정적 이미지를 `div` 백그라운드 이미지에 세팅하는 것을 볼 수 있습니다.

서비스 워커가 설치될 때, 정적 이미지와 이 새 자바스크립트 파일을 캐싱하기 위해, `CACHED_URLS` 배열에 추가했다는 점을 기억하세요.

참고로 `offline-map` 코드에 대해 알아둘 두 가지 사항이 있습니다.

첫 번째, Google Maps 자바스크립트 파일을 가져올 때 no-cors 모드를 사용해야 합니다. 그렇지 않으면 구글 서버는 요청을 거부할 것입니다(부록 C 참조). 두 번째, 구글 서버는 Maps API 자바스크립트 파일을 반환할 때 가능하면 항상 브라우저가 해당 파일을 캐싱하도록 요청하는 HTTP 헤더를 사용합니다. 따라서, Maps API 자바스크립트 파일 요청이 성공하더라도 오프라인 상태일 수 있으며, 이런 경우를 올바르게 처리해야 합니다. 그렇지 않으면 요청이 성공해 (캐시에서 가져온) Google Maps를 제어할 수는 있지만, 지도 데이터는 가져올 수 없기 때문에 그 안에 지도는 없을 것입니다.

이를 해결하려면 캐시를 건너뛰는 no-store 캐시 옵션을 세팅하고 Google Maps 자바스크립트 파일을 요청하면 됩니다. 안타깝게도 이 책을 집필 중인 시점에는[14] 모든 브라우저에서 이 옵션을 지원하고 있지 않았기 때문에 각 요청의 쿼리 문자열에 cache-busting time stamp를 추가하여 각 요청이 고유한 요청이 되도록 하고 캐시를 건너뛸 수 있도록 합니다. 각 요청 URL에 현재 시간을 추가하여 이 작업을 수행합니다.

fetch 이벤트 핸들러의 두 번째 새로운 조건은 이벤트 데이터를 포함한 JSON 파일 요청에 관련된 내용입니다.

```
if (requestURL.pathname === "/events.json") {
    event.respondWith(
        caches.open(CACHE_NAME).then(function(cache) {
            return fetch(event.request).then(function(networkResponse) {
                cache.put(event.request, networkResponse.clone());
                return networkResponse;
            }).catch(function() {
                return caches.match(event.request);
            });
        })
    );
}
```

14 옮긴이주_ 현재는 모든 브라우저가 이 옵션을 지원합니다.

이 데이터는 자주 변하는 데다, 항상 접근 가능한 최신 데이터를 제공해야 하므로 network, falling back to cache with frequent updates 패턴을 선택했습니다.

네트워크 요청의 성공과 실패에 상관없이 캐시를 엽니다. 그런 다음 네트워크로 해당 파일을 요청합니다. 네트워크 요청에 성공하면 캐시에 응답을 저장하고 반환합니다. 실패하면 캐싱된 응답을 찾아 대신 반환합니다.

4장의 내용을 건너뛰지 않았다면, 여기서 문제를 발견했을 것입니다. 바로 fetch 이벤트를 가로챌 때에만 events.json을 캐시한다는 점입니다. 이는 서비스 워커가 이미 페이지를 제어하고 있을 때에만 발생합니다. 즉, 사용자가 페이지에 처음 방문했을 때에는 파일이 캐싱되지 않습니다. 사용자의 두 번째 방문에서만 서비스 워커에 의해 캡쳐된 파일이 fetch되도록 시도가 진행됩니다. 두 번째 방문에서 사용자가 오프라인이라면 파일은 캐시에서 찾을 수 없을 것입니다.

서비스 워커는 캐시에 이 파일이 있는지의 여부에 좌우되기 때문에, 이 문제는 CACHED_URLS 배열에 events.json을 추가하는 방법으로 해결할 수 있습니다. 이 방법은 서비스 워커가 설치될 때 캐싱되도록 하면 됩니다. 그다음에는 방금 추가한 코드를 통해 연속으로 방문할 때마다 최신으로 유지합니다.

계속해서 이벤트 이미지에 대한 request를 관리하는 조건을 살펴보겠습니다.

```
if (requestURL.pathname.startsWith("/img/event-")) {
    event.respondWith(
        caches.open(CACHE_NAME).then(function(cache) {
            return cache.match(event.request).then(function(cacheResponse) {
                return cacheResponse ||
                    fetch(event.request).then(function(networkResponse) {
                        cache.put(event.request, networkResponse.clone());
                        return networkResponse;
                    }).catch(function() {
                        return cache.match("/img/event-default.jpg");
                    });
            });
        })
    );
}
```

이러한 이미지는 자주 변경되는 데다 개발 중에는 호텔 고객들이 호스팅하게 될 이벤트가 어떤 것인지 알 방법이 없기 때문에 즉시 캐싱할 것입니다.

이벤트 이미지에 대한 요청을 감지하게 될 때마다 캐시를 열어 찾기 시작합니다. 찾게 되면 이미지를 반환하거나 아니면 네트워크로부터 fetch를 시도합니다. 만약 이미지가 성공적으로 fetch되면, 나중에 사용할 수 있도록 캐시에 넣어두고 반환합니다.

마지막 조건과 마찬가지로, 사용자가 오프라인 상태로 페이지를 두 번째 방문 시 문제가 됩니다. 이 경우 사용자는 events.json 파일을 캐싱하고 이벤트 이미지를 표시하려고 할 것입니다. 하지만 안타깝게도 파일이 아직 캐싱되지 않았거나 네트워크에서도 fetch가 되지 않을 것입니다. 이 문제를 처리하기 위해 `generic fallback` 패턴을 사용합니다. 이미지가 캐시에 없고 네트워크에서 가져올 수 없다면 일반 이벤트 이미지(그림 5-1)로 돌아갑니다.

서비스 워커가 설치될 때 fallback 이미지(`"/img/eventdefault.jpg"`)가 캐싱되었는지 확인하기 위해 `CACHED_URLS` 배열에 fallback 이미지를 추가하는 것을 잊지 않아야 합니다.

그림 5-1 이미지가 캐시에 없다면 fallback 이미지가 나타납니다.

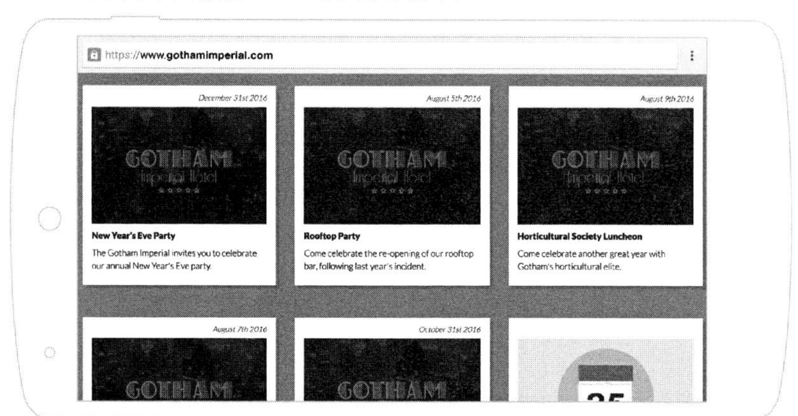

마지막으로 추가한 조건은 Google Analytics에 대한 요청 관리와 네트워크에서 콘텐츠를 항상 응답받는 것입니다.

```
if (requestURL.host === "www.google-analytics.com") {
    event.respondWith(fetch(event.request));
}
```

사실 이 코드는 불필요합니다. 같은 결과를 내기 위해서 코드를 제거하고 브라우저가 기본 작동(여기에 하드코딩한 것과 같이)으로 요청을 관리하도록 할 수 있습니다.

고담 임페리얼 호텔의 경우 이 코드를 삭제해도 되지만, 앱에서 이 부분을 명시적으로 정의하고 싶은 특정 상황을 마주할 수도 있습니다. 예를 들어, 코드에 모든 요청을 관리하는 catch-all을 구성할 수 있고, 몇 가지 예외 사항을 이 방법을 통해 처리하고 싶을 수 있습니다.

워싱턴 포스트의 예측 캐싱

'워싱턴 포스트'와 같은 뉴스 매체의 경우 사람들이 방문할 때마다 더 많은 기사를 읽게 해야 합니다. 즉, 페이지가 최대한 빨리 로드되게 만드는 것이 핵심입니다.

앞서 설명한 많은 패턴을 사용하면 워싱턴 포스트 팀이 프로그레시브 웹 앱에서 많은 성능 향상을 이끌어낼 수 있지만, 가장 빠른 로딩 속도를 위해서는 독창적인 아이디어, 즉 예측 캐싱Predictive Caching이 필요합니다.

워싱턴 포스트의 기사를 읽고 있을 때, 사이트에서 가장 인기있는 기사나 지금 읽고 있는 카테고리에서 가장 인기 있는 기사를 캐싱하는 대신, 당신이 다음번에 가장 읽고 싶은 기사나 보고싶은 이미지, 심지어 동영상 초반 몇 초를 서비스 워커가 캐싱합니다. 현재 기사에 직접 링크되어 있는 부분입니다.

워싱턴 포스트 팀은 이 변경 사항만으로 다음 기사의 로딩 시간을 100ms 정도로 줄일 수 있었습니다. 이 작은 개선 사항으로 매달 더 많은 기사가 읽히고, 더 많은 광고가 노출되고, 결국 더 많은 유료 구독자로 이어졌습니다.

5.6 어플리케이션 셸 아키텍처

지금까지 캐싱 전략을 계획하면서, 콘텐츠 사이트에 적합한 접근 방법을 생각했습니다. 하지만 앞으로 작업하게 될 많은 프로그레시브 웹 앱은 기존의 콘텐츠 사이트보다는 훨씬 앱에 가까워 보일 것입니다. 이제 동적인 웹 앱을 어떻게 캐싱하고 제공할 수 있는지 살펴보겠습니다.

여기에는 지금까지 사용한 도구와 기술이 그대로 적용됩니다. 현재까지 배운 모든 것을 활용하여 웹 앱에 적합한 캐싱 전략인 앱 셸 아키텍처(앱 셸로 알려져 있음)를 구현할 것입니다.

앱 셸이 혁명적인 아이디어는 아닙니다. 사실 웹 앱은 이미 비슷한 접근 방식으로 만들어지고 있습니다. 많은 자바스크립트 프레임워크는 '콘텐츠'와 '사용자 인터페이스', 그리고 이 둘을 로딩하고 표시하고 컨트롤하는 '로직'을 분리하도록 강제합니다. 앱 셸 아키텍처는 앱에서 가장 기본적 인터페이스 표시하는 데 필요한 리소스와 기본 로직을 분리하도록 권장합니다. 사용자에게 최대한 빨리 앱 셸을 표시할 수 있도록, 가능한 가볍게 만든 셸을 우선 렌더링하여 보여주며, 이후 콘텐츠와 나머지 추가 기능은 로딩이 완료되어 사용 가능할 때 덧붙입니다. 화면에 나중에 보여지게 될 부분보다 지금 '화면에 보여지는' 디자인 구조와 콘텐츠를 더 높은 우선 순위로 처리합니다. 앱 셸의 목표는 의미 있는 경험을 가능한 빨리 사용자에게 제공하는 것입니다. 앱 셸 구조를 잘 활용한 프로그레시브 웹 앱은 밀리초 안에 기본 인터페이스를 로딩하여 화면에 보여줄 것입니다.

다시 메시지 앱으로 돌아가 봅시다. 앱 셸을 앱 로고와 몇 가지 기본 기능, 새 메시지 인풋필드 정도가 포함된 헤더로 정할 수 있습니다(그림 5-2).

그림 5-2의 왼쪽 그림에 보이는 앱 셸은 사용자의 첫 방문에 아주 빨리 로딩될 수 있습니다. 로딩 후 캐싱되어, 향후 방문 시 사용자의 인터넷 연결 상태와 관계없이 단 몇 밀리초 안에 로딩될 수 있습니다. 앱은 쉘이 렌더링 되자마자, 나머지 기능도 사용 가능하도록 추가 스크립트를 로딩하는 것은 물론 네트워크에서 최신 콘텐츠를 로딩합니다.

이 전략은 거의 즉각적으로 반응하는 앱 구현을 가능하게 합니다. 네트워크가 응답할 때까지 사용자가 빈 화면을 보며 기다리는 대신, 가능한 한 빨리 UI를 볼 수 있도록 합니다. 사용자는 나머지 콘텐츠와 기능이 백그라운드에서 로딩되는 동안 새 메시지를 입력할 수도 있습니다.

그림 5-2 앱 셸과 완전한 환경의 비교

앱 셸

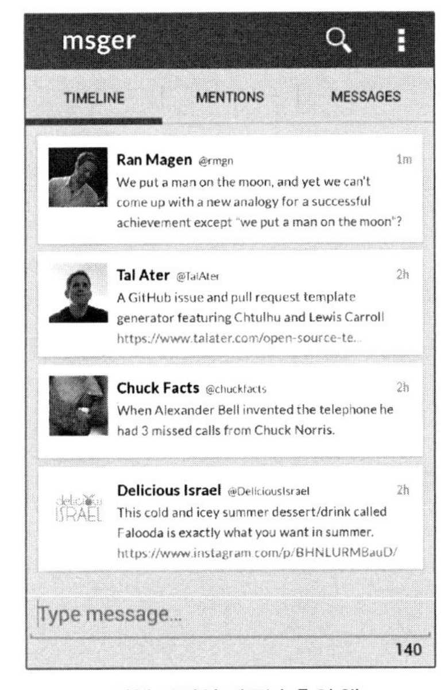

전체 로딩이 되고난 후의 앱

앱 셸을 계획할 때 기본 UI를 렌더링할 수 있도록 최소한의 HTML, CSS, 자바스크립트, 이미지를 제공할 수 있도록 합니다. 사용자가 처음으로 앱을 방문했을 때 최대한 빨리 로딩되고 실행될 수 있도록 셸을 최대한 간소하게 유지합니다. 로딩 후 바로 캐시에 저장되어야 하며, 연속 방문 시에는 네트워크 호출이 되기도 전에 캐시에서 로딩될 수 있도록 합니다. 이렇게 하면 앱 인터페이스를 밀리 초 단위로 렌더링할 수 있습니다. 사용자가 쉘을 최초 한 번 보고 나면, 앱은 콘텐츠를 덧붙이고 더 많은 기능으로 확장할 수 있습니다.

웹의 가장 큰 장점 중 하나로 특정 페이지 링크를 콘텐츠에 직접 걸 수 있다는 점을 잊지 마세요. 앱 셸을 계획할 때, 사용자가 항상 홈페이지 첫 화면을 통해서만 방문하지 않는다는 사실을 고려하세요. 사용자가 홈페이지 첫 화면이나 관리 페이지 등 어디에서 시작하더라도 이상하지 않도록 앱 셸이 적절하게 구성되어야 합니다. 그림 5-2에서 앱 셸은 사용자가 타임라인에서 시작할지, 멘션에서 시작할지, 메시지 페이지에서 시작할지와 관계없이 작동하는 것을 볼 수 있습니다.

이 전략을 사용하면, 사용자가 네트워크 응답을 기다리는 동안 빈 화면을 보는 대신 최대한 빨리 UI를 볼 수 있도록 로딩하는 앱을 만들 수 있습니다. 사용자가 웹에서 기대하는 것 보다 네이티브 앱에서 기대하는 바와 같이 환경을 만들 수 있을 것입니다.

5.6.1 초기 렌더링에 콘텐츠 포함하기

앱 셸 아키텍처를 사용하는 앱이 처음 페이지를 렌더링할 때 항상 빈 쉘을 먼저 보여준 후, 콘텐츠를 표시하기 위해 네트워크 응답을 기다려야 한다는 규칙은 없습니다. 경우에 따라 다르며 심지어 콘텐츠가 오래되었더라도 캐싱된 콘텐츠를 쉘과 함께 보여주는 방법이 더 합리적일 수 있습니다.

초기 렌더링에 콘텐츠를 포함하기 전에, 스스로에게 몇 가지 질문을 해봅시다.

1. 최신 버전이 아닐 가능성이 높은 콘텐츠를 캐시에서 렌더링한 다음, 몇초 후 네트워크에서 최신 콘텐츠를 받아와 업데이트한다면, UX가 개선될까요? 아니면 더 나빠질까요?

2. 캐싱된 콘텐츠를 받아 렌더링하는 방법이 앱의 초기 로딩 타임과 렌더링 속도에 영향을 미칠까요?

예시 메시징 앱의 경우 기존 메시지를 캐시에 저장하고 초기 렌더링 시 일부 포함시켜 UX를 개선할 수 있습니다. 이미 캐싱된 메시지는 빠르게 렌더링 될 수 있으며, 기존 메시지가 신규 메시지에 의해 뒤로 밀려나는 것은 앱의 정상적인 작동입니다(그림 5-3).

6장에서는 메시지와 같은 데이터를 로컬 데이터베이스에 어떻게 저장하고, 어떻게 사용하는지, 어떻게 콘텐츠와 함께 앱 셸에 채울 수 있는지를 살펴볼 예정입니다.

그림 5-3 초기 렌더링에서 캐싱된 콘텐츠를 앱 셸에 합치기

이미 살펴본 대로, 앱 셸에 무엇이 들어가고 빠져야 하는지에 대한 엄격한 규칙은 없습니다(모든 앱에 맞는 아키텍처도 아닙니다). 기본 앱 셸을 계획할 때, 초기 렌더링을 의미 있게 만드는 절대적으로 중요한 구성 요소가 무엇인지 스스로에게 물어보세요. 변경되는 데이터에 의존적이지 않고 항상 캐시로부터 처리될 수 있는 구성 요소는 무엇인가요? 기본 인터페이스가 렌더링된 후에 지연되거나 로딩될 수 있는 무거운 로직이 있습니까? 네이티브 앱 개발자는 이를 어떻게 처리했을까요?

5.7 앱 셸 구현하기

지금까지 고담 임페리얼 호텔 홈페이지에 대해 집중적으로 살펴보았습니다. 이제부터는 사용자 계정 페이지를 살펴보겠습니다.

사용자가 앱 우측 상단의 My Account(내 계정) 링크를 클릭하거나 새로운 예약을 시도하게 되면, 사용자 계정 페이지가 나타납니다. 이 앱은 예약 관리 기능이 있고 이벤트와 사용자 예약 목록을 보여주는 간단한 한 페이지짜리 앱입니다.

이 앱는 앱 셸 구조를 가져오기에 안성맞춤입니다.

캐싱 전략을 세울 때, 첫 번째로 앱의 다양한 구성 요소를 살펴보아야 합니다. 앱의 어떤 부분이 앱 셸의 일부로 캐싱되고 즉시 렌더링될 수 있을까요?

1. 페이지의 기본 레이아웃에는 간단한 HTML과 스타일 시트가 포함되어 있습니다. 둘 다 비교적 빨리 캐싱되고 렌더링될 수 있습니다.
2. 헤더와 풋터는 호텔 로고 파일(PNG)을 포함하고 있습니다. 이 로고는 호텔 브랜드로서 중요한 부분이고 크기가 작은 파일(7KB)이기 때문에, 앱 셸에 포함시킬 것입니다.
3. 페이지 헤더는 고담 스카이라인이 그려진 고용량 백그라운드 이미지를 들고 있습니다. 이 이미지는 나중에 로딩되어도 되는 좋은 예이며 앱 셸의 일부가 될 필요는 없습니다.
4. 예약 목록과 이벤트 목록 데이터 모두 Ajax를 사용합니다. 이 데이터는 초기 앱 셸이 로딩되고 렌더링 된 이후 페이지에 추가될 수 있습니다.

사용자 계정 페이지는 이미 최소한의 쉘을 하나 렌더링하고 나머지 콘텐츠를 동적으로 로딩하도록 구성되어 있습니다(그림 5-4). 캐싱 전략을 구현하는 것은 이제 서비스 워커가 설치될 때 3개의 추가 request(account page HTML, Java Script file, 예약 JSON 파일)를 요청하고, fetch 리스너에 2개의 조건(my-account.html, reservations.json처리의 관리)을 추가하는 간단한 일이 되었습니다.

그림 5-4 사용자 계정 페이지의 비어있는 앱 셸

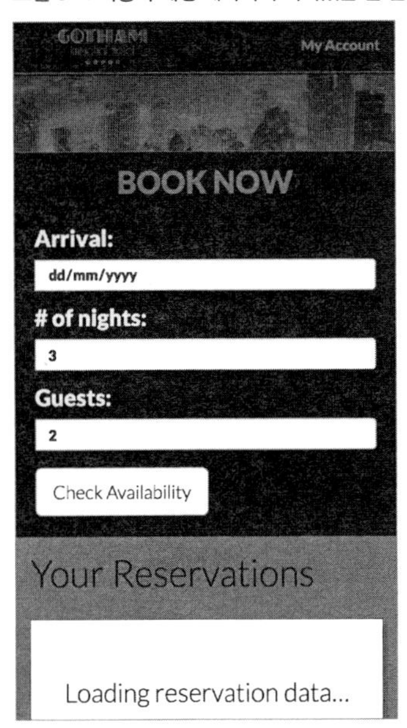

serviceworker.js에서 "/my-account.html", "/js/my-account.js", "/reservations.json"를 CACHED_URLS 배열에 추가합니다.

같은 파일에서, 다음 두 가지 조건을 fetch 이벤트 핸들러 내 index.html 요청을 체크하는 조건문 이후 부분에 추가합니다.

```
} else if (requestURL.pathname === "/my-account") {
    event.respondWith(
        caches.match("/my-account.html").then(function(response) {
            return response || fetch("/my-account.html");
        })
    );
} else if (requestURL.pathname === "/reservations.json") {
    event.respondWith(
        caches.open(CACHE_NAME).then(function(cache) {
            return fetch(event.request).then(function(networkResponse) {
                cache.put(event.request, networkResponse.clone());
                return networkResponse;
            }).catch(function() {
```

```
                return caches.match(event.request);
            });
        })
    );
```

첫 번째 조건문은 cache, falling back to network 패턴을 사용하여 My Account HTML 페이지를 반환합니다. 두 번째 조건문은 falling back to cache with frequent updates 패턴을 사용하여 reservations.json을 처리합니다(events.json를 캐싱하고 처리하는 방법과 유사).

이러한 작은 수정 사항을 통해, 계정 페이지 앱 셸은 사용자에게 의미 있는 경험을 밀리초 내로 제공할 수 있습니다. 호텔의 모든 브랜딩 요소들은 현재 '화면에 보여지는' 대부분의 콘텐츠와 함께 즉시 렌더링됩니다. 예약 위젯은 지연없이 바로 사용할 수 있습니다. 동적dynamic 예약과 이벤트 데이터는 초기 셸이 한번 렌더링된 이후에만 로딩되고 표시될 수 있습니다.

5.8 목표 달성

그렇습니다. 오프라인 사용자에게 앱을 보여줄 수 있다는 것은 멋진 일입니다. 하지만 이 장에서는 온라인 상태의 사용자 환경도 크게 개선하였습니다.

이 장에서 배운 부분 중 오프라인 사용자를 위한 명백한 개선을 제외하고는 그저 작은 성취로 일축해버리기 쉽습니다. 하지만 결국에는 믿을 수 없을 만큼 빠른 속도로 로컬 서버와 연결 및 작동하는 사이트를 보게 될 것입니다.

좀 더 깊이 들어가 봅시다. 크롬의 개발자 도구를 사용하여, 다양한 연결 속도를 에뮬레이션하여(93페이지의 '개발자 도구' 참조) 결과를 정확하게 측정할 수 있습니다.

이제 3G로 연결된 홈페이지가 어떻게 로드되는지 봅시다.

	DOM이 준비될 때까지 걸린 시간	총 로딩 시간	사용된 대역폭
서비스 워커 : 없음 첫 번째 방문	1,200ms	13초	1.1MB
서비스 워커 : 없음 두 번째 방문	587ms	4.9초	357KB
서비스 워커 : 있음 첫 번째 방문	1,200ms	13초	1.1MB
서비스 워커 : 있음 두 번째 방문	155ms	1.1초	29.7KB

서비스 워커의 유무와 관계없이 홈페이지 첫 방문 시의 총 로딩 시간은 13초입니다. 사용된 대역폭의 양은 비슷합니다. 하지만 놀랍게도 사용자가 일단 사이트를 한번 방문한 후에는 계속 방문할 때마다 수치가 달라집니다.

- 홈페이지는 서비스 워커가 있을 때 로딩속도가 4.5배 빠릅니다.
- DOM ready 이벤트는 서비스 워커와 함께 3.8배 빨리 실행됩니다.
- 사용자가 데이터를 91% 더 적게 다운로드하기 때문에, 사용자 비용과 호스팅 비용이 절감됩니다.

사이트 첫 페이지에서 계정 페이지로 이동하는 사용자는 다음과 같은 큰 장점을 가질 수 있습니다.

	DOM이 준비될 때까지의 시간	총 로딩 시간	사용된 대역폭
서비스 워커 : 없음	578ms	1초	28.9KB
서비스 워커 : 있음	150ms	0.6초c	14.9KB

DOM이 전체 로딩을 하는 데 걸리는 시간이 428ms 감소했습니다. 별일 아닌 것처럼 보일 수 있지만, 결코 그렇지 않습니다. 사용자가 My Account 버튼을 클릭했을 때, 다음 화면이 로딩되기까지 150ms의 시간이 걸리는 경우와 578ms의 시간이 걸리는 경우는 페이지에서 웹 서핑을 할 때와 앱 화면을 왔다갔다 할 때의 차이로 볼 수 있습니다. 이 페이지는 6장에서 더 개선해 볼 예정입니다.

결국 몇 가지 기본적인 빌딩 블록과 일반적인 캐싱 패턴을 사용하면 단 몇 줄의 코드로 놀라운 결과를 달성할 수 있습니다. 이 결과는 UX를 개선하고 사용된 대역폭의 양을 축소시켜 줍니다(사용자 비용과 개발 비용을 절감).

오프라인 우선 앱을 구축한다는 것은 단순히 연결 상태의 변경 사항을 관리하는 것 이상의 일입니다. 오프라인 기능 지원을 개선하는 만큼 새로운 UX 문제점도 함께 생겨납니다. 예를 들면 다음과 같습니다.

- 오프라인 사용자가 보고 있는 콘텐츠가 캐시에서 가져온 오래된 콘텐츠라면 이를 어떻게 알리겠습니까?
- 사용자의 인터넷 연결이 끊어져도 사용자가 변경했던 내용이 날아가지 않을 것이라는 것을 어떻게 보장할 수 있습니까?

이에 대해서는 11장에서 더 살펴보겠습니다.

5.9 정리

이번 장에서는 몇 가지 일반적인 캐싱 패턴을 알아보았고, 이를 사용하여 오프라인 우선으로 향하는 길목에서 마주하는 다양한 문제를 어떻게 해결할 수 있는지 배웠습니다.

이 장에서 강조된 다양한 캐싱 패턴은 앞으로 더 나은 웹 앱을 만드는 데 도움을 줄 것입니다. 하지만 앞서 소개한 캐싱 패턴들은 변하지 않는 청사진이 아닙니다. 때로는 이 패턴들을 섞어서 사용하거나(예. 이벤트 이미지를 처리하기 위해 on demand 방식과 generic fallback 패턴을 함께 사용합니다) 때로는 완전히 새롭게 만들어야 하기도 합니다(예. 만약 generic fallback 이미지를 사용할 수 없으면 `install` 이벤트 중 events.json 파일을 파싱, 각 이벤트에 해당하는 이미지를 미리 캐싱하는 것을 고려합니다).

오프라인 우선 배지를 받기 위한 사전 공식은 없습니다. 앱에 대한 전략을 세울 때는 항상 각 리소스가 언제 어떻게 필요한지 고려해야 합니다. 콘텐츠가 얼마나 최신 버전으로 유지될 필요가 있는지, 캐싱을 사용해 얻을 수 있는 성능의 이점은 무엇인지를 잘 조율해야 합니다.

언제나 사용자가 필요로 하는 부분과 사용자의 행동을 먼저 고려하고, 이를 바탕으로 최적의 UX를 이끌어 낼 수 있도록 노력해야 합니다.

chapter 6

IndexedDB로 로컬에 데이터 저장하기

지금까지 앱에 필요한 데이터를 비롯한 모든 파일을 CacheStorage에 저장했습니다. 예약 목록을 저장하고 싶을 때는 CacheStorage에서 해당 데이터를 담은 JSON 파일을 포함하는 HTTP 응답을 통째로 캐싱하면 됩니다. 그렇게 하면 예약 목록에 접근하고 싶을 때마다 캐시에서 파일을 가지고 올 수도 있고 파싱할 수도 있었습니다. 그런데 만약 사용자가 새로운 예약을 만들었거나 예약 상태를 변경했다면 어떻게 될까요? 이 경우 서버에서 새로운 JSON 파일을 불러와야 합니다.

이처럼 앱이 사용자의 인터넷 연결 상태와 상관없이 완전하게 작동하지만 사소한 데이터 수정이 있을 때마다 서버에 크게 의존해야 한다면, 이를 '오프라인 우선'이라고 부를 수는 없을 겁니다.

결국 브라우저에서 데이터를 지속적으로 처리할 더 좋은 방법이 필요합니다. 네트워크에 의존하지 않고 데이터를 로컬에 저장하고, 읽고, 수정할 수 있도록 해야 합니다.

이번 장에서는 '오프라인 우선'을 위해 또 하나의 중요한 도구가 될 IndexedDB라고 불리는 로컬 데이터베이스의 사용 방법을 알아보겠습니다.

서버사이드 데이터베이스처럼, IndexedDB는 데이터를 구조적으로 저장할 수 있도록 해주고 쿼리 및 수정 등의 작업도 가능하게 합니다. IndexedDB는 서버사이드 데이터베이스와는 달리 이 모든 작업을 브라우저 내에서 처리할 수 있습니다.

이번 장은 IndexedDB와 신택스syntax에 대한 일반적인 소개로 시작합니다. 여기서 돌려보게 될 코드는 고담 임페리얼 호텔과는 관련이 없습니다. 배운 것들을 나중에 살펴본 후, 고담 임페리얼 호텔 앱에 적용해 볼 예정입니다.

이 장의 후반부에서는 고담 임페리얼 호텔 앱에 로컬 데이터베이스를 추가할 예정입니다. 사용자의 인터넷 연결 상태에 관계없이 서버에 의존하지 않고 밀리초 내에 파일을 로드하고, 보여주고, 콘텐츠와 데이터를 수정할 수 있는 앱을 만들 것입니다. 네이티브 앱과 마찬가지로 프로그레시브 웹 앱은 업데이트된 데이터와 콘텐츠를 서버에서 받아야 할 때, 혹은 사용자의 액션을 다시 서버에 전달할 필요가 있을 때에만 네트워크에 연결되어 있으면 됩니다.

6.1 IndexedDB란?

IndexedDB는 브라우저 내에서 제공된 트랜잭션 객체 저장소 데이터베이스transactional object store database입니다.

화려한 키워드와 헷갈리는 정의 덕분에 어려워 보이지만 사실 개념은 간단합니다. 이 문장을 단어별로 쪼개어 각각이 어떤 의미인지 살펴봅시다.

IndexDB는 트랜잭션 기반으로 작동합니다

IndexedDB에서 수행하는 작업은 트랜잭션으로 그룹화됩니다. 트랜잭션 내의 모든 작업이 성공하거나 혹은 실패합니다.

은행 사이트 사용자의 통장 잔고를 데이터베이스에 저장한다고 해봅시다. 질Jill이 제이크Jake에게 7달러를 송금하는 '거래'를 시도할 경우, 그 거래는 다음 두 가지를 시도하게 됩니다.

1. 질의 통장에서 7달러를 인출합니다.

2. 제이크의 통장에 7달러를 입금합니다.

만약 질에게 2달러밖에 없어서 첫 번째 시도에 실패했다가 두 번째 시도에 성공하였다면 은행에서는 7달러의 적자가 발생했을 것입니다. 반대로 첫 번째 시도에 성공했지만 두 번째 시도에서 실패했다면, 제이크의 계좌가 동결되면서 처음부터 존재하지 않았던 7달러가 삭제될 것입니다. 만약 이 작업들을 하나의 거래로 묶으면, 모든 작업이 실패했을 경우 돈이 송금되지 않고, 혹은 모든 작업이 성공했을 경우 은행이 6달러의 수수료를 부과할 수 있습니다.

IndexedDB는 객체 저장소 데이터베이스입니다

미리 정의된 데이터 열과 행으로 이루어진 테이블 기반의 기존 관계형 데이터베이스(예. MySQL, SQL 서버)와는 달리 객체를 저장하는 객체 저장소로 구성됩니다. 각 데이터베이스는 다수의 객체 저장소를 가질 수 있고 각각의 저장소는 다수의 객체를 가질 수 있습니다. 이 '객체'는 자바스크립트 객체, 불린, 숫자, 블롭BLOB, Binary large object 및 자바스크립트가 처리할 수 있는 대부분의 데이터 포맷 중 하나일 수 있습니다.

아마 이 책의 독자들은 이런 형태의 데이터베이스를 설명하는 데 사용되는 또 다른 전문 용어 NoSQL에 익숙하실 겁니다.

앞서 사례로 든 은행 데이터베이스는 고객 객체 저장소를 가지고 있을 것이고, 각각의 단일 고객을 나타내는 많은 객체도 가지고 있을 것입니다. 각 고객 객체에는 이름, 잔고, 최근 로그인 시간, 최근 10건의 입출금 기록이 포함되어 있을 것입니다.

IndexedDB는 인덱스된 데이터베이스입니다

IndexedDB는 기존 관계형 데이터베이스 시스템과 같이 인덱스를 사용합니다. 그 어떠한 객체 저장소라고 할지라도 인덱스만 추가하면 원하는 객체를 검색하고 가져오는 데 사용할 수 있습니다.

앞서 사례로 든 은행 고객 객체 저장소는 사용자의 성(이름)을 인덱스로 들고 있을 수 있습니다. 이렇게 함으로써 성이 드웨인Dwayne이라는 사용자를 쉽게 찾아 관련 정보를 불러올 수 있습니다. 최종 로그인 시간을 인덱스로 들고 있을수도 있어 앱에 마지막으로 로그인한 10명의 사용자를 불러올 수 있습니다.

IndexedDB는 브라우저 기반입니다

IndexedDB는 브라우저에서 완전하게 실행됩니다. IndexedDB에 저장된 모든 데이터는 사용자의 연결 상태에 상관없이 접근 및 조작 가능합니다.

이 장점은 양날의 검입니다. 로컬 데이터베이스에 대한 변경 사항은 서버에 자동으로 반영되지 않을 것입니다. 로컬 데이터베이스의 변경 사항을 서버에 전달하거나 서버의 변경 사항을 로컬 데이터베이스에 업데이트하는 것은 전적으로 개발자의 마음에 달려 있습니다.

로컬 데이터베이스와 서버 간의 데이터 전달을 더욱 쉽게 만들어 주는 여러 개의 오픈 소스 라이브러리가 있습니다. 자세한 내용은 194페이지의 'IndexedDB 에코시스템'에서 좀 더 자세히 살펴보겠습니다.

IndexedDB의 핵심 개념 외에, IndexedDB를 사용할 때 몇 가지 주의할 사항이 있습니다.

- 개발자는 여러 개의 데이터베이스를 생성할 수 있습니다(보통 대부분의 앱은 한 개의 데이터베이스만 생성합니다).
- 각 데이터베이스는 여러 개의 객체 저장소를 들고 있습니다.
- 각 객체 저장소에는 한 가지 타입의 데이터가 들어 있습니다(예. 사용자, 채팅 기록, 예약 내역 등).
- 객체 저장소에는 키key-값value 쌍으로 된 레코드가 들어 있습니다.
- 객체, 숫자, 불린boolean, 문자열string, 날짜, 배열, 정규식, 언디파인드undefined, 널null 등 자바스크립트로 표현 가능한 대부분의 정보가 값이 될 수 있습니다.
- 키는 객체 저장소의 개별 값을 참조하는 데 사용됩니다. 키는 간단한 숫자 식별자가 될 수

도 있고, 값에 대한 특정 경로가 될 수도 있습니다. 예를 들어 사용자에 대한 데이터를 저장할 때 각 객체가 이름, 성, 여권번호를 포함하고 있다면, 그중 여권번호를 객체에 대한 키로 설정할 수 있습니다.

- IndexedDB는 **동일 출처 정책**(same-origin policy)을 따릅니다. 사용자는 특정 사이트에서 작성된 데이터가 다른 사이트에 노출될 것을 걱정하지 않아도 다른 사이트에 방문할 수 있습니다. 다시 말하면 자신의 도메인 내에서는 데이터를 읽고 쓸 수 있지만, 다른 도메인의 IndexedDB에 기록된 데이터는 접근할 수 없습니다.
- 데이터베이스는 버전을 갖습니다. 객체 저장소를 생성하거나 구조를 수정하고 싶다면 새로운 버전으로 데이터베이스 커넥션을 열어야 합니다. 데이터베이스 커넥션을 열 때 upgrade-needed 이벤트가 발생합니다. 현재 버전과 이전 버전 사이의 데이터베이스에 대한 변경 사항 반영은 이 이벤트 중에 처리될 수 있습니다.
- 대부분의 IndexedDB 작업은 비동기 방식입니다. API는 값이 요청되었을 때 해당 값을 반환하지 않습니다. 값을 요청하는 대신 해당 이벤트를 처리하는 콜백 함수를 정의해야 합니다. 해당 콜백이 호출될 때, 요청한 값이 포함되어 있을 것입니다.

이전에 NoSQL 데이터베이스를 사용해봤다면 이러한 개념에 익숙할 것입니다. 아직 사용해보지 않았다고 해도 괜찮습니다. IndexedDB 사용 방법은 비교적 간단합니다.

IndexedDB를 사용하는 작업의 대부분은 하나의 기본 패턴으로 정리할 수 있습니다. 다음을 참고하세요.

1. 데이터베이스를 엽니다.
2. 객체 저장소에 읽기 혹은 쓰기를 하기 위해 트랜잭션을 시작합니다.
3. 객체 저장소를 엽니다.
4. 객체 저장소에서 필요한 작업을 수행합니다(객체 검색하기, 객체 추가하기, 객체 삭제하기 등).
5. 트랜잭션을 완료합니다.

IndexedDB를 위한 브라우저 지원

역사적으로 IndexedDB는 평판이 좋지 않았습니다. iOS WebView에서는 지원되지 않았고 iOS8, iOS9와 사파리에서 끔찍하게 버그가 많았기 때문입니다.

다행히도 요즘에는 IndexedDB가 잘 나가고 있습니다. 이 책이 출간된 2017년에는 (Opera Mini를 제외한) 대부분의 최신 브라우저에서 잘 작동합니다.

이전 브라우저(IE9 혹은 그 이전 버전, 안드로이드 브라우저 4.3 혹은 그 이전 버전)에 대한 지원을 찾고 있다면 194페이지의 'IndexedDB 에코시스템'을 참조하세요. WebSQL이나 localStorage 같은 대체 기술을 사용해 이전 브라우저 지원을 개선하는 여러 라이브러리를 살펴볼 수 있습니다.

구 버전 브라우저를 무시하기로 선택한 경우에도, IndexedDB를 사용하기 전에 해당 브라우저에서 기능 지원 여부를 확인하는 것이 좋습니다. 169페이지의 'IndexedDB 실제로 적용하기'을 참조하기 바랍니다.

6.2 IndexedDB 사용하기

IndexedDB가 다소 헷갈리기로 악명이 높습니다. 핵심 원리를 재빨리 이해하고 짧은 시간 내에 정확한 결과를 얻으려면 직접 사용해보는 것이 가장 좋은 방법입니다.

194페이지의 'IndexedDB 에코시스템'에서 IndexedDB를 더욱 즐겁게 사용할 수 있도록 해주는 몇 가지 유용한 라이브러리를 살펴볼 것입니다.

이제 IndexedDB를 바로 사용해봅시다.

IndexedDB 놀이터

이 섹션의 코드는 고담 임페리얼 호텔 사이트의 일부가 아니며 일반적인 IndexedDB를 나타냅니다.

코드를 따라해보고 싶다면 즐겨 사용하는 코드 에디터로 `/public/indexeddb.html` 파일을 열어 `<script>` 태그 내에서 수정해보세요.

그다음으로 개발 서버가 실행되고 있는 상태에서(34페이지의 '현재의 오프라인 사용자 경험' 참조), 브라우저에서 `http://local-host:8443/indexeddb.html` 파일을 열어주세요.

이후 169페이지의 'IndexedDB 실제로 적용하기'에서 고담 임페리얼 호텔 사이트 내용을 다시 살펴볼 예정입니다.

6.2.1 데이터베이스 커넥션 열기

IndexedDB를 사용할 때 가장 첫 번째로 할 일은 데이터베이스를 여는 것입니다. 다음 코드를 indexeddb.html에 추가해주세요.

```
var request = window.indexedDB.open("my-database", 1);
request.onerror = function(event) {
console.log("Database error: ", event.target.error);
};
request.onsuccess = function(event) {
var db = event.target.result;
       console.log("Database: ", db);
console.log("Object store names: ", db.objectStoreNames);
};
```

가장 간단한 IndexedDB 코드 예제에도 IndexedDB의 비동기적 속성이 나타납니다. `window.indexedDB.open()` 호출은 데이터베이스 커넥션을 반환하지 않습니다. 대신 데이터베이스 커넥션을 열기 위한 `IDBRequest` 객체를 반환합니다. 이 객체를 통해, 해당 요청에 대한 이벤트(success 혹은 error 이벤트)를 수신할 수 있습니다.

브라우저에서 이 코드를 실행시키는 순간 브라우저 내에 my-database라는 이름의 데이터베이스가 생성되고 열립니다(이미 존재한다면 그냥 열립니다). 이후 success 이벤트가 발생합니다. success 이벤트 콜백에서는 열린 IDBDatabase 객체 및 해당 데이터 베이스에 포함된 객체 저장소 목록을 콘솔에 기록합니다.

하지만 데이터베이스가 아직 비어 있기 때문에 별 쓸모가 없습니다. 여기에 은행 고객 목록을 포함하는 객체 저장소를 추가해보겠습니다.

6.2.2 데이터베이스 버전 번호 관리/객체저장소 변경

서비스 워커와 마찬가지로 IndexedDB 데이터베이스도 버전을 가지고 있습니다. 객체 저장소 추가, 변경, 삭제와 같이 데이터베이스 구조를 변경할 때마다 새로운 버전을 생성해야 합니다.

indexedDB.open()의 두 번째 인수로 전달되는 버전 번호를 증가시켜 새 데이터베이스 버전을 만들 수 있습니다. 브라우저가 기존 버전보다 큰 버전 번호를 감지하면 upgrade needed 이벤트가 발생합니다. 데이터베이스를 수정하려면 이 이벤트를 수신해 사용할 수 있습니다.

이전 예제에서 설명했던 코드 바로 다음에 아래 코드를 추가해주세요.

```
request.onupgradeneeded = function(event) {
    var db = event.target.result;
    db.createObjectStore("customers", {
        keyPath: "passport_number"
    });
};
```

이 코드는 데이터베이스가 upgrade needed 이벤트를 발생시키는 즉시 실행됩니다. upgrade needed 이벤트에서 데이터베이스 객체를 가져오고 customers 라는 이름의 새 객체 저장소를 생성합니다. 또한 여권번호를 저장소의 각 객체에 대한 고유 키로 정의하기 위해 keyPath를 사용합니다.

페이지를 새로고침하고 콘솔 로그의 데이터베이스 객체를 살펴봅시다.

그림 6-1 콘솔 로그 화면

```
Database:  ▶IDBDatabase {name: "my-database", version: 1, objectStoreNames: DOMString…}
Object store names:  ▶DOMStringList {length: 0}
>
```

콘솔의 두 번째 줄에서 볼 수 있듯이, 데이터베이스는 아직 객체 저장소를 하나도 가지고 있지 않습니다. 왜 그럴까요? 답은 첫 번째 줄에 있습니다. 그 이유는 데이터베이스의 버전 번호가 버전 1에 머물러 있어서 upgrade needed 이벤트가 발생되지 않았기 때문입니다.

코드 첫 번째 줄의 버전 번호를 버전 2로 업데이트합니다.

```
var request = window.indexedDB.open("my-database", 2);
```

페이지를 새로고침한 다음 다시 콘솔을 살펴보면, 데이터베이스가 성공적으로 버전 2로 업그레이드되었고 customers라는 이름의 객체 저장소 하나가 포함되어 있다는 것을 알 수 있습니다.

그림 6-2 페이지를 새로고침한 후의 콘솔 화면

```
Database:  ▶IDBDatabase {name: "my-database", version: 2, objectStoreNames: DOMString…}
Object store names:  ▶DOMStringList {0: "customers", length: 1}
>
```

6.2.3 객체 저장소에 데이터 추가하기

객체 저장소를 유용하게 사용하려면 객체가 저장되어 있어야 합니다. 사용자를 몇 명 추가해 보겠습니다.

브라우저의 http://localhost:8443/indexeddb.html 페이지 탭 내의 콘솔에서 다음 코드를 실행합니다.

```
var request = window.indexedDB.open("my-database", 2);
request.onsuccess = function(event) {
    var db = event.target.result;
    var customerData = [{
        "passport_number": "6651",
        "first_name": "Tal",
        "last_name": "Ater"
    }, {
        "passport_number": "7727",
        "first_name": "Archie",
        "last_name": "Stevens"
    }];
    var customerTransaction = db.transaction("customers", "readwrite");
    customerTransaction.onerror = function(event) {
        console.log("Error: ", event.target.error);
    };
    var customerStore = customerTransaction.objectStore("customers");
    for (var i = 0; i < customerData.length; i++) {
        customerStore.add(customerData[i]);
    }
};
```

이 코드는 새로운 readwrite 트랜잭션을 생성하고 작업의 범위를 customers 객체 저장소로 지정합니다. 또한 트랜잭션 에러를 수신해 에러가 발생하면 이를 콘솔에 기록합니다. 다음으로 생성된 트랜잭션의 objectStore() API를 호출해 customers 객체 저장소를 열고, 객체 저장소의 add() API를 호출해 객체를 두 개 추가합니다.

트랜잭션 시작하기

앞서 언급한 바와 같이 IndexedDB에서 수행되는 대부분의 작업은 트랜잭션입니다. 객체 저장소에 데이터를 추가하기 전에 새 트랜잭션을 시작해야 합니다.

트랜잭션은 데이터베이스 객체에서 `transaction()`을 호출하여, 첫 번째 인자로 트랜잭션 범위를 전달하는 것으로 시작됩니다. `transaction()`은 트랜잭션이 `readonly` 트랜잭션(기본값)인지 아니면 `readwrite` 트랜잭션인지 제어하는 두 번째 인수를 선택적으로 허용하기도 합니다. 이 트랜잭션이 진행되는 동안 객체 저장소에서 데이터를 추가, 삭제, 변경하고자 한다면 `readwrite` 트랜잭션을 열어야 합니다.

트랜잭션 범위scope는 트랜잭션이 영향을 줄 수 있는 객체 저장소 이름 혹은 여러 개의 객체 저장소 이름을 포함한 배열입니다. 트랜잭션 범위를 정의하여, IndexedDB가 서로 다른 트랜잭션 사이의 '경쟁 상태'[15]를 방지할 수 있습니다(예. 동시에 같은 객체 저장소를 변경하려고 하는 두 개 혹은 그 이상의 트랜잭션). 두 개 혹은 그 이상의 `readwrite` 트랜잭션 범위가 겹치는 경우 각 트랜잭션은 큐에 들어가 순차적으로 실행될 것입니다. 만일 서로 다른 범위를 갖는 `readwrite` 트랜잭션이거나 `readonly` 트랜잭션인 경우, 병렬로 실행될 수 있습니다.

앞선 예제 코드를 브라우저 콘솔에서 한번 실행시킨 뒤 두 번째 사용자의 passport_number 값이 기존 값과 다른 번호가 되도록 예제의 코드를 변경한 후 콘솔에 이 새로운 코드를 다시 실행시켜 봅니다.

다음 그림처럼 2개의 에러 메시지가 표시될 겁니다.

그림 6-3 에러 메시지

```
Error:  DOMException: Key already exists in the object store.
Error:  DOMException: The transaction was aborted, so the request cannot be fulfilled.
>
```

이 두 에러는 IndexedDB의 두 핵심 개념과 관련되어 있습니다.

첫 번째 에러는 `customers` 객체 저장소에서 `passport_number` 값을 키로 사용하도록 설정했기 때문에 발생합니다. 키는 고유해야 합니다. 기존 데이터의 ID와

15 옮긴이주_ 경쟁 상태race condition란 둘 이상의 입력 또는 조작의 타이밍이나 순서 등이 결과값에 영향을 줄 수 있는 상태를 말한다. 출처: 위키백과

동일한 키로 새로운 데이터를 추가하려고 할 때 IndexedDB는 에러를 발생시킵니다.

두 번째 에러는 IndexedDB의 트랜잭션 특성을 명확하게 보여줍니다. passport_number 값을 변경했기 때문에 두 번째 객체는 유효한 ID를 갖고 있습니다. 하지만 이전 작업이 실패했기 때문에 데이터베이스에 추가되지 않습니다. 트랜잭션내에서 실행하는 작업들은 마치 하나의 작업인 것처럼 모두 성공하거나, 모두 실패하는 원자성atomicity이 보장됩니다.

6.2.4 객체 저장소에서 데이터 읽기

지금까지 객체저장소에 두 고객을 추가해봤습니다. 이제 저장소에서 추가한 객체를 가져오는 방법에 대해 살펴보겠습니다.

데이터를 읽는 것에는 세 가지 방법이 있습니다. 키를 사용하여 단일 객체를 요청하거나, 커서를 사용하여 저장소의 모든 객체를 순회하거나, 인덱스를 사용하여 더 작은 데이터 그룹으로 검색하는 것입니다(커서로 이를 순회합니다).

먼저 특정 키를 사용하여 객체 저장소에서 단일 객체를 읽어보겠습니다. 브라우저 콘솔에서 다음 코드를 실행하세요.

```
var request = window.indexedDB.open("my-database", 2);
request.onsuccess = function(event) {
    var db = event.target.result;
    var customerTransaction = db.transaction("customers");
    var customerStore = customerTransaction.objectStore("customers");
    var request = customerStore.get("7727");
    request.onsuccess = function(event) {
        var customer = event.target.result;
        console.log("First name: ", customer.first_name);
        console.log("Last name: ", customer.last_name);
    };
};
```

이전에 customers 객체 저장소에 고객 정보를 추가한 코드가 정상적으로 실행되었다면, 이번 코드로는 여권 번호와 일치하는 사용자를 검색하여 콘솔에 사용자 이름과 성을 출력해야 합니다.

대부분의 IndexedDB 작업이 그렇듯 데이터베이스를 열고 이에 대한 새 트랜잭션을 생성합니다. 이전과 마찬가지로 트랜잭션 범위를 customers 객체 저장소로 제한하고 있지만, 이번에는 readwrite 플래그를 전달하지 않습니다. 이 트랜잭션이 이뤄지는 동안에는 수정할 의도가 없기 때문에 read-only 트랜잭션이면 충분합니다.

그런 다음 객체 저장소에서 get()을 호출하여, 찾고자 하는 고객 객체와 일치하는 키(여권번호)를 전달합니다. get()은 비동기적 작업이기 때문에 결과를 즉시 반환하지는 않지만, 요청을 나타내는 객체를 반환합니다. 이 요청에 대한 onsucess 이벤트를 수신하여 작업이 종료될 때까지 기다리고 요청한 객체를 반환할 수 있습니다.

대부분의 IndexedDB 메소드를 서로 연결하면 더 짧고 간결한 코드를 생성할 수 있습니다. 이 방법은 향후 transaction, objectStore, get 등으로 생성된 특정 객체를 참조하지 않아도 될 때 아주 유용한 솔루션입니다.

메소드를 서로 연결하여 앞선 예시의 request.onsuccess 코드를 다음과 같이 줄일 수 있습니다.

```
request.onsuccess = function(event) {
    event.target.result
        .transaction("customers")
        .objectStore("customers")
        .get("7727")
        .onsuccess = function(event) {
            var customer = event.target.result;
            console.log("First name: ", customer.first_name);
            console.log("Last name: ", customer.last_name);
        };
};
```

6.2.5 IndexedDB 버전 관리

지금까지 다룬 데이터베이스의 버전은 두 가지뿐입니다. 첫 번째 버전에는 아무 객체도 저장되어 있지 않고 비어 있었으며, 두 번째 버전에는 하나의 객체 저장소가 추가되어 있었습니다.

데이터베이스를 버전 3으로 업데이트 하고 페이지를 새로고침하면 어떤 일이 일어날까요? 바로 그림 6-4와 같은 에러가 발생합니다.

그림 6-4 데이터베이스를 버전 3으로 업데이트한 뒤 발생한 에러

```
Failed to execute 'createObjectStore' on 'IDBDatabase':
An object store with the specified name already exists.
```

직접 테스트해서 어떤 문제가 생긴 것인지 살펴봅시다. 처음 페이지가 로드되면 데이터베이스가 생성되고 버전 번호는 1로 세팅될 것이며 onupgradeneeded 메소드가 실행될 것입니다. 그 시점에는 upgrade 메소드가 아직 없고 데이터베이스는 빈 상태로 생성될 것입니다. 그런 다음 onupgradeneeded 메소드를 추가하여 customers 객체 저장소를 생성하고 버전 넘버를 2로 변경합니다. 페이지를 새로고침하면 데이터베이스는 버전 번호가 하나 증가되었다는 것을 알게 되며, customers 객체 저장소를 생성하고 onupgradeneeded 메소드를 실행합니다. 마지막으로 버전 넘버를 3으로 업데이트합니다. 페이지를 새로고침하면, 데이터베이스는 다시 한 번 버전 넘버가 증가함을 인지하고 onupgradeneeded 메소드를 실행합니다. 다만 이번에는 이미 기존에 있던 객체 저장소를 생성하려고 했기 때문에 에러가 발생합니다. onupgradeneeded 이벤트가 실패했기 때문에 데이터베이스 버전 번호는 2로 유지됩니다.

아쉽게도 버전 3은 이 객체 저장소의 영향을 받기 때문에, onupgradeneeded에서 객체 저장소를 생성하는 코드를 그냥 삭제할 수는 없습니다. 만약 삭제하게 되면, 버전 1 이후에 사이트를 방문하지 않았던 (혹은 사이트를 처음 방문한) 사용자는

객체 저장소가 생성되지 않습니다. 현재의 상태에 따라 데이터베이스를 조건적으로 수정할 방법이 필요합니다.

이 문제를 해결할 수 있는 한 가지 방법은 전통적인 데이터베이스 마이그레이션migration 기법을 활용하는 것입니다. '마이그레이션'은 특정 버전의 데이터베이스를 그다음 상위 버전으로 올리기 위해 필요한 작업 모음입니다. 원칙적으로 가장 오래된 데이타베이스도 각각의 단계를 거쳐 최신 버전으로 마이그레이션할 수 있습니다.

다음은 IndexedDB에 마이그레이션할 수 있는 방법 중 하나입니다.

```
request.onupgradeneeded = function(event) {
    var db = event.target.result;
    var oldVersion = event.oldVersion;
    if (oldVersion < 2) {
        db.createObjectStore("customers", {
            keyPath: "passport_number"
        });
    }
    if (oldVersion < 3) {
        db.createObjectStore("employees", {
            keyPath: "employee_id"
        });
    }
};
```

이 메소드는 데이터베이스의 이전 버전 번호를 확인하여, 모든 버전의 데이터베이스를 가장 최신 버전으로 가져오도록 수행할 수 있습니다. 사용자가 사이트에 처음 방문했다면(`oldVersion == 0`), 두 가지 마이그레이션 모두 실행됩니다. 사용자가 이전 버전 이후 사이트에 방문하지 않았었다면 (`oldVersio == 2`), 두 번째 마이그레이션만 실행됩니다.

이 방법은 데이터베이스를 버전 1에서 가장 최신 버전으로 옮기는 데는 유용할지

몰라도 수십 개의 버전을 유지하기는 어렵습니다.

버전 간의 데이터베이스를 업그레이드하는 다른 방법은 데이터베이스의 현재 상태를 테스트하고 필요에 따라 변경하는 방법입니다.

먼저 indexeddb.html의 onupgradeneeded 메소드를 다음과 같이 변경합니다. 이때 스크립트 첫 줄이 데이터베이스 버전 3으로 설정되었는지 확인해주세요.

```
request.onupgradeneeded = function(event) {
    var db = event.target.result;
    if (!db.objectStoreNames.contains("customers")) {
        db.createObjectStore("customers", {
            keyPath: "passport_number"
        });
    }
};
```

브라우저를 새로고침하면 데이터베이스가 에러 없이 버전 3으로 업그레이드됩니다.

이 방법을 사용하면 변경 전에 변경이 필요한지 항상 확인할 수 있으며, 존재하지 않는 객체 저장소만 추가할 수 있게 됩니다. 이미 존재하는 인덱스의 경우에만 인덱스를 삭제할 수 있습니다.

IndexedDB 버전을 올바르게 관리하는 방법은 한 가지만 존재하지 않습니다. 한 가지 방법을 사용하는 것이 프로젝트에는 더 효과적일 수 있습니다. 두 가지 방법을 섞어서 사용하는 경우도 있습니다(예. 데이터베이스 구조를 업데이트할 때 두 번째 방법을 사용하고, 데이터베이스 버전이 19보다 오래된 경우 모든 고객 객체의 이름을 대문자로 바꾸기 위해 마이그레이션을 사용하는 경우).

6.2.6 커서로 객체 읽기

get()을 사용하여 객체 저장소에서 단일 객체를 검색하는 방법을 살펴보았습니다. 안타깝게도 이 방법은 정확한 키를 알고 단일 객체를 검색할 때만 작동합니다. 여러 객체를 검색하기 위해서는 커서를 사용해야 합니다.

커서란 무엇일까요?

SQL 기반 데이터베이스에 익숙하다면, SELECT*FROM table 쿼리를 실행시켜 커서를 오픈한다고 생각할 것입니다. 이 쿼리가 WHERE 이나 LIMIT 으로 변경될 수 있는 것처럼 커서도 인덱스나 바운더리로 변경될 수 있습니다.

SQL에서 반환된 결과와 달리, 커서가 결과를 포함하고 있지는 않습니다. 이것은 단순히 객체 저장소에 존재하는 실제 객체에 대한 포인터 목록입니다. 커서는 객체 저장소에 존재하는 하나의 레코드를 가리키며, continue() 혹은 advance()를 통해서만 다음으로 넘어갑니다. 이렇게 하면 모든 객체를 들고있을 메모리가 없이도 용량이 큰 객체 저장소를 순회(혹은 통과)할 수 있습니다(그림 6-5 참조).

그림 6-5 객체를 가리키는 (포함하는 것이 아님) 커서

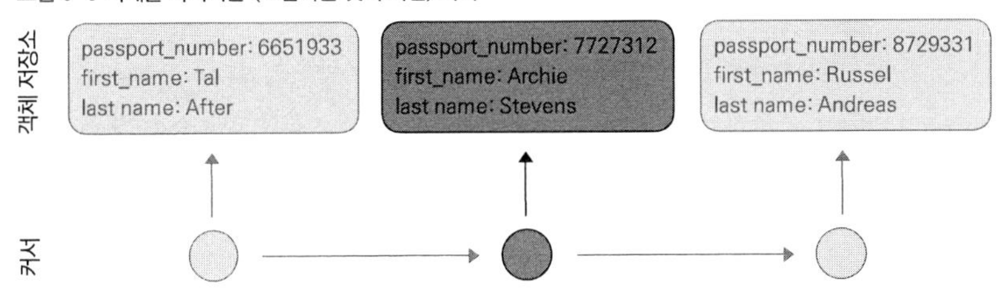

이제 첫 번째 커서를 열어봅시다. 브라우저 콘솔에서 다음 코드를 실행합니다.

```
var request = window.indexedDB.open("my-database", 3);
request.onsuccess = function(event) {
    var db = event.target.result;
    var customerTransaction = db.transaction("customers");
    var customerStore = customerTransaction.objectStore("customers");
    var customerCursor = customerStore.openCursor();
    customerCursor.onsuccess = function(event) {
        var cursor = event.target.result;
        if (!cursor) {
            return;
```

```
        }
        console.log(cursor.value.first_name);
        cursor.continue();
    };
};
```

앞서 소개한 customers 객체 저장소에 고객 정보를 추가하는 예제 코드가 정상적으로 실행됐다면, 저장소에 저장된 고객 코드를 순차적으로 돌며 콘솔에 고객 이름이 출력될 것입니다.

지금쯤이면 코드 초반 몇 줄이 꽤 익숙해졌을 것입니다. 데이터베이스를 열고 새 트랜잭션을 시작하고 customers 객체 저장소를 엽니다.

그다음, 객체 저장소에 있는 openCursor() 비동기 메소드를 호출합니다. 새 커서를 오픈하고 커서가 앞으로 이동할 때마다 onsuccess 이벤트가 트리거됩니다.

onsuccess 이벤트 리스너에서는 커서(event.target.result 에서 찾을 수 있음)를 통해 현재 가리키고 있는 객체를 가져올 수 있습니다. 객체의 first_name의 값을 로그로 남기고, 커서가 다음 객체를 가리키도록 continue() 메소드를 호출합니다. 커서가 앞으로 이동할 때마다 onsuccess 이벤트가 발생해 이벤트 리스너가 다시 실행되고 다음 고객의 이름을 로그로 남깁니다.

심지어 마지막 데이터를 전달하거나 객체 저장소가 비어있더라도 커서가 앞으로 이동할 때마다 onsuccess 이벤트가 발생한다는 것을 기억해야 합니다. 이때 커서(event.target.result)는 null을 가리킵니다. onsuccess 함수가 커서에 접근하기 전에 커서가 null을 가리키고 있지 않은지 꼭 확인해야 합니다. 앞선 예제에서는 if(!cursor){return;} 조건문을 사용하여 확인했습니다.

6.2.7 인덱스 생성하기

지금까지 객체 저장소에서 모든 객체에 대해 순회하여 이동하는 커서를 여는 방법에 대해 살펴보았습니다. 특정 조건에 맞는 객체를 검색하려고 할 때, 모든 객체 저장소를 살펴보아야 한다면 아주 비효율적이고 불편할 겁니다. 여기에 인덱스를 사용하면 객체 저장소를 '쿼리query' 할 수 있고 쿼리와 매칭되는 레코드만 순회하여 살펴보는 커서를 열 수 있습니다.

이를 확인하기 위해 서로 다른 통화의 환율을 들고 있는 두 번째 객체 저장소를 생성할 것입니다. 객체 저장소에 저장하려는 각 환율 객체는 다음과 같습니다.

```
{"exchange_from": "CAD", "exchange_to": "USD", "rate": 0.77}
```

특정 통화에 대한 모든 환율을 검색해야 한다고 가정해 봅시다. 이를 확인하는 방법은 객체 저장소에 있는 모든 객체를 반복하여 찾아본 후 각 객체가 특정 통화와 일치하는지 확인하는 것입니다. 더 좋은 방법은 인덱스를 사용하는 것입니다.

indexeddb.html의 데이터베이스 버전 숫자를 4로 바꾸고 onupgradeneeded 메소드 코드를 다음 코드로 교체합니다.

```
request.onupgradeneeded = function(event) {
    var db = event.target.result;
    if (!db.objectStoreNames.contains("customers")) {
        db.createObjectStore("customers", {
            keyPath: "passport_number"
        });
    }
    if (!db.objectStoreNames.contains("exchange_rates")) {
        var exchangeStore = db.createObjectStore("exchange_rates", {
            autoIncrement: true
        });
        exchangeStore.createIndex("from_idx", "exchange_from", {
            unique: false
        });
```

```
        exchangeStore.createIndex("to_idx", "exchange_to", {
            unique: false
        });
        exchangeStore.transaction.oncomplete = function(event) {
            var exchangeRates = [{
                "exchange_from": "CAD",
                "exchange_to": "USD",
                "rate": 0.77
            }, {
                "exchange_from": "JPY",
                "exchange_to": "USD",
                "rate": 0.009
            }, {
                "exchange_from": "USD",
                "exchange_to": "CAD",
                "rate": 1.29
            }, {
                "exchange_from": "CAD",
                "exchange_to": "JPY",
                "rate": 81.60
            }, ];
            var exchangeStore = db.transaction("exchange_rates", "readwrite").
objectStore("exchange_rates");
            for (var i = 0; i < exchangeRates.length; i++) {
                exchangeStore.add(exchangeRates[i]);
            }
        };
    }
};
```

onupgradeneeded 신규 함수는 이미 customers 객체 저장소를 가지고 있는 사용자에게는 customers 객체 저장소를 다시 생성하지 않을 수 있도록 확인하는 것으로 시작합니다. 그런 다음 exchange_rates 객체 저장소의 존재 여부를 테스트하고 존재하지 않는 경우에는 새로 생성합니다.

인라인 키 VS 아웃오브라인 키

자동 증가auto-incrementing 키로 exchange_rates 저장소를 생성합니다. customers 객체 저장소와는 달리 exchange_rates 객체는 여권 번호와 같은 고유한 식별자가 없습니다. autoIncrement를 true로 설정하면, IndexedDB로 하여금 고유한 인덱스를 자동으로 생성하도록 할 수 있습니다. 저장된 첫 번째 객체는 ID 1을, 두번째 객체는 ID 2를 받으며, 그렇게 계속 진행됩니다.

이런 종류의 키는 값과 별도로 저장되기 때문에 **아웃오브라인 키**out-of-line key라고 합니다. 객체 자체를 가리키기 위해 keyPath를 사용하는 키는 **인라인 키**inline key라고 합니다. customers 객체 저장소는 인라인 키를 사용합니다.

그다음 코드는 새로운 객체 저장소에 두 개의 인덱스를 생성합니다. 이 인덱스를 사용하면 특정 기준과 일치하는 객체만 순회하는 커서를 열 수 있습니다. 예를 들어 from_idx 인덱스를 사용하면 USD에서 다른 통화로 환전할 때 환율을 검색할 수 있습니다.

createIndex()는 인덱스명을 첫 번째 인수로 받고, 이어서 인덱스가 사용해야 하는 키 경로(예. exchange_to)와 선택적 옵션 배열을 받습니다. 이 인덱스에 사용하는 키가 고유하지 않음을 명시하기 위해 옵션 배열을 사용합니다(예. 각 통화는 하나 이상의 환율 정보를 갖을 수 있습니다).

exchange_rates 객체 저장소에 몇 개의 초기 데이터를 넣고 onupgradeneeded 메소드를 종료합니다. 지금 이 작업을 하는 이유는 객체 저장소가 추가되자마자 사용될 수 있도록 하고, 차후(서버에서 최신 환율을 가지고 온 후)에는 다시 추가되지 않도록 하기 위함입니다. db.createObjectStore() 호출에서 반환된 트랜잭션이 성공적으로 수행된 경우에만 데이터를 추가해야 합니다. 이렇게 하면 데이터를 추가하기 전에 객체 저장소가 성공적으로 생성된 것을 확신할 수 있습니다.

6.2.8 인덱스로 데이터 읽기

인덱스를 사용하면 특정 기준과 일치하는 결과만 순회하는 커서를 열 수 있습니다. 콘솔에서 다음 코드를 실행하여, CAD에서 다른 모든 통화에 대한 환율을 기록합니다.

```
var request = window.indexedDB.open("my-database", 4);
request.onsuccess = function(event) {
    var db = event.target.result;
    var exchangeTransaction = db.transaction("exchange_rates");
    var exchangeStore = exchangeTransaction.objectStore("exchange_rates");
    var exchangeIndex = exchangeStore.index("from_idx");
    var exchangeCursor = exchangeIndex.openCursor("CAD");
    exchangeCursor.onsuccess = function(event) {
        var cursor = event.target.result;
        if (!cursor) {
            return;
        }
        var rate = cursor.value;
        console.log(rate.exchange_from + " to " + rate.exchange_to + ": " +
rate.rate);
        cursor.continue();
    };
};
```

데이터베이스를 열고, 트랜잭션을 시작해 exchange_rates 객체 저장소를 가져옵니다. 앞선 예제에서는 객체 저장소 자체의 커서를 오픈하여 전체 객체 저장소를 순회하였습니다. 이번에는 객체 저장소에서 인덱스를 먼저 가지고 오고, 인덱스에서 커서를 오픈합니다. 사용할 인덱스의 이름을 넘겨 객체 저장소의 index() 메소드를 호출합니다. 그런 다음 찾고자 하는 값(이 경우 환율을 받고자 하는 통화의 이름)을 전달해, 인덱스 자체에서 openCursor()를 호출할 수 있습니다.

그런 다음, 객체 저장소에서 커서를 열었던 것과 같이 success 이벤트를 수신하여 커서를 순차적으로 탐색합니다. 유일한 차이라면 이번에는 커서가 주어진 기준에 일치하는 객체만 순회 할 것이라는 점입니다(예. exchange_from이 "CAD"일 때).

6.2.9 커서 범위 제한하기

기본적으로 커서는 객체 저장소의 모든 객체 혹은 인덱스로부터 반환된 모든 객체를 순회합니다. 필요한 경우 IDBKeyRange 객체를 전달하여 커서가 순회 할 범위를 제한할 수 있습니다.

앞선 예제의 openCursor() 명령은 IDBKeyRange를 명확하게 사용하기 위해서 수정될 수 있습니다. 다음 예제는 동일한 결과를 도출하는 두 가지 접근 방법을 보여줍니다. IDBKeyRange.only("CAD")를 커서로 전달하여 "CAD"와 일치하는 인덱스만 반환하도록 합니다.

```
exchangeIndex.openCursor("CAD");
exchangeIndex.openCursor(IDBKeyRange.only("CAD"));
```

IDBKeyRange는 only()는 물론 lowerBound(), upperBound(), bound()도 지원합니다. 이는 결과를 특정 범위로 제한할 수 있도록 합니다.

only()와 같이, lowerBound() 그리고 upperBound()는 값을 첫 번째 인수로 받습니다. 이 값은 범위의 하한 또는 상한값이 됩니다. 또한 결과가 범위 한계와 동일한 객체를 제외(true)할지 포함(false)할지 결정하기 위해 불린의 값을 두 번째 인수로 받을 수 있습니다.

```
// "CAD" 를 포함하여 "CAD" 이상의 모든 키 포함
// 예. CAD, USD
IDBKeyRange.lowerBound("CAD", false);
// "CAD"를 제외한 "CAD" 아래의 모든 키 포함
// 예. AUD, BRL
IDBKeyRange.upperBound("CAD", true);
```

lowerBound()와 upperBound() 두 개의 명령어를 bound() 하나로 합치면, 하한값과 상한값을 첫 번째와 두 번째 인수로, 이 값들을 결과에서 제외할지 결정하

는 불린을 세 번째와 네 번째 인수로 받을 수 있습니다.

다음 코드는 "C"로 시작하는 모든 데이터에 대한 커서를 반환합니다(예. C와 D 사이에 있고, C를 포함하며, D로 시작하는 데이터를 포함하지 않는).

```
exchangeIndex.openCursor(
    IDBKeyRange.bound("C", "D", false, true);
);
```

IDBKeyRange를 사용하면 인덱스 또는 객체 저장소에 열려 있는 커서로 반환되는 결과를 제한할 수 있습니다. 아래의 커서는 객체 저장소에서 직접 연 것입니다. 이 커서는 키 값이 3보다 크거나 같은 모든 데이터를 반환합니다.

```
exchangeStore.openCursor(
    IDBKeyRange.lowerBound(3, false);
);
```

6.2.10 커서 방향 설정하기

기본적으로 커서는 오름차순 키(혹은 객체 저장소의 프라이머리 키 혹은 인덱스 키)로 정렬된 객체를 순회합니다. 커서를 오픈할 때 두 번째 인수를 "prev"로 넘겨 객체를 반대 방향(키를 내림차순으로 정렬)으로 탐색할 수 있습니다.

다음 코드는 객체 저장소에 내림차순 키로 정렬된 모든 객체를 순회합니다.

```
var request = window.indexedDB.open("my-database", 4);
request.onsuccess = function(event) {
    var db = event.target.result;
    var exchangeTransaction = db.transaction("exchange_rates");
    var exchangeStore = exchangeTransaction.objectStore("exchange_rates");
    var exchangeCursor = exchangeStore.openCursor(null, "prev");
    exchangeCursor.onsuccess = function(event) {
        var cursor = event.target.result;
```

```
        if (!cursor) {
            return;
        }
        var rate = cursor.value;
        console.log(rate.exchange_from + " to " + rate.exchange_to + ": " +
rate.rate);
        cursor.continue();
    };
};
```

이번에는 객체 저장소의 모든 객체를 탐색하도록 인덱스가 아닌 객체 저장소에 대해 커서를 오픈하고, 인자로 IDBKeyRange 객체 대신 null을 사용했습니다. 객체 저장소에 연결되었는지 혹은 인덱스에 연결되었는지의 여부와 관계 없이 모든 커서는 범위 및 방향에 관한 인자를 받을 수 있고, 그 두 가지를 모두 받거나 받지 않을 수 있습니다.

6.2.11 객체 저장소의 객체 업데이트하기

객체의 프라이머리 키를 알고 있다면, 객체 저장소의 put() 메소드를 호출해 객체의 내용을 바로 업데이트할 수 있습니다.

```
var request = window.indexedDB.open("my-database", 4);
request.onsuccess = function(event) {
    var updatedRate = {
        "exchange_from": "CAD",
        "exchange_to": "ILS",
        "rate": 1.2
    };
    var db = event.target.result;
    var exchangeTransaction = db.transaction("exchange_rates", "readwrite");
    var exchangeStore = exchangeTransaction.objectStore("exchange_rates");
    var request = exchangeStore.put(updatedRate, 2);
    request.onsuccess = function(event) {
        console.log("Updated");
    };
};
```

먼저 readwrite 트랜잭션을 열고 exchange_rates 객체 저장소를 불러옵니다. 그다음 업데이트된 객체와 교체하려는 객체 키를 사용해 객체 저장소의 put() 메소드를 호출합니다.

이 방식은 (고객 여권번호를 가리키는 키 경로를 사용하는 customers 저장소와는 달리) exchange_rates 객체 저장소와 같이 아웃오브라인 키(159페이지의 '인라인 키 VS 아웃오브라인 키' 참조)를 사용하는 객체 저장소에만 사용될 수 있습니다.

인라인 키를 사용하는 객체 저장소의 객체를 업데이트할 때나 혹은 객체의 아웃오브라인 키를 알지 못할 때는 우선 객체 저장소에서 객체를 먼저 가져와야 합니다. 그런 다음 객체 저장소의 put() 혹은 커서의 update()를 호출하여 내용을 변경하고 업데이트할 수 있습니다.

다음 코드는 두 가지 접근 방식을 보여줍니다.

```
var request = window.indexedDB.open("my-database", 4);
request.onsuccess = function(event) {
    var db = event.target.result;
    var customerTransaction = db.transaction("customers", "readwrite");
    var customerStore = customerTransaction.objectStore("customers");
    var customerCursor = customerStore.openCursor();
    customerCursor.onsuccess = function(event) {
        var cursor = event.target.result;
        if (!cursor) {
            return;
        }
        var customer = cursor.value;
        if (customer.first_name === "Archie") {
            customer.first_name = "Archer";
            cursor.update(customer);
        } else {
            customer.first_name = "Tom";
            customerStore.put(customer);
        }
        cursor.continue();
    };
};
```

이 코드는 모든 고객 정보를 순회하는 커서를 연 후, 각 고객의 이름을 검사합니다. 고객의 이름이 "Archi"인 경우 커서의 update( ) 메소드를 사용하여 "Archer"로 변경합니다. 아니면, 고객 이름을 "Tom"으로 바꾸기 위해 객체 저장소의 put( ) 메소드를 사용합니다.

여기서 put( ) 혹은 update( )를 사용할 때, 이미 키를 포함하고 있는 원본 객체 (기술적으로 보자면 원본 내용에서 일부분이 수정된 복제본)를 전달하기 때문에 각 객체의 프라이머리 키를 명시할 필요가 없습니다.

6.2.12 객체 저장소에서 객체 삭제하기

객체 저장소에서의 객체 삭제 과정은 객체 업데이트 과정과 매우 유사합니다.

다음 코드는 객체 저장소 exchange_rates에서 키값이 2인 객체를 삭제하는 코드입니다.

```
var request = window.indexedDB.open("my-database", 4);
request.onsuccess = function(event) {
    var db = event.target.result;
    db.transaction("exchange_rates", "readwrite")
        .objectStore("exchange_rates")
        .delete(2);
};
```

여기에서 볼 수 있듯이 아웃오브라인 키를 사용하는 객체 저장소의 경우 객체에 대한 키를 알고 있다면 객체 저장소의 delete( )를 호출하는 것으로 간단히 삭제 가능합니다.

다른 경우 객체를 순회하는 데 커서를 사용할 수 있고 커서 자체의 delete( )를 간단히 호출할 수 있습니다. 이는 커서가 가리키고 있는 객체를 삭제할 것입니다.

다음 코드는 모든 고객을 순회하면서 성이 "Stevens"인 고객을 삭제하는 코드입니다.

```
var request = window.indexedDB.open("my-database", 4);
request.onsuccess = function(event) {
    var db = event.target.result;
    db.transaction("customers", "readwrite")
        .objectStore("customers")
        .openCursor()
        .onsuccess = function(event) {            var cursor = event.target.
result;
            if (!cursor) {
                return;
            }
            var customer = cursor.value;
            if (customer.last_name === "Stevens") {
                cursor.delete();
            }
            cursor.continue();
        };
};
```

6.2.13 객체 저장소에서 모든 객체 삭제하기

clear()를 호출하면 객체 저장소의 모든 객체를 삭제할 수 있습니다.

대부분의 IndexedDB 작업과 마찬가지로 clear()는 success 및 error 이벤트를 갖는 request를 반환합니다. 다음 코드는 customers 객체 저장소를 삭제하고 삭제를 끝내는 즉시 콘솔에 메시지를 기록합니다.

```
var request = window.indexedDB.open("my-database", 4);
request.onsuccess = function(event) {
    var db = event.target.result;
    db.transaction("customers", "readwrite")
        .objectStore("customers")
        .clear()
        .onsuccess = function(event) {
            console.log("Object store cleared");
        };
};
```

6.2.14 위로 전파되는(Bubbling) IndexedDB 에러 처리하기

IndexedDB의 에러 이벤트는 위로 전파 됩니다.

커서 오픈 요청 중 오류가 생기면 해당 요청의 onerror 핸들러에 오류가 잡힐 것입니다. 만일 해당 요청에 이를 처리하기 위한 onerror 핸들러가 정의되지 않았다면, 이 오류는 트랜잭션의 에러 핸들러에 잡히도록 전파될 것입니다. 트랜잭션도 에러 핸들러를 가지고 있지 않다면, 에러는 데이터베이스 객체의 에러 핸들러에 잡히도록 위로 전파 될 것입니다.

이러한 작동 방식으로 인해 매 요청 및 트랜잭션마다 별도의 에러 핸들러를 정의하는 대신, 데이터베이스 객체에서 하나의 에러 핸들러를 작성해 공통적으로 사용할 수 있습니다.

6.3 SQL Ninja를 위한 IndexedDB

SQL에 대한 경험이 있다면 IndexedDB의 개념과 SQL의 개념을 비교해 보세요. 개념을 쉽게 파악하고 기억할 수 있을 것입니다.

하지만 조심하세요. 대부분의 비교는 가장 추상적인 선에서만 의미가 있을 뿐, 자세히 들여다보면 그다지 맞지 않습니다. 좋은 방법은 아니지만, 변수가 비어있는지(empty()) 혹은 숫자인지(is_numeric()) 빨리 확인하고 싶을 때 찾아보는 **PHP 개발자용 자바스크립트 가이드** 수준의 정확성과 실용성을 갖추고 있습니다.

SQL을 사용해 보셨다면, 다음을 SQL 치트 시트[cheat sheet]처럼 사용하세요.

Cursor

커서를 여는 것은 SELECT * FROM table;을 실행하는 것과 비슷합니다. 이는 전체 객체를 가져오고 결과를 순회할 수 있도록 합니다. SQL과 달리 커서는 객체를 가리킬 뿐 실제로 객체를 반환하지는 않습니다(자세한 내용은 155페이지 '커서란 무엇일까요?'를 참조하세요).

IDBKeyRange

IDBKeyRange와 커서의 관계는 SELECT문에서 WHERE의 관계와 같습니다. WHERE x = y가 y와 일치하는 값으로서 결과를 제한할 수 있는 것처럼, IDBKeyRange.only(y)는 커서가 가리키는 결과를 제한하는 데 쓰입니다. 비슷하게 WHERE x >= y는 IDBKeyRange.lowerBound(y, false) 형태로 표현될 수 있습니다.

WHERE문을 통해 아무 열이나 쿼리할 수 있는 SQL과는 달리, IndexedDB는 오직 객체 저장소의 인덱스 혹은 객체 키만 쿼리할 수 있습니다.

Index

SQL에서는 데이터베이스를 열별로 미리 인덱스해 두기 위해 인덱스를 사용합니다. 이렇게 하면 해당 열의 값으로 테이블을 쿼리하는 작업이 훨씬 빨라집니다. IndexedDB 인덱스는 더 단순합니다. 객체 저장소 인덱스는 저장된 하나의 객체 속성에 대해서만 쿼리될 수 있습니다.

인덱싱 여부와 상관없이 테이블의 임의의 열에 대해서 쿼리를 만들 수 있는 SQL과는 달리, IndexedDB는 인덱스로 지정된 속성에 대해서만 커서의 결과를 제한할 수 있습니다.

Cursor direction

SQL의 ORDER BY x DESC와 비슷하게, 커서를 열 때 prev를 전달하면 객체가 읽히는 순서를 반대로 할 수 있습니다. 그러나 SQL과는 달리, 객체 저장소의 키 또는 인덱스 키를 기준으로만 결과 값을 정렬할 수 있습니다(어디에서 커서를 열었는가에 따라 다름).

워싱턴 포스트의 사례, IndexedDB로 오프라인 분석하기

워싱턴 포스트 팀은 새로운 프로그레시브 웹 앱을 구축하면서 흥미로운 문제에 직면했습니다. 오프라인 지원이 추가됨으로써, 방문자의 경험치는 향상되었지만 그 경험치를 측정하고 추적하는 능력은 잃어버렸습니다. 데이터 기반 팀의 입장에서 기꺼이 받아들일 수 있는 절충안이 아니었습니다.

워싱턴 포스트 팀은 구글 개발자 관계Developer Relations 팀 소속인 제프 포스닉Jeff Posnick과 협력해 해결책을 고안해 냈습니다. 구글 애널리틱스로 전달되는 요청 중 실패한 모든 요청을 IndexedDB에 저장하도록 하는 fetch 이벤트 핸들러가 바로 그 해결책입니다. 구글 애널리틱스로의 fetch 요청이 성공하면(연결이 복원되었음을 의미) 이전 구글 애널리틱스에 전달 시 실패한 모든 요청을 다시 시도합니다.

이후 구글 팀은 자체 프로젝트에서 사용할 수 있는 workbox-google-analytics라는 helper 라이브러리(https://pwabook.com/offlineanalytics)를 릴리즈했습니다.

6.4 IndexedDB 실제로 적용하기

이제 고담 임페리얼 호텔 앱으로 돌아와 봅시다.

이 앱은 사용자의 예약 현황을 파악하여 My Account(내 계정) 페이지에 표시합니다. 현재는 서버로부터 JSON 파일로 받아와 보여주고, 서비스 워커에 의해 CacheStorage에 캐싱됩니다. 사용자가 데이터를 수정 할 때마다(예약 추가, 변경, 삭제), 캐싱된 JSON 파일은 쓸모가 없어집니다. 사용자가 페이지를 다시 요청하는 경우에만, 기존 캐싱된 버전을 교체할 수 있는 새로운 JSON 파일을 받게 됩니다.

결과적으로 클라이언트의 변경 사항이 클라이언트에 저장되어 있는 데이터를 쓸모 없게 만들지만, 해당 데이터는 오직 네트워크를 통해서만 업데이트 될 수 있습니다. 더 나은 방법으로 고칠 수 있습니다. 예약 데이터가 IndexedDB를 적용하기 좋은 주요 후보입니다.

my-account.js 파일은 현재 버전의 사용자 계정 페이지 실행을 위한 로직을 포함하고 있습니다.

```
$(document).ready(function() {
    // 사용자 예약을 가져와서 렌더링하기
    populateReservations();
    // 예약 위젯 기능 추가하기
    $("#reservation-form").submit(function(event) {
        event.preventDefault();
        var arrivalDate = $("#form--arrival-date").val();
        var nights = $("#form--nights").val();
        var guests = $("#form--guests").val();
        var id = Date.now().toString().substring(3, 11);
        if (!arrivalDate || !nights || !guests) {
            return false;
        }
        addReservation(id, arrivalDate, nights, guests);
        return false;
    });
    // 미확약된 예약 주기적으로 체크하기
    setInterval(checkUnconfirmedReservations, 5000);
});
// 서버에서 예약을 가져와 페이지에 렌더링하기
var populateReservations = function() {
    $.getJSON("/reservations.json", renderReservations);
};
// 각각의 미확약된 예약 상태를 서버에서 확인하기
var checkUnconfirmedReservations = function() {
    $(".reservation-card--unconfirmed").each(function() {
        $.getJSON(
            "/reservation-details.json", {
                id: $(this).data("id")
            },
            function(data) {
                updateReservationDisplay(data);
            });
    });
};

// DOM에 예약을 대기(pending)로 추가하고 서버에 예약을 시도하기
var addReservation = function(id, arrivalDate, nights, guests) {
    var reservationDetails = {
        id: id,
```

```
        arrivalDate: arrivalDate,
        nights: nights,
        guests: guests,
        status: "Awaiting confirmation"
    };
    renderReservation(reservationDetails);
    $.getJSON("/make-reservation", reservationDetails, function(data) {
        updateReservationDisplay(data);
    });
};
```

몇 가지 작업을 수행하는 간단한 스크립트입니다.

1. 서버에서 reservations.json을 로드하고, 각 결과를 순회하여 이를 DOM에 추가하는(renderReservations 함수 사용) populateReservations()를 호출합니다.
2. 폼 데이터의 유효성을 확인하기 위해 예약 버튼에 로직을 추가하고, DOM에 새 예약을 만들고 서버에 새 예약 정보를 전송합니다.
3. 매 5초 마다 미확정 예약을 확인하고 예약 상태가 업데이트되었는지 서버에 확인하는 checkUnconfirmedReservations 함수를 호출합니다.

파일의 나머지 부분은(이전 코드에서 보여주지 않은 부분) 예약 세부사항을 받아 DOM으로 렌더링하는 renderReservations(), renderReservation(), updateReservationDisplay() 메소드 정의를 포함합니다. 다만, 이 책에서는 이 부분을 살펴보거나 수정하지는 않을 것입니다.

이 스크립트는 수많은 방식으로 개선될 수 있습니다. DOM 내부의 데이터에 전적으로 의존하는 방식이나, 업데이트를 위해 네트워크를 지속적으로 폴링하는 것, 에러가 처리(혹은 무시)되는 방식도 개선이 필요합니다. 하지만 위 코드는 이 장의 핵심 개념에 집중할 수 있도록 일부러 간단히 만든 것입니다.

여기에서는 두 단계에 거쳐 IndexedDB로 업그레이드를 진행합니다. 먼저, 네트워크에서 가져온 모든 예약을 로컬 데이터베이스에 저장하도록 코드를 수정합니다. 수정된 populateReservations()는 언제나 데이터베이스에서 예약 데이터를 읽어오려고 할 것이며, 로컬 데이터가 없는 경우에만 네트워크로 복귀합니다. 두 번째로는, 새 예약을 추가하는 코드와 네트워크에서 주기적으로 예약 상태를 가져오는 코드를 수정할 것입니다. 양쪽 모두 늘 그랬듯, 다음 명령어를 명령줄에 입력하여 이전 장의 최종 코드 상태로 돌아갑니다.

```
git reset —hard
git checkout ch06-start
```

프로젝트의 public/js 디렉터리에 reservations-store.js라는 빈 파일을 추가합니다. 이 파일에는 IndexedDB 코드가 포함되어 있습니다.

다음으로 어카운트 페이지에서 이 파일을 로드합니다. my-account.html의 끝부분 app.js <script> 태그 바로 위에 로드될 <script> 태그를 추가합니다.

```
<script src="/js/reservations-store.js"></script>
<script src="/js/app.js"></script>
<script src="/js/my-account.js"></script>
```

사용자가 오프라인일 때 예약에 접근할 수 있도록 serviceworker.js를 열고 CACHED_URLS 배열에 "/js/reservations-store.js"를 추가합니다.

IndexedDB 코드부터 시작해봅시다. reservations-store.js에 다음 코드를 추가해주세요.

```
var openDatabase = function() {
    // IndexedDB를 사용하기 전에 지원되는지 먼저 확인
    if (!window.indexedDB) {
        return false;
```

```
    }
    var request = window.indexedDB.open("gih-reservations", 1);
    request.onerror = function(event) {
        console.log("Database error: ", event.target.error);
    };
    request.onupgradeneeded = function(event) {
        var db = event.target.result;
        if (!db.objectStoreNames.contains("reservations")) {
            db.createObjectStore("reservations", {
                keyPath: "id"
            });
        }
    };
    return request;
};
var openObjectStore = function(storeName, successCallback, transactionMode) {
    var db = openDatabase();
    if (!db) {
        return false;
    }
    db.onsuccess = function(event) {
        var db = event.target.result;
        var objectStore = db
            .transaction(storeName, transactionMode)
            .objectStore(storeName);
        successCallback(objectStore);
    };
    return true;
};
var getReservations = function(successCallback) {
    var reservations = [];
    var db = openObjectStore("reservations", function(objectStore) {
        objectStore.openCursor().onsuccess = function(event) {
            var cursor = event.target.result;
            if (cursor) {
                reservations.push(cursor.value);
                cursor.continue();
            } else {
                if (reservations.length > 0) {
                    successCallback(reservations);
                } else {
```

```
                    $.getJSON("/reservations.json", function(reservations) {
                        openObjectStore("reservations",
function(reservationsStore) {
                            for (var i = 0; i < reservations.length; i++) {
                                reservationsStore.add(reservations[i]);
                            }
                            successCallback(reservations);
                        }, "readwrite");
                    });
                }
            }
        };
    });
    if (!db) {
        $.getJSON("/reservations.json", successCallback);
    }
};
```

이 새로운 코드는 데이터베이스를 다루는 데 유용한 몇 가지 함수를 정의하는 것으로 시작합니다.

첫 번째 함수 openDatabase()는 데이터베이스에 대한 새로운 요청을 열고, 기본적인 에러 로깅 기능과 reservations 객체 저장소를 생성하는 데이터 업그레이드 메소드를 설정합니다. IndexedDB가 지원되지 않는 경우에 false를 반환하고 그렇지 않으면 request 객체를 반환합니다. onsuccess 이벤트 없이 request 객체가 반환되기 때문에, 향후에 다음과 같이 사용할 수 있습니다.

```
var db = openDatabase().onsuccess = function(event) {};
if (!db) { console.log("IndexedDB not supported");}
```

두 번째 함수 openObjectStore()는 객체 저장소에 트랜잭션을 열고 함수를 실행합니다. 첫 번째 인수로 객체 저장소의 이름을 받고, 두 번째 매개변수로는 성공적으로 열릴 때 호출될 콜백 함수를 받습니다. 세 번째 매개변수는 넣어도 되고 넣지 않아도 되는 옵셔널한 변수로 'readonly'(기본값)로 열 것인지 'readwrite'로 열 것인지의 트랜잭션 모드를 받습니다. 이 함수는 IndexedDB가 지원되면 true를, 아니면 false를 반환합니다. 이 함수를 사용하는 방법은 다음과 같습니다.

```
var db = openObjectStore("reservations", function(objectStore) {
    objectStore.openCursor().onsuccess = function() {};
}, "readwrite");
if (!db) {
    console.log("IndexedDB not supported");
}
```

마지막으로 getReservations() 함수를 살펴봅니다. 이 함수는 사용자의 모든 예약을 배열로 받아 작업을 수행하는 콜백 함수를 파라미터로 받습니다. 예약 정보는 로컬 IndexedDB 데이터베이스나 서버로부터 가져올 수 있습니다. 함수는 reservations 객체 저장소를 열고, 저장된 객체에 접근하기 위한 커서를 생성하며 시작됩니다(그림 6-6). 커서를 통해 객체 저장소의 새 기록에 접근할 때마다 onsuccess 이벤트 콜백이 반복적으로 호출됩니다(155페이지의 '커서로 객체 읽기' 참조). onsuccess 이벤트 콜백은 커서가 마지막 레코드를 지나친 후에도 호출됩니다(객체 저장소가 비어 있으면, 바로 이 때 처음으로 onsuccess가 호출될 것입니다).

이러한 이유로 우선 커서가 레코드를 가리키고 있는지 체크합니다. 커서가 레코드를 가리키고 있다면 예약 배열에 넣고 커서를 앞으로 이동시킵니다. 커서가 아무것도 가리키고 있지 않다면(객체 저장소가 비어 있거나 커서가 마지막 레코드를 통과했기 때문에) 예약 정보가 담긴 배열을 살펴봅니다. 배열이 비어 있지 않다는 건 모든 예약이 배열에 담겨있다는 뜻이므로 이 배열을 인자로 successCallback을 호출합니다. 객체 저장소의 모든 항목을 검토한 후에도 여전히 예약 배열이 비어 있으면 네트워크를 통해 reservations.json 파일을 요청합니다. JSON 데이터가 수신되면 내용을 파싱해 예약 정보를 객체 저장소에 추가합니다. 모든 예약이 IndexedDB에 저장되고 나면 예약 배열을 담아 successCallback을 호출합니다.

함수의 마지막 부분은 IndexedDB 지원 여부를 체크하는 구문입니다. IndexedDB가 지원이 되지 않으면, openObjectStore 호출은 즉시 false를 반환하고, 대신 네트워크에서 예약 정보를 요청합니다.

그림 6-6 getReservations() 로직 순서도

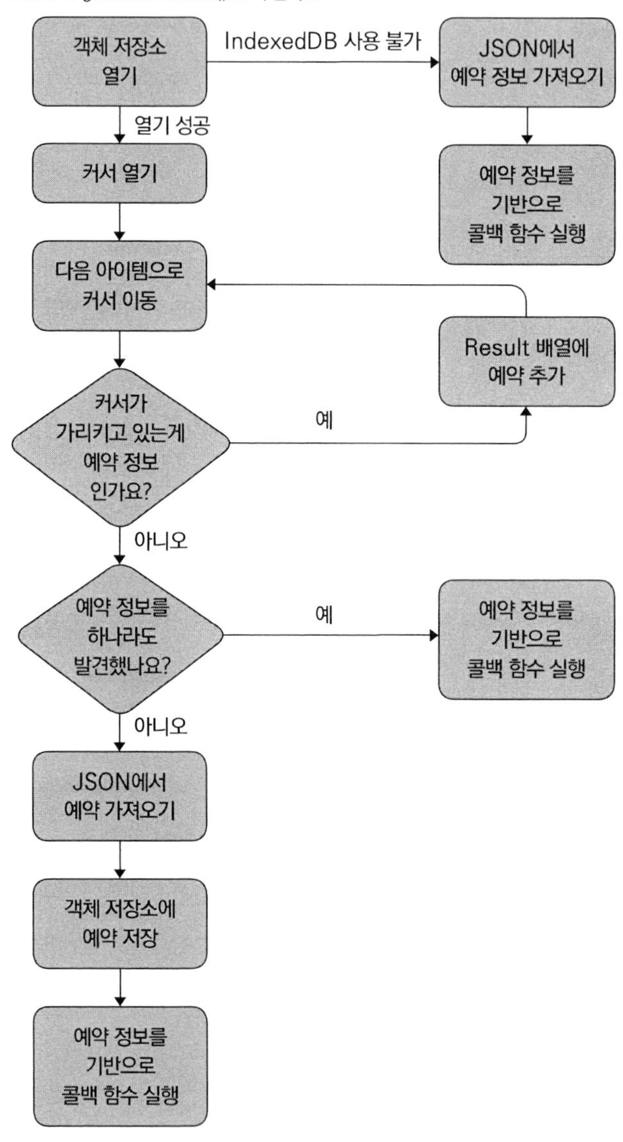

파이어폭스에서 사용자가 서드 파티 쿠키를 비활성화시킨 경우, IndexedDB에 접근하면 에러가 발생합니다. 그러한 환경에서 코드가 구동되어야 한다면(예. 서드 파티 사이트의 iframe에서 사용자가 서드 파티 쿠키를 비활성화 시켰을 때) `window.indexedDB`에 대한 모든 호출을 try…catch문으로 감싸야 할 수 있습니다.

이렇게 해서 IndexedDB의 예약을 저장하고 거기에 접근할 수 있는 프레임워크가 마련되었습니다. 이제 프레임워크를 직접 사용해보도록 합시다.

my-account.js의 `populateReservations` 함수의 기존 코드는 다음과 같습니다.

```
var populateReservations = function() {
    $.getJSON("/reservations.json", renderReservations);
};
```

이 함수는 `$.getJSON()`을 호출해 예약 객체 배열을 가져온 다음 이를 콜백 함수로 전달합니다. `getReservations` 함수도 이와 유사하게 디자인 하였습니다. 예약 객체의 배열 형식을 넘겨 받는 콜백 함수를 인자로 받고 호출할 수 있습니다. 따라서 함수 구현을 쉽게 교체하여 사용할 수 있습니다.

`populateReservations` 함수를 다음 코드로 바꿉니다.

```
var populateReservations = function() {
    getReservations(renderReservations);
};
```

이로써 다음 번에 이 페이지를 방문하면, IndexedDB 데이터베이스가 생성되고 reservations.json의 콘텐츠를 내려받아 디비에 저장할 것이며, DOM은 로컬 데이터베이스의 예약 데이터로 업데이트될 것입니다. 이 페이지를 다시 새로고침하면 동일한 데이터가 보여지겠지만, reservations.json에 대한 네트워크 요청은 없을 것이고, 데이터는 로컬 데이터베이스에서 직접 로드될 것입니다.

사용자가 새 예약을 생성하거나 기존 예약의 상태를 변경한다면 어떻게 될까요? 로컬 데이터베이스에 데이터가 한번 저장되고 나면 예약된 데이터는 바뀌지 않은 채로 남습니다. 이것을 고쳐봅시다.

reservations-store.js에 다음 코드를 추가합니다(getReservations() 정의 바로 직전).

```
var addToObjectStore = function(storeName, object) {
    openObjectStore(storeName, function(store) {
        store.add(object);
    }, "readwrite");
};
var updateInObjectStore = function(storeName, id, object) {
    openObjectStore(storeName, function(objectStore) {
        objectStore.openCursor().onsuccess = function(event) {
            var cursor = event.target.result;
            if (!cursor) {
                return;
            }
            if (cursor.value.id === id) {
                cursor.update(object);
                return;
            }
            cursor.continue();
        };
    }, "readwrite");
};
```

첫 번째 함수는 객체 저장소 이름과 그 안에 저장될 새 객체를 인자로 받습니다. 다음과 같이 호출될 수 있습니다.

```
addToObjectStore("reservations", { id: 123, nights: 2, guests: 2 });
```

두 번째 함수는 객체 저장소 이름을 받고 주어진 id와 일치하는 객체를 찾은 다음,

새로운 객체로 업데이트 합니다. 이는 객체 저장소에서 readwrite 트랜잭션을 열고 커서로 순회하는 방법으로 처리할 수 있습니다. 함수는 id와 일치하는 객체를 찾을 때까지 혹은 마지막 데이터에 도달할 때까지 계속 작업을 반복합니다. id와 일치하는 객체를 찾아내면, cursor.update(object)가 호출되어 업데이트됩니다. 이 시점에서는, 일단 일치하는 객체를 찾고나면 다음 레코드를 계속 순회할 필요가 없어지기 때문에 return을 호출하여 함수를 종료합니다. 이 함수는 다음과 같이 호출될 수 있습니다.

```
updateInObjectStore("reservations", 123, { id: 123, nights: 5, guests: 1 });
```

마지막 단계는 IndexedDB에 데이터를 추가하거나 업데이트하고자 할 때 이 두 함수를 호출하는 것입니다.

서버에 새 예약을 추가하기 전에 addToObjectStore()를 호출하도록 my-account.js의 addReservation를 업데이트합니다. 수정된 함수는 다음과 같습니다.

```
var addReservation = function(id, arrivalDate, nights, guests) {
    var reservationDetails = {
        id: id,
        arrivalDate: arrivalDate,
        nights: nights,
        guests: guests,
        status: "Awaiting confirmation"
    };
    addToObjectStore("reservations", reservationDetails);
    renderReservation(reservationDetails);
    $.getJSON("/make-reservation", reservationDetails, function(data) {
        updateReservationDisplay(data);
    });
};
```

서버에서 새 데이터를 받을 때마다 updateInObjectStore를 호출하기 위해 my-account.js의 checkUnconfirmedReservations 함수를 다음과 같이 수정합니다.

```
var checkUnconfirmedReservations = function() {
    $(".reservation-card--unconfirmed").each(function() {
        $.getJSON(
            "/reservation-details.json", {
                id: $(this).data("id")
            },
            function(data) {
                updateInObjectStore("reservations", data.id, data);
                updateReservationDisplay(data);
            }
        );
    });
};
```

6.5 프로미스를 활용한 데이터베이스

IndexedDB를 사용해봤다면 단점도 눈에 보이기 시작할 것입니다. 프로미스보다 앞서 나온 API답게, IndexedDB는 콜백에 크게 의존합니다. 좋지 않습니다. 알고 계시겠지만, 지옥으로 가는 길은 콜백으로 포장되어 있다는 우스갯소리가 있을 정도입니다.

콜백을 사용하여 IndexedDB의 객체를 업데이트하기 위한 몇 가지 코드를 살펴봅시다.

```
var request = window.indexedDB.open("gih-reservations", 1);
request.onerror = function(event) {
    console.log("Database error: ", event.target.error);
};
request.onsuccess = function(event) {
```

```
    var db = event.target.result;
    var objectStore = db
        .transaction("reservations", "readwrite")
        .objectStore("reservations");
    var request = objectStore.add({
        id: 1,
        rooms: 1,
        guests: 2
    });
    request.onsuccess = function(event) {
        console.log("Object added");
    };
    request.onerror = function(event) {
        console.log("Database error: ", event.target.error);
    };
};
```

데이터베이스를 열기 위해 request를 열고 해당 request에 콜백을 붙입니다. 그리고 콜백 내에서 추가 이벤트를 요청하고 콜백을 붙이는 작업을 반복합니다. 위 예제 코드는 IndexedDB를 사용하는 아주 간단한 예제입니다. 더 많은 request를 열 수록 코드베이스가 커지고 앱은 이른바 **콜백 지옥**callback hell으로 빠져버릴 수 있습니다.

이제 프로미스를 사용해 이를 어떻게 개선할 수 있는지 살펴봅시다.

```
openDatabase("gih-reservations", 1).then(function(db) {
    return openObjectStore(db, "reservations", "readwrite");
}).then(function(objectStore) {
    return addObject(objectStore, {
        id: 1,
        rooms: 1,
        guests: 2
    });
}).then(function() {
    console.log("Object added");
}).catch(function(errorMessage) {
    console.log("Database error: ", errorMessage);
});
```

이 접근 방식은 코드의 가독성을 높이고 콜백 지옥에 빠지지 않고 코드를 쉽게 확장시킬 수 있습니다. 다행히도 자바스크립트에서는 콜백을 사용하는 비동기 코드를 프로미스로 비교적 쉽게 변환할 수 있습니다.

프로미스 기반으로 IndexedDB 코드를 수정하기 전에 프로미스 기반 API를 사용해 간단한 비동기 API를 어떻게 변환할 수 있는지 살펴보겠습니다.

```
var request = new XMLHttpRequest();
request.onload = function() {
    // response 와 관련된 코드 삽입
};
request.onerror = function() {
    // error 와 관련된 코드 삽입
};
request.open("get", "/events.json", true);
request.send();
```

이 코드는 콜백을 사용하는 전통적인 비동기 XMLHttpRequest 구현입니다. 이것을 어떻게 프로미스 기반 API로 바꿀 수 있을까요? 이를 위한 로직은 다음과 같습니다.

```
XMLHttpRequest 기반의 새로운 프로미스가 요청되면,
   새로운 프로미스를 만듭니다.
    프로미스 안에서 다음을 실행 합니다.
        var request = new XMLHttpRequest();
        request.onload 콜백이 호출 되면, 프로미스의 resolve 이벤트를 호출 합니다.
        request.onerror 콜백이 호출 되면, 프로미스의 reject 이벤트를 호출 합니다.
        XMLHttpRequest를 인터넷으로 전송합니다.
    프로미스를 반환합니다.
```

다음은 자바스크립트로 정리한 코드입니다.

```
var promised_XMLHttpRequest = function(url, method) {
    return new Promise(function(resolve, reject) {
```

```
        var request = new XMLHttpRequest();
        request.onload = resolve;
        request.onerror = reject;
        request.open(method, url, true);
        request.send();
    });
};
```

새로운 promised_XMLHttpRequest 함수는 url과 method를 받고 새로운 **프로미스 객체**를 반환합니다. 이 새로운 프로미스는 XMLHttpRequest 코드를 감싸는 콜백 함수를 받습니다. 프로미스 콜백 함수는 resolve와 reject 인자를 받는데, 이는 프로미스를 리졸브하거나 리젝할 때 호출되는 함수입니다. 새로운 XMLHttpRequest 코드 내에서 XMLHttpRequest의 onload 콜백이 호출될 때 프로미스를 리졸브하거나, XMLHttpRequest의 onerror 콜백이 호출될 때 프로미스를 리젝하는 데 사용됩니다.

즉, 프로미스 내에서는 XMLHttpRequest 코드가 여전히 전통적인 콜백 스타일의 코드입니다. 하지만 이에 맞춰 특별히 제공한 콜백을 통해 프로미스와 상호작용할 수 있습니다.

이제 새로운 promised_XMLHttpRequest() 함수를 호출하고, 프로미스처럼 사용할 수 있습니다.

```
promised_XMLHttpRequest("/events.json", "get").then(function() {
    // response 와 관련된 코드 삽입
}).catch(function() {
    // error 와 관련된 코드 삽입
});
```

다른 IndexedDB 함수도 프로미스 형식으로 감싸면 openDatabase(), openObjectStore(), addObject() 함수를 만들 수 있습니다.

```
var openDatabase = function(dbName, dbVersion) {
    return new Promise(function(resolve, reject) {
        if (!window.indexedDB) {
            reject("IndexedDB not supported");
        }
        var request = window.indexedDB.open(dbName, dbVersion);
        request.onerror = function(event) {
            reject("Database error: " + event.target.error);
        };
        request.onupgradeneeded = function(event) {
            // 코드 업그레이드
        };
        request.onsuccess = function(event) {
            resolve(event.target.result);
        };
    });
};
var openObjectStore = function(db, storeName, transactionMode) {
    return new Promise(function(resolve, reject) {
        var objectStore = db
            .transaction(storeName, transactionMode)
            .objectStore(storeName);
        resolve(objectStore);
    });
};
var addObject = function(objectStore, object) {
    return new Promise(function(resolve, reject) {
        var request = objectStore.add(object);
        request.onsuccess = resolve;
    });
};
```

이제 IndexedDB에 대한 새로운 프로미스 기반 API가 생겼습니다. 훨씬 우아하게 데이터베이스에 접근할 수 있습니다.

```
openDatabase("gih-reservations", 1).then(function(db) {
    return openObjectStore(db, "reservations", "readwrite");
}).then(function(objectStore) {
```

```
    return addObject(objectStore, {
        id: 1,
        rooms: 1,
        guests: 2
    });
}).then(function() {
    console.log("Object added");
}).catch(function(errorMessage) {
    console.log("Database error: ", errorMessage);
});
```

지금까지 배운 모든 것을 활용하면, 고담 임페리얼 호텔의 IndexedDB가 프로미스를 사용하도록 코드를 다시 작성할 수 있습니다. 그러면 다음 장에서 훨씬 간단하게 데이터베이스에 접근할 수 있습니다.

reservations-store.js의 내용을 다음과 같이 바꿉니다.

```
var DB_VERSION = 1;
var DB_NAME = "gih-reservations";
var openDatabase = function() {
    return new Promise(function(resolve, reject) {
        // IndexedDB를 사용하기 전에 지원되는지 먼저 확인
        if (!window.indexedDB) {
            reject("IndexedDB not supported");
        }
        var request = window.indexedDB.open(DB_NAME, DB_VERSION);
        request.onerror = function(event) {
            reject("Database error: " + event.target.error);
        };
        request.onupgradeneeded = function(event) {
            var db = event.target.result;
            if (!db.objectStoreNames.contains("reservations")) {
                db.createObjectStore("reservations", {
                    keyPath: "id"
                });
            }
        };
        request.onsuccess = function(event) {
```

```
            resolve(event.target.result);
        };
    });
};
var openObjectStore = function(db, storeName, transactionMode) {
    return db
        .transaction(storeName, transactionMode)
        .objectStore(storeName);
};
var addToObjectStore = function(storeName, object) {
    return new Promise(function(resolve, reject) {
        openDatabase().then(function(db) {
            openObjectStore(db, storeName, "readwrite")
                .add(object).onsuccess = resolve;
        }).catch(function(errorMessage) {
            reject(errorMessage);
        });
    });
};
var updateInObjectStore = function(storeName, id, object) {
    return new Promise(function(resolve, reject) {
        openDatabase().then(function(db) {
            openObjectStore(db, storeName, "readwrite")
                .openCursor().onsuccess = function(event) {
                    var cursor = event.target.result;
                    if (!cursor) {
                        reject("Reservation not found in object store");
                    }
                    if (cursor.value.id === id) {
                        cursor.update(object).onsuccess = resolve;
                        return;
                    }
                    cursor.continue();
                };
        }).catch(function(errorMessage) {
            reject(errorMessage);
        });
    });
};
var getReservations = function() {
    return new Promise(function(resolve) {
```

```
        openDatabase().then(function(db) {
            var objectStore = openObjectStore(db, "reservations");
            var reservations = [];
            objectStore.openCursor().onsuccess = function(event) {
                var cursor = event.target.result;
                if (cursor) {
                    reservations.push(cursor.value);
                    cursor.continue();
                } else {
                    if (reservations.length > 0) {} else {
                        getReservationsFromServer().
then(function(reservations) {
                            openDatabase().then(function(db) {
                                var objectStore =
                                    openObjectStore(db, "reservations",
"readwrite");
                                for (var i = 0; i < reservations.length; i++)
{
                                    objectStore.add(reservations[i]);
                                }
                                resolve(reservations);
                            });
                        });
                    }
                }
            };
        }).catch(function() {
            getReservationsFromServer().then(function(reservations) {
                resolve(reservations);
            });
        });
    });
};
var getReservationsFromServer = function() {
    return new Promise(function(resolve) {
        $.getJSON("/reservations.json", resolve);
    });
};
```

이 코드에는 이 섹션의 앞 부분에서 설명한 것과 같은 기술이 사용되었습니다. 모든 함수가 프로미스를 반환하도록 수정되었습니다. 또한 서버에서 예약 데이터를 받아오는 코드를 프로미스를 반환하는 새 함수 getReservationsFromServer()로 분리할 수 있습니다.

reservations-store.js의 내용을 위와 같이 바꾼 후, Empty block Statement 에러가 발생한다면, ESLint rule 수정이 필요합니다. { }와 같이 비어있는 statement는 실제 에러는 아니지만, .eslintrc.json의 "extends"가 "eslint:recommended"로 세팅되어 있는 경우, 리팩토링을 위한 차원에서 ERROR라고 표시합니다. 아래와 같이 extends에 세팅된 값을 삭제하면 비어있는 { }에 대한 ERROR없이 테스트를 계속 진행할 수 있습니다.[16]

수정 전은 다음과 같습니다.

```
"extends": [
  "eslint:recommended"
],
```

수정 후는 다음과 같습니다.

```
"extends": [
],
```

프로미스를 반환하도록 수정할 수 없는 유일한 함수는 openObjectStore() 입니다. 파이어폭스에서는 프로미스로 오픈된 트랜잭션은 프로미스가 resolve되기 전에 전에 종료됩니다. 다시 말해, 프로미스로 객체 저장소 열려고 시도할 때, 객체 저장소의 트랜잭션은 이미 닫혀 있을 것입니다.

업데이트된 getReservations() 함수 또한 프로미스를 반환합니다. 커서 탐색 과정을 모두 캡슐화하여 관련 내용을 나머지 코드에 노출하지 않고, 커서가 객체 저장소의 모든 항목을 탐색하고 이에 대한 배열 생성을 완료한 후에만 프로미스를

16 옮긴이주_ 해당 박스의 내용은 옮긴이가 확인하여 추가한 부분입니다.

리졸브합니다.

예약 데이터를 IndexedDB에서 받든 서버에서 받든 관계없이 getReservations()는 친숙한 프로미스 인터페이스를 통해 비동기 복잡성을 숨겨주며, populateReservations()에서 간편하게 사용할 수 있습니다.

```
var populateReservations = function() {
    getReservations().then(function(reservations) {
        renderReservations(reservations);
    });
};
```

then이 하나의 파라미터를 받는 함수를 받아, 하나의 파라미터를 받는 또 다른 함수를 호출하는 경우, 그 함수를 바로 then으로 넘김으로써 코드를 단순하게 만들 수 있습니다.

```
var populateReservations = function() {
    getReservations().then(renderReservations);
};
```

프로미스 기반의 getReservations() 함수를 사용하려면 코드 스니펫에서 본 것과 같이 my-account.js의 populateReservations() 함수를 업데이트하세요.

6.6 IndexedDB 관리

캐싱과 마찬가지로 IndexedDB에 데이터를 더욱 많이 저장할수록, 앱이 사용자 기기에서 사용하는 용량을 고려해야 합니다.

물론 고담 임페리얼 호텔 앱의 경우, 데이터 양이 천천히 그리고 선형적으로 증가하기 때문에 크게 문제가 되지 않을지도 모릅니다. 하지만 IndexedDB를 다른 맥락(메시징 앱의 측면)에서 살펴보면 그렇지 않습니다.

앱은 서버에서 받은 모든 메시지를 IndexedDB에 저장하여, 네트워크가 아닌 로컬 데이터베이스에서 가져와 인터페이스를 채웁니다. 심지어 사용자가 오프라인일 때에도 새 메시지를 작성할 수 있도록 합니다(오프라인 시 작성된 메시지는 미발송 메시지 객체 저장소에 보관될 수 있습니다). 이 방식을 사용하면 온라인과 동일한 기능을 가진 오프라인 앱을 만들 수 있습니다. 유일한 차이점은 콘텐츠의 신선도입니다.

하지만 이렇게 모든 메시지를 IndexedDB에 저장하면 사용자 기기의 메모리를 더욱 많이 사용하게 됩니다. 결국, 브라우저에서 할당한 저장 용량의 한계를 넘을 수도 있습니다. 좀 더 책임감있는 방법은 객체 저장소에서 오래된 메시지를 삭제하고 최신 메시지만 유지하는 것입니다. 이렇게 할 수 있는 한 가지 방법은 작성 날짜를 인덱스로 사용하여 메시지를 가져오고 특정 날짜보다 오래된 모든 메시지를 삭제하는 것입니다. 또 다른 방법은 최신 100개의 메시지를 유지하고 이전 메시지를 모두 삭제하는 것입니다.

어떤 방법을 선택하든 중요한 것은 앱이 사용하는 공간의 양을 고려하여, 책임감 있게 앱이 작동하도록 구현해야 한다는 것입니다. 사용자 기기의 저장 용량이 특정 한도에 도달하면 기기에 저장된 모든 데이터가 삭제될 수 있다는 것을 명심하세요. 저장 용량 한도에 대한 더 자세한 내용은 84페이지 '저장 용량 한도' 항목을 참조하세요.

저장한 데이터가 절대 삭제되지 않도록 하고 싶다면, 크롬과 오페라의 실험용 신규 API를 사용하여 기기에 지속적인 저장 권한을 요청할 수 있도록 합니다.

```
if (navigator.storage && navigator.storage.persist) {
    navigator.storage.persist().then(function(granted) {
        if (granted) {
            console.log("Data will not be deleted automatically");
        }
    });
}
```

저장 권한이 한번 부여되면 저장된 모든 데이터가 기기에 의해 자동으로 지워지는 일은 없을 것입니다. 오직 사용자의 명시적 액션에 의해서만 삭제될 수 있습니다.

6.7 서비스 워커에서 IndexedDB 사용하기

7장에서는 서비스 워커 내에서 reservations 객체 저장소에 접근하는 방법에 대해 살펴봅니다. 다행히도 IndexedDB는 페이지에서 접근하는 것과 동일한 방식으로 서비스 워커 내에서 접근할 수 있습니다.

열심히 작업한 모든 IndexedDB 코드를 다시 작업해야 하는 일이 생기지 않도록 하려면, reservations-store.js가 페이지와 마찬가지로 서비스 워커에서도 잘 작동하는지 확인해야 합니다.

이를 확인하기 위해 두 가지 작업이 필요합니다.

먼저, 현재 코드에서는 `window.indexedDB`를 사용하여 IndexedDB API를 호출합니다. 하지만 서비스 워커는 `window` 객체에 접근할 수 없습니다. 서비스 워커는 완전히 다른 컨텍스트에서 실행됩니다. 서비스 워커는 글로벌 객체를 통해서만 IndexedDB에 접근할 수 있습니다.

서비스 워커와 페이지에서 모두 작동하는 코드를 작성하려면, `self.indexedDB`

를 사용하면 됩니다. 서비스 워커에서 self는 글로벌 객체를 참조하고, 페이지에서 self는 window를 참조할 것입니다.

reservations-store.js에서 window.indexedDB에 대한 모든 호출을 대신 self.indexedDB 를 호출하도록 변경하세요(변경이 필요한 곳은 두 군데뿐입니다).

다음은 고담 앱에서 수정이 필요합니다. reservations-store.js의 마지막 부분에 getReservationsFromServer( ) 코드가 있습니다. 기존 코드는 다음과 같습니다.

```
var getReservationsFromServer = function() {
    return new Promise(function(resolve, reject) {
        $.getJSON("/reservations.json", resolve);
    });
};
```

어떤 문제가 있는지 보이시나요?

이 코드는 reservations.json 파일을 받아오기 위해 jQuary 함수인 $.getJSON에 의존하고 있습니다. 아쉽게도 (혹은 다행스럽게도) 서비스 워커에 jQuary를 포함시키지 않기 때문에 $.getJSON 호출은 에러를 발생시킵니다. 페이지와 서비스 워커에서 모두 작동하는 fetch( )를 사용하기 위해 코드를 대체할 수 있지만, 예전 브라우저에서는 fetch를 사용하지 못할 수도 있습니다. 일부 사용자를 차단시키고 싶지 않기 때문에, fetch( )와 $.getJSON 둘 다 포함시키고 무엇이 사용 가능한지 확인해야 합니다.

reservations-store.js의 getReservationsFromServer( ) 코드를 다음 코드로 대체합니다.

```
var getReservationsFromServer = function() {
    return new Promise(function(resolve) {
        if (self.$) {
            $.getJSON("/reservations.json", resolve);
        } else if (self.fetch) {
            fetch("/reservations.json").then(function(response) {
                return response.json();
            }).then(function(reservations) {
                resolve(reservations);
            });
        }
    });
};
```

위 코드는 $(jQuery)가 self에서 사용 가능한지 먼저 테스트합니다(윈도우 창 혹은 서비스 워커의 글로벌 객체). 만약 사용 가능하다면, JSON을 얻기 위해 $.getJSON을 사용하고 프로미스를 리졸브합니다. 만약 사용 가능하지 않다면, 대신 fetch가 가능한지 확인한 다음 JSON을 가져오는 데 사용합니다.

fetch("/reservations.json")를 호출할 때, response 객체가 있는 프로미스를 받습니다. 해당 response 객체가 JSON을 포함하기 때문에, 파싱된 JSON 데이터를 받기 위해 (물론 프로미스 내에서) json() 메소드를 사용할 수 있습니다. 그런 다음 JSON에서 생성한 객체를 갖고 프로미스를 리졸브 할 수 있습니다.

이제 reservations-store.js 파일을 서비스 워커 내에서 사용할 준비가 되었습니다. serviceworker.js 상단에 다음 라인을 추가해주세요.

```
importScripts("/js/reservations-store.js");
```

여기에서 importScripts는 스크립트를 로드하기 위해 서비스 워커에 존재하는 특별한 메소드입니다.

6.8 IndexedDB 에코시스템

IndexedDB를 보다 쉽게 사용할 수 있도록, 오픈소스 커뮤니티에서 여러 가지 IndexedDB 라이브러리가 만들어졌습니다. 이 라이브러리 중 일부는 프로미스를 사용하여 IndexedDB를 더욱 매끄럽게 사용하도록 하고 콜백 기반의 코드를 없애는 것에 초점을 두고 있습니다. 또다른 라이브러리는 크로스 브라우저 호환성이나 브라우저와 서버 간의 쉬운 데이터 동기화 개선에 초점을 맞추고 있습니다.

이중 특히 인기있는 네 가지 라이브러리를 소개하겠습니다.

6.8.1 PouchDB

PouchDB(https://pwabook.com/pouchdb)는 오프라인일 때 앱이 데이터를 로컬에 저장할 수 있도록, 즉 브라우저에서 잘 작동하는 자바스크립트 데이터베이스 생성을 목표로 만들어졌습니다.

PouchDB는 CouchDB 데이터베이스에서 영감을 받았고, CouchDB와 쉽게 통합될 수 있습니다. 이를 통해 앱이 브라우저와 서버 간의 데이터를 동기화할 수 있습니다.

PouchDB는 IndexedDB를 사용합니다. IndexedDB 지원이 불가하거나 지원되지 않는다면 Web SQL(오래되고 버려진 API 이지만, 많은 브라우저에서 여전히 지원되고 있는)을 사용합니다.

```
var db = new PouchDB("reservations-db");
db.put({
    _id: 1,
    nights: 3,
    guests: 2
});
db.changes().on("change", function() {
    console.log("Reservations database changed");
});
db.replicate.to("https://db.gothamimperial.com/mydb");
```

6.8.2 localForage

localForage(https://pwabook.com/localforage)는 오프라인 앱 생성을 간단하게 해 주는 브라우저 안의 자바스크립트 데이터베이스입니다. localStorage 스타일의 API(콜백과 프로미스 둘다 지원하는)를 제공합니다.

구버전 브라우저의 localStorage로 복귀하여 IndexedDB나 WebSQL을 사용합니다. 두 가지 모두 지원하지 않는 예전 브라우저에서는 localStorage API가 사용됩니다.

```
var id = 1;
localforage
    .setItem(id, {
        nights: 3,
        guests: 2
    })
    .then(function() {
        return localforage.getItem(id);
    })
    .then(function(reservation) {
        console.log("Reservation " + id + " is for " + reservation.nights + "
nights");
    });
```

6.8.3 Dexie.js

Dexie.js(https://pwabook.com/dexie)는 우아한 API, 보다 쉬운 쿼리, 개선된 에러 핸들링을 포함하여 IndexedDB 개발자 경험을 다양한 방법으로 개선해주는 IndexedDB의 래퍼입니다.

```
var db = new Dexie("reservations");
// schema 정의하기
db.version(1).stores({
    reservations: "++id, ,nights, guests"
});
```

```
db.open();
db.reservations
    .where("guests")
    .above(8)
    .each(function(reservation) {
        console.log(
            "Reservation " + reservation.id + " for " + reservation.nights + "
nights"
        );
    });
```

6.8.4 IndexedDB Promised

IndexedDB Promised(https://pwabook.com/idbpromised)는 IndexedDB 사용 경험 개선을 목표로 생성된 작은 래퍼 라이브러리 입니다. "IndexedDB, but with promises(IndexedDB, 하지만 프로미스와 함께)"라는 네 단어짜리 슬로건을 보면 정확히 IndexedDB Promised가 무엇을 하는지 알 수 있습니다.

```
idb.open("reservations", 1, function(upgradeDB) {
    return upgradeDB.createObjectStore("reservations");
}).then(function(db) {
    return db.transaction("reservations").objectStore("reservations").get(1);
}).then(function(reservation) {
    console.log("Reservation for " + reservation.nights + " nights");
});
```

6.9 정리

앱이 로컬 데이터베이스에 데이터를 저장하고 변경하고 접근할 수 있도록 만들어, 서버 의존성을 제거하는 마지막 단계를 달성했습니다.

서비스 워커와 캐싱, 로컬 데이터베이스를 합치면 사용자의 연결 상태와는 상관없이 작동하는 프로그레시브 웹 앱을 만들 수 있습니다. 이러한 앱은 밀리초 안에 로드되고 콘텐츠와 데이터를 보여주고 조작할 수 있습니다. 서버로부터 업데이트된 데이터와 콘텐츠를 받고자할 때 혹은 사용자 작업을 서버로 보내려고 할 때만 네트워크 연결을 필요로 하는 네이티브 앱과 같습니다.

이로써 고담 임페리얼 호텔의 손님은 전 세계 어디에서나 인터넷 연결 상태와 상관 없이 자신의 사용자 계정 페이지에 방문할 수 있습니다. 예약 상태와 자세한 예약 내용을 볼 수 있고, 호텔의 다가올 이벤트도 확인할 수 있습니다.

이 기능을 더욱 발전시키면 사용자가 오프라인일 경우에도 새로운 예약을 할 수 있도록 만들 수 있습니다. 사용자가 오프라인일 경우에도 콘텐츠와 데이터를 보고 작업도 진행할 수 있는 데다, 사용자가 온라인이 되었을 때 그 작업이 서버에 동기화된다고 상상해 보세요.

이를 가능하게 하려면 IndexedDB에 오프라인 상태에서 생성된 예약 정보를 저장하고, 페이지에 가끔씩 실행되는 스크립트를 추가해 IndexedDB에 있는 모든 오프라인 예약을 서버에 추가해야 합니다. 하지만 이 방법을 사용하려면 사용자가 인터넷이 연결되어 작업이 완료될 때까지 앱을 열어두어야 합니다.

7장에서는 이와 관련된 내용을 살펴봅니다. 사용자가 오프라인이더라도 작업을 진행할 수 있는 흥미로운 기술을 살펴보고, 인터넷이 연결되는 즉시 작업이 서버에 전달될 수 있도록 할 것입니다. 브라우저를 이미 닫았더라도요.

chapter 7

백그라운드 동기화를 통한 오프라인 기능 보장

입력 폼을 채워 넣고, 전송 버튼을 누를 때 연결 오류가 발생하는 경우가 있습니다. 사용자 입장에서는 정말 난감한 일입니다. 특히 모바일에서 입력 폼을 채우는 것은 시간이 오래 걸리고 귀찮은 작업입니다. 모바일 기기로 힘들게 내용을 다 입력하고 전송 버튼을 누르는 순간, 그 모든 작업이 다 날아가 버린다면 울고 싶어질지도 모릅니다.

네트워크 연결이 느리고 종종 끊길 정도라면 더 큰 좌절을 경험할 수도 있습니다. 만일 버튼을 클릭하고 무엇이든 변화가 일어나길 기다리다 지쳐, 진행 중인 작업이 끝나기도 전에 사용자가 페이지를 나가버리면 어떤 일이 발생할까요? 진행 중인 작업은 사용자가 알지 못한 채 그대로 완료될 수도 있고, 혹은 그렇지 않을 수도 있습니다. 이 경우, 개발자는 페이지의 `onbeforeunload` 이벤트를 수신하여 사용자에게 조금 기다려 달라고 메시지를 보여주는 등의 방법을 사용해야 했습니다(일반적으로 '확인' 혹은 '취소' 형식으로 메시지를 표시하는데, 솔직히 어떤 쪽이 작업 완료를 기다리겠다는 뜻이었는지는 기억이 가물가물 합니다. 그림 7-1을 참조하세요).

사용자 입장에서는 자신이 힘들게 작업한 것을 가끔씩 모두 날려 버리는 소프트웨어를 받아들이기 어렵습니다. 가까운 기지국에 과부하가 걸려 네트워크 연결이 불안정해지더라도, 다른 소프트웨어나 모바일 앱은 이런 식으로 작동하지 않습니다. 하지만 안타깝게도 모바일 웹에서는 여전히 이런 방식으로 작업이 처리되고 있습니다.

이러한 웹과 네이티브 앱 처리 방식의 근본적인 차이로 인한 불신이 계속 내재되어 있었습니다. 이제 **백그라운드 동기화**background sync라는 새 기술이 나와 마침내 이 불신을 없앨 수 있게 되었습니다.

그림 7-1 Exit 확인

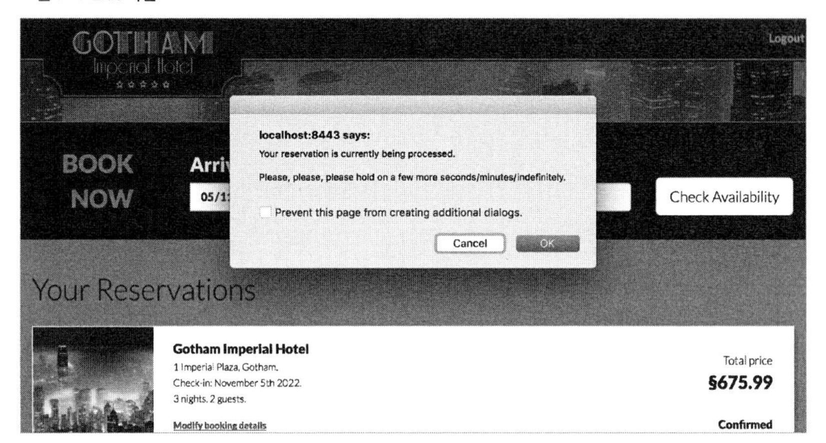

백그라운드 동기화를 사용하면 인터넷 연결 상태와 상관없이 사용자가 수행하는 모든 작업(폼을 채웠는지, 초대 수락 버튼을 눌렀는지, 메시지를 보냈는지 등)이 완료되었는지 확인할 수 있습니다. 백그라운드 동기화 작업은 사용자가 웹 앱을 완전히 떠나, 브라우저를 종료한 경우에도 완료될 것입니다. 이 기능은 최근 몇 년 동안 브라우저에서 새롭게 추가된 많은 기능 중 가장 가치 있는 기능이 될 수 있습니다. 물론 푸시 알림이나 홈스크린 아이콘, 혹은 오프라인 기능만큼 매력적이지 않을 수 있습니다. 하지만 백그라운드 동기화가 제대로 구현이 되면, 비록 그 작동을 사용자가 직접 볼 수 없더라도 사용자 뒤에서 끊임없이 작동하면서 사용자의 작업이 완료될 수 있도록 만들어줍니다.

사용자는 프로그레시브 웹 앱이 인터넷 환경이나 날씨 등과 관계 없이 항상 작동한다고 믿을 수 있습니다. 네이티브 앱을 사용하는 것과 큰 차이가 없습니다.

특히 사업 분야에서는, 사용자가 인터넷 연결에 실패하더라도 티켓을 예약하거나 뉴스레터를 구독하고 메시지를 보낼 수도 있다면 사업 성과에 의미 있는 긍정적인 영향을 줄 수 있습니다.

잘 드러나지 않고 구현하기도 비교적 간단하지만, 백그라운드 동기화는 모던 프로그레시브 웹 앱의 핵심 구성 요소 중 하나이며 '오프라인 우선' 달성을 위한 퍼즐의 마지막 조각입니다.

7.1 백그라운드 동기화는 어떻게 작동하는가

백그라운드 동기화의 본질은 페이지 콘텍스트에서 이루어지는 작업을 백그라운드로 옮기는 것입니다.

백그라운드에서 작업을 처리하면, 쉽게 휘발되는 개별 웹페이지의 특성에서 벗어날 수 있습니다. 웹페이지는 언제든 닫힐 수 있고, 사용자 네트워크 연결은 끊어질 수 있으며, 때로는 서버가 다운될 수도 있습니다. 하지만 사용자 기기에 브라우저가 설치되어 있는 한 백그라운드 동기화 작업은 성공적으로 완료될 때까지 사라지지 않습니다.

따라서 페이지가 닫혀도 계속 진행되어야 하는 모든 작업에 백그라운드 동기화 사용을 고려해볼 수 있습니다. 사용자가 메시지를 보내거나 해야 할 일 목록 중 하나를 완료 표시하거나 캘린더에 이벤트를 추가할 때 백그라운드 동기화를 사용하면 이 작업들이 성공적으로 완료될 것을 보장할 수 있습니다.

백그라운드 동기화를 사용하는 방법은 비교적 간단합니다. 페이지에서 작업(Ajax 호출과 같은 작업)을 수행하는 대신 동기화 이벤트를 등록하면 됩니다.

```
navigator.serviceWorker.ready.then(function(registration) {
    registration.sync.register('send-messages');
});
```

이 코드는 웹페이지에서 실행될 수 있습니다. 활성화된 서비스 워커의 등록 객체를 받아와 "send-messages"라는 동기화 이벤트를 등록합니다.

그런 다음, 서비스 워커에 동기화 이벤트를 수신할 sync 이벤트 리스너를 추가합니다. 이 이벤트는 페이지가 아닌 서비스 워커에서 작업을 수행할 때 필요한 로직을 포함합니다.

```
self.addEventListener("sync", function(event) {
    if (event.tag === "send-messages") {
        event.waitUntil(function() {
            var sent = sendMessages();
            if (sent) {
                return Promise.resolve();
            } else {
                return Promise.reject();
            }
        });
    }
});
```

sync 이벤트 리스너에서 waitUntil을 사용해 이벤트 종료를 요청하기 전까지 이벤트가 유지될 수 있도록 처리하는 부분에 주목하세요. 이렇게 함으로써 필요한 작업을 시도하고, 실행할 수 있는 시간을 벌 수 있고 처리 결과에 따라 이벤트를 성공적으로 리졸브하거나 아니면 리젝할 수 있습니다. sync 이벤트 리스너에서 리젝된 프로미스를 반환하면, 브라우저는 해당 동기화 작업을 큐에 쌓아 다음번에 다시 시도되도록 할 것입니다. 다시 말해, "send-messages"라는 sync 이벤트는 사용자가 앱을 종료한 후에도 성공할 때까지 다시 시도될 것입니다.

이제 백그라운드 동기화를 통해 샘플 메시징 앱을 개선하는 방법을 살펴봅시다.

메시징 앱이 성공하려면 사용자가 앱을 신뢰할 수 있어야 합니다. 메시징 앱을 열어 아이디어를 적고 전송 버튼을 누르기만 하면 언제든지 해당 메시지가 잘 전송될 것이라는 것을 사용자가 믿고 자신의 삶으로 돌아올 수 있어야 합니다. 사용자가 메시지를 작성하기 전에 인터넷 연결 상태에 대해 걱정하지 않아야 하고, 에러 메시지로 튕겨지거나 나중에 다시 시도하라는 요청을 받지 않아야 합니다. 인터넷 연결이 끊기는 사태에 '반드시' 대비책이 준비되어 있어야 합니다. 그렇지 않으면 앱에 대한 사용자의 신뢰가 무너질 것입니다.

왓츠앱WhatsApp의 네이티브 앱이 이렇게 작동합니다. 왓츠앱의 사용자는 인터넷 연결 상태와 상관없이 언제든지 앱을 열어 메시지를 작성할 수 있고, 메시지가 가능한 빠른 시간 내에 전송될 것이라는 것을 알고 있습니다(메시지는 대부분 즉시 전송됩니다. 만약 인터넷이 오프라인일 경우에도 온라인 상태가 되는 대로 바로 전송됩니다).

또한 사용자는 앱을 종료하더라도 백그라운드에서 메시지가 전송될 것이라고 생각합니다. 왓츠앱은 이 사실을 간단하고 명확한 인터페이스를 사용하여 사용자에게 알려줍니다. 예를 들어 사용자가 오프라인 상태에서 메시지를 전송하면, 이 메시지는 다른 메시지들처럼 메시지 스트림에 위치하게 되지만(메시지가 사라지지 않을 것이라는 신뢰 강화), 작은 시계 아이콘이 함께 표시되어 이 메시지가 전송될 예정이라는 것을 알려줍니다. 메시지가 성공적으로 전송되는 즉시 시계 아이콘은 체크 아이콘으로 바뀝니다.

이와 유사한 패턴을 적용해, 샘플 메시징 앱이 백그라운드 동기화를 사용하여 메시지 전송을 보장할 수 있도록 해봅시다(그림 7-2). 사용자가 메시지를 보내면, 전송 예정을 표시하는 작은 아이콘이 메시지와 함께 즉시 앱 UI에 나타날 것입니다. 그런 다음 온라인인 경우에는 바로 전송되고 혹은 오프라인인 경우 온라인이 되면 바로 메시지가 전송될 수 있도록, 백그라운드 동기화 작업을 통해 메시지를 서버로 전송합니다. 그 후, 성공적으로 메시지가 전송되면, '메시지 전송 예정' 아이콘을 메시지가 전송된 타임스탬프값으로 변경할 수 있습니다.

이러한 사용자 경험은 앱에 대한 신뢰를 심어줍니다. 신뢰를 심는다는 것은 기술 자체를 구현하는 것만큼이나 중요합니다. 11장에서 이 부분과 함께 프로그레시브 웹 앱에서 고려해야 하는 여러 사용자 경험 측면에 대해 살펴볼 예정입니다.

그림 7-2 백그라운드 동기화 기능이 탑재된 메신저 앱

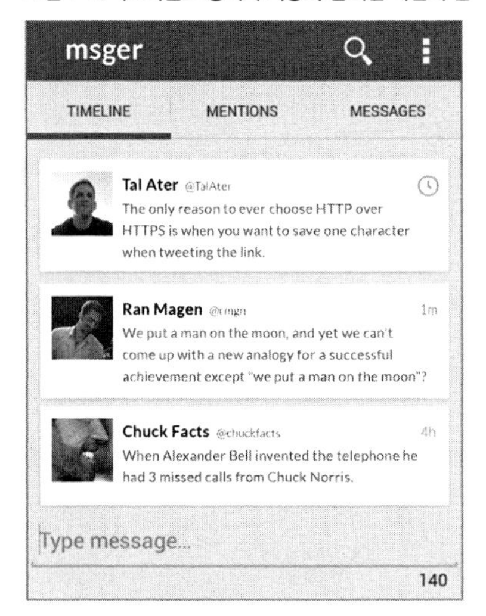

7.2 The SyncManager

이제 동기화 이벤트 등록과 수신에 대한 코드를 살펴보았으니, 이것이 어떻게 작동하는지 살펴봅시다.

동기화 이벤트와 관련된 모든 상호 작용은 SyncManager를 통해 이루어집니다. SyncManager는 동기화 이벤트를 등록하고 현재 등록된 동기화 작업을 가져오는 기능을 제공하는 서비스 워커 인터페이스입니다.

7.2.1 SyncManager 접근하기

활성화된 서비스 워커 등록 객체를 통하여 SyncManager에 접근할 수 있습니다. 등록 객체를 가져오는 방법은 서비스 워커에서 가져오는지, 아니면 페이지에서 직접 가져오는지에 따라 조금씩 달라집니다.

서비스 워커 내에서는 글로벌 객체를 통해 쉽게 서비스 워커 등록 객체에 접근 가능합니다.

```
self.registration
```

서비스 워커가 관리하는 페이지에서는, navigator.serviceWorker.ready을 호출하여 현재 활성화된 서비스 워커 등록 객체에 접근할 수 있습니다. 함수를 호출하면 성공적으로 리졸브될 때 서비스 워커 등록 객체를 반환하는 프로미스가 반환됩니다.

```
navigator.serviceWorker.ready.then(function(registration) {});
```

일단 서비스 워커 등록 객체를 가져왔다면, SyncManager를 통한 나머지 상호작용은 서비스 워커에서 하던 페이지에서 하던 상관없이 동일합니다.

7.2.2 이벤트 등록하기

동기화 이벤트를 등록하려면 SyncManager에서 등록하고자 하는 동기화 이벤트 이름('태그'라고도 함)을 파라미터로 register 함수를 호출합니다.

예를 들어, 서비스 워커에서 "send-messages" 이벤트를 등록하기 위해서는, 다음과 같은 코드를 입력하면 됩니다.

```
self.registration.sync.register("send-messages");
```

서비스 워커가 제어하는 페이지에 같은 이벤트를 등록하려면 다음과 같은 코드를 사용합니다.

```
navigator.serviceWorker.ready.then(function(registration) {
    registration.sync.register("send-messages");
});
```

7.2.3 동기화 이벤트

동기화 이벤트를 등록하면 어떤 일이 일어나는지 살펴봅시다.

SyncManager는 간단한 동기화 이벤트 태그 목록을 유지합니다. 이 목록에는 각각의 이벤트가 어떤 이벤트인지, 무엇을 하는지에 대한 로직은 포함되어 있지 않습니다. 구현은 전적으로 서비스 워커의 sync 이벤트 리스너 코드에 달려있습니다. SyncManager가 알고 있는 것은 어떤 이벤트가 등록되었는지, 언제 호출되었는지, 어떻게 동기화 이벤트를 전달할지에 대한 것입니다.

SyncManager는 다음과 같은 경우에 sync 이벤트를 발생시킵니다.

1. 동기화 이벤트 등록 직후
2. 사용자 상태가 오프라인에서 온라인으로 변경될 때
3. 성공적으로 완료되지 않은 동기화 이벤트가 있을 경우, 매 분마다

서비스 워커는 발송된 동기화 이벤트를 프로미스 형식으로 수신하고, 처리할 수 있습니다. 프로미스가 리졸브 되면, SyncManager에서 해당 동기화 이벤트가 삭제됩니다. 프로미스가 리젝되면, 다음 번 동기화 시점에 다시 시도될 수 있도록 SyncManager에 남게 됩니다.

7.2.4 이벤트 태그

이벤트 태그는 유일해야 합니다. SyncManager에 이미 존재하는 태그명으로 sync 이벤트를 등록하면, SyncManager는 이를 무시하고 중복으로 추가하지 않습니다. 처음에는 이것이 제약처럼 느껴질 수 있지만, 사실 SyncManager의 가장 유용한 특징 중 하나입니다. 이 특징은 많은 수의 비슷한 작업(예. 이메일 전송)을 하나의 이벤트로 그룹화하여 처리할 수 있도록 합니다. 새로운 작업이 추가될 때마다 이벤트가 이미 등록되어 있는지 혹은 현재 실행되고 있는지 확인하지 않

고, 모든 작업(예. 이메일 발송함의 메일을 한 번에 전송)을 처리하는 동기화 이벤트를 추가할 수 있습니다.

예를 들어 이메일 서비스를 구현한다고 가정해 봅니다. 사용자가 이메일을 보낼 때마다, IndexedDB의 보낸 편지함에 이메일을 저장하고, "send-unsent-messages" 백그라운드 동기화 이벤트를 등록하도록 구현할 수 있습니다. 이에 대응되는 서비스 워커 쪽 이벤트 리스너는 IndexedDB 보낸 편지함의 모든 이메일을 순회하며, 이메일 전송을 시도하고, 발송에 성공하면 해당 이메일을 삭제합니다. 성공적으로 발송되지 않은 이메일이 하나라도 있으면, 전체 sync 이벤트가 리젝될 것입니다. 이후 SyncManager는 사용자의 네트워크 환경이 바뀌거나 일정 시간이 지난 경우, 다시 이벤트를 발생시키고, 다시 한 번 IndexedDB의 보낸 편지함을 돌며, 앞서 전송되지 않았던 이메일과 그 이후에 새로 작성한 이메일을 다시 발송하고, 보낸 편지함을 비웁니다.

이렇게 구성하면, 메일이 보낸 편지함에 있는지 없는지 체크할 필요가 없습니다. 보낸 편지함에 전송되지 않은 이메일이 있는 한, 동기화 이벤트는 등록된 상태를 유지하며, 주기적으로 해당 이메일을 전송하려고 시도할 것입니다. 사용자가 새 메일을 작성한 경우에도 같은 태그명을 갖는 동기화 이벤트는 중복해서 등록되지 않기 때문에 "send-unsent-messages"가 이미 등록되어 있는지 아니면 실행 중인지 확인할 필요도 없습니다. 217페이지의 '앱에 백그라운드 동기화 추가하기'에서 사용자가 오프라인 상태에서 진행한 호텔 예약 정보를 유지할 수 있도록, 이 부분을 직접 적용해볼 것입니다.

이벤트를 개별적으로 관리하고 싶다면 이벤트에 "send-message-432", "send-message-433" 등과 같은 고유한 이름을 부여하면 됩니다.

7.2.5 등록된 동기화 이벤트 목록 가져오기

SyncManager의 getTags() 메소드를 사용하면 실행 예정인 전체 동기화 이벤트 목록을 받아올 수 있습니다.

대부분의 서비스 워커 인터페이스와 마찬가지로, getTags()는 프로미스를 반환합니다. 프로미스가 리졸브되면 동기화 이벤트 태그 이름이 채워진 배열을 가져올 수 있습니다.

여기서는 "hello-sync"라는 이름의 동기화 이벤트를 등록하는 예제를 살펴봅시다. 이벤트가 등록되면 현재 등록된 모든 이벤트 목록이 콘솔에 출력됩니다.

```
self.registration.sync
    .register("hello-sync")
    .then(function() {
        return self.registration.sync.getTags();
    })
    .then(function(tags) {
        console.log(tags);
    });
```

서비스 워커 내에서 이 코드를 실행하면 ["hello-sync"]가 콘솔에 출력되어야 합니다.

서비스 워커가 제어하는 페이지에서는 ready를 사용해 등록 객체를 먼저 받아오는 방법을 사용하여 비슷한 결과를 얻을 수 있습니다.

```
navigator.serviceWorker.ready.then(function(registration) {
    registration.sync
        .register("send-messages")
        .then(function() {
            return registration.sync.getTags();
        })
        .then(function(tags) {
            console.log(tags);
```

```
        });
});
```

서비스 워커가 제어하는 페이지에서 이 코드를 실행하면 ["send-messages"]가 콘솔에 출력되어야 합니다.

7.2.6 마지막 기회

가끔씩 SyncManager가 특정 sync 이벤트가 계속 실패한다고 판단하고, 자원 낭비를 막기 위해 이벤트를 제거하기 전 마지막으로 한 번 더 sync 이벤트를 보내기로 결정할 수도 있습니다. 이런 경우 전달된 Sync 이벤트의 lastChance 속성을 확인해 해당 이벤트가 SyncManager가 마지막으로 보낸 이벤트라는 것을 감지하고 필요한 작업을 수행할 수 있습니다.

```
self.addEventListener("sync", event => {
    if (event.tag == "add-reservation") {
        event.waitUntil(
            addReservation()
            .then(function() {
                return Promise.resolve();
            })
            .catch(function(error) {
                if (event.lastChance) {
                    return removeReservation();
                } else {
                    return Promise.reject();
                }
            })
        );
    }
});
```

백그라운드 동기화를 사용하기 위한 코드는 놀랍도록 간단하고 단순합니다. 하지만 기존 웹 앱에서 백그라운드 동기화를 구현하는 것은 그렇게 간단하지 않습니다. 다음 섹션에서는 우리 프로젝트에서 백그라운드 동기화를 어떻게 다룰 것인지 살펴볼 예정입니다.

백그라운드 동기화를 지원하는 브라우저

백그라운드 동기화는 크롬 49버전부터 사용 가능했습니다.

이 책을 집필 시점을 기준으로 오페라, 모질라 파이어폭스, 마이크로소프트 엣지 브라우저에서도 사용 가능합니다.

7.3 동기화 이벤트로 데이터 넘기기

작업을 수행하는 코드를 페이지에서 서비스 워커로 옮기면, 무슨 일이 있어도 작업이 수행되도록 만들 수 있습니다. 하지만 이로 인해 새로운 복잡성이 생겨납니다.

대부분의 경우 페이지에서 수행되는 작업을 완료되기 위해서는 데이터가 필요합니다. 메시지를 전송하는 함수를 호출하는 페이지는 메시지 텍스트가 필요합니다. 포스팅에 '좋아요'를 누르는 함수는 포스팅의 ID가 필요합니다. 하지만 동기화 이벤트를 등록할 때는 이벤트 이름만 전달할 수 있습니다. 다시 말해 백그라운드에서 메시지를 전송하도록 서비스 워커에 요청할 수는 있지만, 메시지 텍스트를 전달하는 것은 함수에 인자를 전달하는 것처럼 간단하지 않습니다.

이를 해결하기 위해 다양한 방법이 존재합니다. 그중 세 가지 방법을 소개해 보겠습니다.

7.3.1 IndexedDB에 액션 큐 만들기

이 문제를 해결하는 가장 이상적인 방법은 백그라운드 동기화 작업이 시작되기 전에 사용자가 작업하고 있는 내용을 IndexedDB에 저장하는 방법입니다. 그 후 서비스 워커의 동기화 이벤트 코드는 객체 저장소를 순회하며 저장된 내용을 기반으로 필요한 작업을 수행합니다. 작업이 성공적으로 완료되면 해당 항목은 객체 저장소에서 삭제됩니다.

메시징 앱으로 돌아가 이 방법을 적용해보면, 모든 신규 메시지를 message-queue 객체 저장소에 추가한 후, 백그라운드 동기화 이벤트를 처리하기 위한 send-messages 이벤트를 등록해야 합니다. 이 이벤트는 message-queue의 모든 메시지를 순회하여 각 메시지를 네트워크로 전송하고 message-queue에서 삭제합니다. 모든 메시지가 전송되고 객체 저장소가 비워진 후에 sync 이벤트가 성공적으로 리졸브됩니다. 메시지가 하나라도 전송에 실패하면, 리젝된 프로미스가 이벤트로 반환되고 SyncManager는 차후에 다시 동기화 이벤트를 시작합니다.

필요한 큐마다(예. 발신 메시지용 큐 하나, 포스팅 좋아요용 큐 하나) 별개의 객체 저장소를 유지하여, 각각을 처리하는 별도의 동기화 이벤트를 만들 수 있습니다.

이 방법을 사용하여 코드를 다음과 같이 교체할 수 있습니다.

```
var sendMessage = function(subject, message) {
    fetch("/new-message", {
        method: "post",
        body: JSON.stringify({
            subj: subject,
            msg: message
        })
    });
};
```

여기에 이렇게 추가해보겠습니다.

```
var triggerMessageQueueUpdate = function() {
    navigator.serviceWorker.ready.then(function(registration) {
        registration.sync.register("message-queue-sync");
    });
};
```

```
var sendMessage = function(subject, message) {
    addToObjectStore("message-queue", {
        subj: subject,
        msg: message
    });
    triggerMessageQueueUpdate();
};
```

그런 다음 서비스 워커에 다음 코드를 추가합니다.

```
self.addEventListener("sync", function(event) {
    if (event.tag === "message-queue-sync") {
        event.waitUntil(function() {
            return getAllMessages().then(function(messages) {
                return Promise.all(
                    messages.map(function(message) {
                        return fetch("/new-message", {
                            method: "post",
                            body: JSON.stringify({
                                subj: subject,
                                msg: message
                            })
                        }).then(function() {
                            return deleteMessageFromQueue(message); // 프로미
스를 반환
                        });
                    })
                );
            } );
        });
    }
});
```

message-queue-sync 동기화 이벤트를 처리하는 이벤트 리스너는 이렇게 작동합니다. 우선, getAllMessages()을 사용해 IndexedDB에 쌓여 있는 모든 메시지를 가져옵니다. 이후, 이벤트 리스너 내부에서 사용하는 모든 프로미스가 리

졸브된 경우에만 리졸브되는 프로미스를 이벤트 리스너로 반환합니다. 이 프로미스는 Promise.all 함수에 프로미스 배열을 넘겨 호출하는 방식으로 만들어집니다. 프로미스 배열은 IndexedDB에서 가져온 메시지 배열에 대해 map()을 실행해, 각 메시지에 대해 각각의 프로미스를 반환하는 방법으로 생성됩니다(89페이지 'Promise.all()을 위한 프로미스 배열 생성하기'에 사용된 기술이 설명되어 있습니다). 이들 각각의 프로미스는 메시지가 성공적으로 발송되어 큐에서 삭제되었을 때만 리졸브됩니다. 217페이지의 '앱에 백그라운드 동기화 추가하기' 항목에서 비슷한 예제를 자세히 살펴볼 예정입니다.

이 방법을 조금 다르게 시도해 볼 수도 있습니다. 동기화 작업이 필요한 객체와 성공적으로 동기화가 된 객체를 함께 동일한 객체 저장소에 저장하는 방법입니다. 이 경우에는 각 객체의 상태를 저장해두었다가, 객체가 성공적으로 동기화되면 이를 업데이트할 수 있습니다. 예를 들어 앱에서 발송된 메시지와 미발송된 메시지를 같은 객체 저장소에 저장합니다. 메시지 객체에는 메시지 콘텐츠 뿐만 아니라 sent와 pending 같은 현재 상태도 포함됩니다. 그 후 동기화 작업은 pending 상태의 모든 메시지를 순회하기 위해 커서를 오픈하고, 전송하고, 전송 후에 상태를 sent로 변경합니다. 고담 임페리얼 호텔 예약 관리를 위해 이 장의 후반부에서 이 방법을 사용할 예정입니다.

7.3.2 IndexedDB에 요청 큐 만들기

이미 작성된 프로젝트를 수정해야 하는 경우, 객체를 로컬에 저장하도록 앱 구조를 바꾸고 객체 상태를 추적하기 위한 로직을 구현하는 것은 너무 과한 일이 될 수 있습니다. 기존 프로젝트에 백그라운드 동기화를 적용할 때 좀 더 간단한 방법은 기존 Ajax 호출을 요청Request 큐로 바꾸는 것입니다.

이 방식을 적용하려면 각 네트워크 요청을, IndexedDB에 세부 요청사항을 저장하는 메소드로 교체하고, 동기화 이벤트를 등록합니다. 등록된 동기화 이벤트는 객체 저장소에 저장된 모든 요청을 살피고 한번에 하나씩 각 요청을 실행합니다.

이전 방법과 달리, 동기화 이벤트에서 각 네트워크 요청을 수행하는 필요한 모든 세부사항을 IndexedDB에 저장합니다. 동기화 코드는 각각의 작업이 사이트에서 무슨 의미인지 이해할 필요가 없습니다. 그저 요청 목록을 맹목적으로 탐색하며, 하나씩 실행하기만 하면 됩니다.

```
var sendMessage = function(subject, message) {
    fetch("/new-message", {
        method: "post",
        body: JSON.stringify({
            subj: subject,
            msg: message
        })
    });
};
var likePost = function(postId) {
    fetch("/like-post?id=" + postId);
};
```

이 방법을 사용하면 위와 같은 코드를 다음과 같이 바꿀 수 있습니다.

```
var triggerRequestQueueSync = function() {
    navigator.serviceWorker.ready.then(function(registration) {
        registration.sync.register("request-queue");
    });
};
var sendMessage = function(subject, message) {
    addToObjectStore("request-queue", {
        url: "/new-message",
        method: "post",
        body: JSON.stringify({
            subj: subject,
            msg: message
        })
    });
    triggerRequestQueueSync();
```

```
};
var likePost = function(postId) {
    addToObjectStore("request-queue", {
        url: "/like-post?id=" + postId,
        method: "get"
    });
    triggerRequestQueueSync();
};
```

네트워크 요청 코드를 request-queue라는 객체 저장소에 개별 요청을 나타내는 객체를 저장하는 코드로 교체합니다. 저장되는 각각의 객체는 네트워크 요청에 필요한 모든 정보를 담고 있습니다. 그다음, 서비스 워커에 sync 이벤트 리스너를 추가하여 request-queue 안의 모든 요청을 검토하고, 각각에 대한 네트워크 요청을 만들고 요청이 성공하면, 객체 저장소에서 해당 요청을 삭제합니다.

```
self.addEventListener("sync", function(event) {
    if (event.tag === "request-queue") {
        event.waitUntil(function() {
            return getAllObjectsFrom("request-queue").then(function(requests)
{
                return Promise.all(
                    requests.map(function(req) {
                        return fetch(req.url, {
                            method: req.method,
                            body: req.body
                        }).then(function() {
                            return deleteRequestFromQueue(message); //
returns a promise
                        });
                    })
                );
            });
        });
    }
});
```

성공한 요청은 `deleteRequestFromQueue()` 메소드 호출을 통해 IndexedDB 큐에서 삭제됩니다. 실패한 요청은 큐에 남고, 리젝된 프로미스를 반환합니다. 네트워크 요청 중 하나라도 리젝된 프로미스를 반환했다면, 잠시 후 sync 이벤트가 다시 발생합니다. 앞서 성공적으로 호출된 큐에서 삭제된 네트워크 요청을 제외한 나머지 요청들을 다시 검토하며 네트워크 요청을 시도합니다.

객체 저장소에서 객체를 가져올 때 사용하는 함수 구현 방법 및 그 외의 IndexedDB 코드는 6장을 참조해주세요.

7.3.3 동기화 이벤트 태그를 통해 데이터 전달하기

동기화 함수에 간단한 값을 전달해야 할 때, 모든 작업을 일일이 추적하기 위한 데이터베이스를 구현하는 것은 너무 과하게 느껴질 수 있습니다. 이쯤에서 한 가지 요령을 소개합니다. 약간 지저분하게 느껴질 수 있지만, 때로는 빠른 해결책이 필요하기 마련입니다.

사용자가 페이지에 표시된 특정 포스트에 '좋아요'를 누를 수 있다고 가정해 봅시다. 이는 포스팅의 ID를 특정 URL로 전달하는 간단한 작업입니다. 기존 코드는 다음과 같습니다.

```
var likePost = function(postId) {
    fetch("/like-post?id=" + postId);
};
```

이전에도 살펴보았듯이, 이 부분은 '좋아요' 표시를 할 포스트를 담은 IndexedDB 큐를 사용하는 코드로 교체한 후, 동기화 이벤트에서 저장된 포스트 큐를 순회하면서 필요한 작업을 수행하도록 만들 수 있습니다. 하지만 가끔은 작업을 간단하게 유지하는 것이 더 나을 수도 있습니다. `likePost` 함수를 다음과 같이 교체하여 비슷한 결과를 얻을 수 있습니다.

```
var likePost = function(postId) {
    navigator.serviceWorker.ready.then(function(registration) {
        registration.sync.register("like-post-" + postId);
    });
};
```

동기화 이벤트를 처리하는 코드도 복잡하지 않습니다. 이벤트 이름이 "like-post-"로 시작하는지 확인하고, 이벤트 이름에서 '좋아요' 표시를 할 포스트 ID를 추출하는 방법으로 코드를 간단하게 유지할수 있습니다.

```
self.addEventListener("sync", function(event) {
    if (event.tag.startsWith("like-post-")) {
        event.waitUntil(function() {
            var postId = event.tag.slice(10);
            return fetch("/like-post?id=" + postId);
        });
    }
});
```

7.4 앱에 백그라운드 동기화 추가하기

백그라운드 동기화에 대해 기본적인 이해도를 갖췄으니, 이제 고담 임페리얼 호텔 웹 앱에 직접 적용해 볼 시간입니다.

My Account(내 계정) 페이지 상단에는 사용자가 새 예약을 만들 수 있는 폼이 있습니다. 사용자가 이 폼을 완성하고 제출 버튼을 누르면, myaccount.js의 addReservation() 함수가 호출됩니다. 이 함수는 폼 입력 값으로부터 신규 reservationDetails 객체를 생성하고 객체 상태를 "Awaiting confirmation(확인 대기 중)"으로 세팅합니다. 그런 다음 예약 객체를 IndexedDB의 reservations 객체 저장소에 추가하고, DOM에 렌더링한 후 마지막으로 호텔 예약을 진행하기 위해 서버에 Ajax 요청을 생성합니다.

네트워크가 항상 연결되어 있을 것으로 가정하는 것은 문제를 야기할 수 있습니다. 로컬 컴퓨터에서 테스트할 때는 아주 잘 작동하는 것처럼 보이지만, 사용자의 인터넷 연결이 끊겼을 때 예약을 진행하면 이 로직은 처참하게 실패합니다. 사용자가 오프라인일 때 addReservation()가 호출되면 신규 예약은 IndexedDB에 입력되고 페이지에 표시되지만, 서버에 신규 예약을 알리는 Ajax 요청은 실패할 것입니다. 이 예약은 페이지에 표시될 것이고, IndexedDB 덕분에 사용자가 브라우저를 새로고침 하더라도 화면에 계속 보여질 것입니다. 서버는 이 예약 요청에 대해 전혀 알 수 없는 상태이고, 사용자는 무엇을 하든 "Awaiting confirmation" 상태로 무한정 대기 중인 예약을 보게 될 것입니다. 사용자에게는 끝없는 좌절감을, 호텔 주주에게는 큰 골칫거리를 안깁니다.

이러한 문제는 신규 예약을 위한 요청을 페이지에서 서비스 워커의 sync 이벤트로 옮기는 것으로 해결할 수 있습니다.

이를 위해 다음과 같은 단계를 거쳐야 합니다.

1. 브라우저에서 백그라운드 동기화가 지원되는지 체크하기 위해 addReservation() 함수를 수정합니다. 백그라운드 동기화가 지원되면 “sync-reservations” 동기화 이벤트를 등록할 것입니다. 지원되지 않는다면 이전처럼 일반 Ajax 호출을 사용할 것입니다.
2. IndexedDB에 신규 예약을 추가하는 코드를 수정해 신규 예약을 추가할 때 "Sending(전송 중)" 상태를 부여합니다. 신규 예약 정보가 서버에 성공적으로 전달될 때까지 해당 상태를 유지하며, 이후 서버 응답에 따라 "Awaiting confirmation(확인 대기 중)" 혹은 "Confirmed(확인)" 상태로 변경될 것입니다.
3. 서비스 워커에 동기화 이벤트 처리를 위한 이벤트 핸들러를 추가할 것

> 입니다. "sync-reservations"라는 이름의 동기화 이벤트가 감지되면, "Sending" 상태의 모든 예약을 검토하고 서버에 전송을 시도합니다. 서버에 성공적으로 추가된 예약은 새로운 상태로 업데이트될 것입니다. 서버에 대한 요청이 하나라도 실패하면, 전체 동기화 이벤트는 리젝될 것이며, 브라우저는 다음 번에 해당 동기화 이벤트를 다시 실행할 것입니다.

현재 브라우저에서 백그라운드 동기화가 가능한지 체크하기 위해 `addReservation()`를 수정하는 것으로 시작해 보겠습니다. 백그라운드 동기화를 사용할 수 있다면 서버를 직접 호출하는 대신 sync 이벤트를 등록할 것입니다.

하지만 먼저 명령 창에 다음 명령어를 실행하여 이전 장의 마지막 부분으로 코드 상태를 되돌립니다.

```
git reset —hard
git checkout ch07-start
```

git checkout ch07-start 실행 후, 다음과 같은 에러가 발생한다면 이 내용을 참고하시기 바랍니다.[17]

error: The following untracked working tree files would be overwritten by checkout:

public/js/reservations-store.js

Please move or remove them before you switch branches.

Aborting

6장에서 생성해둔 reservations-store.js 파일이 있어 발생하는 에러입니다. 다음 명령어를 사용하면 로컬 변경사항을 덮어쓰도록 하여 에러를 해결할 수 있습니다.

```
git checkout ch07-start -f
```

다음 명령어를 사용해도 됩니다.

```
git checkout ch07-start —force
```

그런 다음 my-account.js에서 아래 예제 코드와 일치하도록 addReservation() 코드를 수정합니다.

```
var addReservation = function(id, arrivalDate, nights, guests) {
    var reservationDetails = {
        id: id,
        arrivalDate: arrivalDate,
        nights: nights,
        guests: guests,
        status: "Sending"
    };
    addToObjectStore("reservations", reservationDetails);
    renderReservation(reservationDetails);
    if ("serviceWorker" in navigator && "SyncManager" in window) {
        navigator.serviceWorker.ready.then(function(registration) {
            registration.sync.register("sync-reservations");
        });
    } else {
        $.getJSON("/make-reservation", reservationDetails, function(data) {
            updateReservationDisplay(data);
        });
    }
};
```

"Awaiting confirmation" 상태 대신 "Sending" 상태를 갖는 reservationDetails 객체를 생성하도록 addReservation() 함수를 수정합니다. 다음으로, 현재 브라우저가 ServiceWorker와 SyncManager를 지원하는지 확인합니다. 만약 지원한다면, sync-reservations 동기화 이벤트를 등록합니다. 지원하지 않는다면, 이전에 했던 것처럼 페이지에서 예약을 만들기 위해 $.getJSON를 사용합니다.

이 이벤트에 대한 이벤트 리스너를 생성하기 전에 reservations-store.js 파일에 작은 개선 사항 두 가지를 반영해 봅시다. 이 개선 사항은 "Sending" 상태의

---

17 옮긴이주_ 해당 박스의 내용은 옮긴이가 확인하여 추가한 부분입니다.

예약을 쉽게 가져올 수 있도록 합니다.

reservations 저장소의 status 필드에 새 인덱스를 추가하는 것으로 시작합니다.

reservations-store.js 파일 첫 번째 줄의 DB_VERSION을 1에서 2로 증가시킵니다(혹은 더 많은 버전을 생성하였다면 그 이상의 번호로 증가시킵니다). 그런 다음, reservations 객체 저장소의 status 필드에 인덱스를 생성할 수 있도록 같은 파일의 openDatabase( ) 내에 있는 onupgradeneeded 함수를 변경합니다. 코드는 다음과 같아야 합니다.

```
request.onupgradeneeded = function(event) {
    var db = event.target.result;
    var upgradeTransaction = event.target.transaction;
    var reservationsStore;
    if (!db.objectStoreNames.contains("reservations")) {
        reservationsStore = db.createObjectStore("reservations", {
            keyPath: "id"
        });
    } else {
        reservationsStore = upgradeTransaction.objectStore("reservations");
    }
    if (!reservationsStore.indexNames.contains("idx_status")) {
        reservationsStore.createIndex("idx_status", "status", {
            unique: false
        });
    }
};
```

이 코드는 기존에 본적없는 새로운 코드입니다. 6장에서는 새 객체 저장소에서 인덱스를 어떻게 생성하는지만 살펴보았습니다. 이번에는, 일부 사용자에게는 해당 객체 저장소가 이미 존재할 수 있습니다. 이 경우 기존 객체 저장소에 인덱스를 추가하거나 새 객체 저장소를 생성하여 인덱스를 추가해야 합니다.

이 코드는 152페이지의 'IndexedDB 버전 관리'에 소개된 버전 관리 패턴을 동일하게 따르고 있습니다. IndexedDB를 변경하기 전에 변경할 필요가 있는지 확인합니다. reservations 객체 저장소를 만들기 전에, 객체 저장소가 이미 존재하는지 확인합니다. 만일 없다면, 새로운 객체 저장소를 만들고 reservations-Store 변수에 객체 저장소 레퍼런스를 저장합니다. 이미 존재한다면, event.target.transaction.objectStore("reservations")을 호출하여 기존 객체 저장소에 대한 레퍼런스를 가져옵니다.

마지막으로, reservations 객체 저장소가 존재한다는 것을 확인한 후 (이전 버전의 객체 저장소이거나, 새로 만들었거나 관계 없이), 객체 저장소의 indexNames 속성을 확인해 이미 같은 이름의 인덱스를 가지고 있는지 확인합니다. 없으면 인덱스를 생성합니다.

reservations-store.js의 마지막 변경사항은 새롭게 생성한 인덱스를 사용해 특정 상태의 모든 예약을 쉽게 가져올 수 있도록 하는 것입니다. 이렇게 하기 위해서, getReservations() 함수를 개선하여 두 개의 선택적 매개변수(인덱스 이름과 인덱스로 넘길 값)를 받을 수 있도록 할 것입니다.

다음과 같이 reservations-store.js의 getReservations() 함수를 변경합니다.

```
var getReservations = function(indexName, indexValue) {
    return new Promise(function(resolve) {
        openDatabase().then(function(db) {
            var objectStore = openObjectStore(db, "reservations");
            var reservations = [];
            var cursor;
            if (indexName && indexValue) {
                cursor = objectStore.index(indexName).openCursor(indexValue);
            } else {
                cursor = objectStore.openCursor();
            }
            cursor.onsuccess = function(event) {
                var cursor = event.target.result;
                if (cursor) {
```

```
                    reservations.push(cursor.value);
                    cursor.continue();
                } else {
                    if (reservations.length > 0) {
                        resolve(reservations);
                    } else {
                        getReservationsFromServer().
then(function(reservations) {
                            openDatabase().then(function(db) {
                                var objectStore =
                                    openObjectStore(db, "reservations",
"readwrite");
                                for (var i = 0; i < reservations.length; i++)
{
                                    objectStore.add(reservations[i]);
                                }
                                resolve(reservations);
                            });
                        });
                    }
                }
            };
        }).catch(function() {
            getReservationsFromServer().then(function(reservations) {
                resolve(reservations);
            });
        });
    });
};
```

신규 함수는 두 가지 변경 사항을 포함하고 있습니다. 먼저 getReservations()이 두 개의 선택적 매개변수(indexName와 indexValue)를 받습니다. 두 번째로, 두 매개변수가 전달 되면, 객체 저장소에서 직접 커서를 여는 대신 인덱스(indexName)에서 커서를 열고 결과 값을 제한하기 위해 indexValue값을 사용합니다. 이 매개변수가 전달되지 않았다면, 이전처럼 작동하고 모든 예약이 반환됩니다.

이 두 가지 변경사항을 통해, 다음과 같이 함수는 모든 결과를 반환하거나 그중 일부만 반환할 수 있습니다.

```
getReservations().then(function(reservations) {
    // reservations 은 모든 예약을 들고 있습니다
});
getReservations("idx_status", "Sending").then(function(reservations) {
    // reservations 은 "Sending" 상태의 예약만 들고 있습니다
});
```

이제 서비스 워커에서 미발송 예약을 처리하기 위해 모든 준비가 완료되었습니다. 백그라운드 동기화 이벤트 리스너를 추가하여 다음 단계로 넘어가겠습니다.

먼저, serviceworker.js의 첫 번째 줄에서 reservations-store.js 파일을 임포트해야 합니다.

```
importScripts("/js/reservations-store.js");
```

그런 다음 serviceworker.js 하단부에 다음 코드를 추가해주세요.

```
var createReservationUrl = function(reservationDetails) {
    var reservationUrl = new URL("http://localhost:8443/make-reservation");
    Object.keys(reservationDetails).forEach(function(key) {
        reservationUrl.searchParams.append(key, reservationDetails[key]);
    });
    return reservationUrl;
};
var syncReservations = function() {
    return getReservations("idx_status", "Sending").then(function(reservations)
{
        return Promise.all(
            reservations.map(function(reservation) {
                var reservationUrl = createReservationUrl(reservation);
                return fetch(reservationUrl);
            })
```

```
        );
    });
};
self.addEventListener("sync", function(event) {
    if (event.tag === "sync-reservations") {
        event.waitUntil(syncReservations());
    }
});
```

createReservationUrl()과 syncReservations()의 상세한 부분을 살펴보기 전에, 이 새 코드의 마지막 부분을 먼저 살펴봅시다. sync 이벤트 리스너를 추가하기 위해 self.addEventListener를 사용합니다. 이 이벤트 리스너는 태그명이 sync-reservations인 이벤트를 처리합니다. sync-reservations 이벤트가 발생하면, syncReservations() 함수를 호출하고 waitUntil 함수를 활용해 syncReservations() 함수에서 반환된 프로미스가 리졸브되거나 리젝트될 때까지 기다립니다. 그 후 결과에 따라 동기화 이벤트를 리졸브하거나 리젝합니다.

syncReservations()에서 반환한 프로미스가 리졸브되면, sync-reservations 동기화 이벤트가 SyncManager에서 제거됩니다(이후 다시 등록할 수 있습니다). 프로미스가 리젝되면 SyncManager는 등록된 동기화 이벤트를 계속 유지하고, 나중에 다시 이벤트를 발생시킵니다.

syncReservations()에서 생성된 프로미스가 전체 동기화 이벤트의 결과를 결정합니다. 이 프로미스는 어떤 작업을 수행할까요? 대략적으로 말하자면, syncReservations()은 IndexedDB에서 "Sending"이라고 표시된 모든 예약을 검토하여, 서버로 전송을 시도하고, 모든 예약이 성공적으로 전송되었을 때만 리졸브되는 프로미스를 반환합니다. 하나의 예약이 실패하더라도, syncReservations()에서 반환된 전체 프로미스는 실패합니다.

이를 위해, 우선 syncReservations()는 getReservations() 함수를 사용

하여 "Sending" 상태의 모든 예약을 가져옵니다. 이 함수는 서버로 전송되어야 하는 모든 예약 정보 배열을 들고 있는 프로미스를 반환합니다. 그런 다음 Promise.all()을 사용하여, 서버로 예약 정보를 전송하는 개별 프로미스를 하나의 프로미스로 감쌀 계획입니다. 이 프로미스가 syncReservations() 함수의 결과를 좌우할 것입니다.

이렇게 하기 위해서는 Promise.all()에 프로미스 배열을 넘겨야 합니다. 예약 객체 배열을 가져와 Array.map() 메소드를 사용하여 예약 객체 배열을 프로미스 배열로 변환합니다. map()을 사용하여 각각의 예약을 검토하고, 이 각 예약을 서버로 전송하기 위한 fetch 요청을 생성합니다. fetch() 함수를 호출하면 프로미스가 반환됩니다. 이 프로미스가 Promise.all() 호출에 사용할 배열에 추가됩니다.

Promise.all()와 Array.map()를 사용해 프로미스 배열을 생성하는 방법은 89페이지의 'Promise.all()을 위한 프로미스 배열 생성하기'를 참조해주세요.

마지막으로 createReservationUrl() 함수가 있습니다. 이 함수는 URL 인터페이스를 사용하여 fetch를 요청할 웹 주소를 가리키는 신규 URL 객체를 생성합니다. URL 인터페이스를 활용하면, 문자열, 값, 앰퍼샌드, 물음표 등을 수작업으로 연결하는 것보다 좀 더 우아하게 쿼리 문자열을 포함하는 URL을 만들 수 있습니다. 함수는 예약 상세내용을 포함하는 객체를 받고, 쿼리 문자열에 상세내용을 담은 URL 객체를 반환합니다.

```
console.log(
 createReservationUrl({nights: 2, guests: 4})
);
// 다음 페이지를 가리키는 새로운 URL을 반환합니다.
// http://localhost:8443/make-reservation?nights=2&guests=4
```

이 모든 변경 사항을 다 적용한 후, 내 계정 페이지에 다시 방문해봅시다. 이번에는 일단 페이지가 로드되고 나면 오프라인 상태(브라우저 개발자 도구를 사용하거나 개발 서버를 끕니다)로 만들어 새 예약을 생성해봅니다. 예약은 IndexedDB와 DOM에 추가되고, 동기화 이벤트가 등록될 것입니다. 하지만 서버에는 여전히 접근이 불가능한 상황입니다. 그림 7-3에서 보는 것과 같이 예약은 "Sending" 상태로 유지되어야 합니다. 이후 서버에 다시 연결되면 몇 분내로 동기화 이벤트가 발생되고, 예약 상태가 "Confirmed"로 변경될 것입니다.

그림 7-3 백그라운드 동기화로 만들어진 예약

모바일에서의 사용자 행동 양식

다시 인터넷에 연결이 되었다면, 동기화 이벤트가 발생하기를 기다릴 것입니다. 이미 동기화 이벤트가 발생했는지 아닌지 궁금하다면 브라우저 콘솔에서 다음 코드를 실행해보세요.

```
navigator.serviceWorker.ready.then(function(registration) {
    registration.sync.getTags().then(function(tags) {
        console.log(tags);
    });
});
```

이 코드는 현재 등록되어 있는 모든 동기화 이벤트 목록을 출력합니다. sync-reservations 이벤트가 아직 남아있다면, 콘솔에 ["sync-reservations"]가 출력되어야 합니다.

아마도 백그라운드 동기화에 대해 가장 인상적인 부분은 고담 임페리얼 호텔 사이트를 닫더라도 서버에 대한 동기화 이벤트가 발생한다는 점일 것입니다. SyncManager는 대기 중인 모든 동기화 이벤트를 추적하고, 끊임없이 백그라운드에서 작업이 진행될 수 있도록 만들어줍니다. 서비스 워커가 없었다면 절대 불가능했을 것입니다. 서비스 워커 덕분에 사용자가 프로그레시브 웹 앱을 종료한 후에도 스크립트는 이벤트에 응답할 수 있습니다.

그러고보니, 동기화 이벤트에서 빠진 한 가지가 떠오릅니다. 동기화 이벤트를 통해 성공적으로 예약이 완료되면, `fetch` 요청은 추가된 예약 세부 정보를 담은 새 예약 상세 객체를 반환합니다. 여기에는 최신 예약 상태는 물론 예약의 최종 가격이 포함되어 있습니다. 사용자에게 가장 최신 정보를 제공하기 위해 IndexedDB의 예약 상세내용을 업데이트 해야 합니다. 더 중요한 것은, 다음 번에 `sync-reservations` 이벤트가 등록되면 예약 요청이 중복되어 전송되지 않도록 예약 상태를 업데이트 해야 합니다.

다음과 같이 serviceworker.js의 `syncReservations()` 함수를 업데이트해주세요.

```
var syncReservations = function() {
    return getReservations("idx_status", "Sending").then(function(reservations)
{
        return Promise.all(
            reservations.map(function(reservation) {
                var reservationUrl = createReservationUrl(reservation);
                return fetch(reservationUrl).then(function(response) {
                    return response.json();
                }).then(function(newReservation) {
                    return updateInObjectStore(
                        "reservations",
                        newReservation.id,
                        newReservation
                    );
                });
            })
        );
    });
};
```

최신 버전 syncReservations()에서의 유일한 변경 사항은 fetch()가 리졸브되어도, 작업이 완료되었다고 간주하지 않는다는 점입니다. 이제 fetch에서 반환된 프로미스가 리졸브되면, fetch에 대한 응답으로 then 구문에 위치하는 신규 함수가 호출됩니다. 이 함수는 예약 세부 사항에 대한 간단한 자바스크립트 객체를 담고 있는 프로미스를 반환하고, 다시 한 번 then 구문을 통해 updateInObjectStore() 함수로 전달합니다.

오프라인 상태에서 호텔을 예약한 사용자도 이제 로컬 IndexedDB 객체 저장소에 최신 예약 데이터를 갖게 되었습니다. 사용자가 사이트를 떠난 사이에 동기화 이벤트를 통해 예약이 이루어지더라도 IndexedDB 객체 저장소의 데이터는 계속 업데이트되어야 합니다.

7.5 정리

백그라운드 동기화는 모던 프로그레시브 웹 앱을 구성하는 가장 중요한 부분 중 하나입니다. 백그라운드 동기화는 사용자에게 직접적으로 드러나는 것은 아니지만, UX에 있어 절대 필수적인 기술 중 하나입니다.

앱에 백그라운드 동기화를 추가할 때 다음 두 가지 어려움을 마주할 수 있습니다.

첫 번째 어려움은 페이지에서 서비스 워커로 로직을 이동시키는 문제입니다(실행하기 위해 필요한 모든 데이터와 함께). 이 부분은 이번 장에서 다루었습니다.

두 번째 어려움은 백그라운드 동기화 이벤트의 결과를 페이지와 사용자에게 다시 전달할 때 발생합니다. 백그라운드 동기화 작업 결과에 따라 페이지 내용을 바꾸고 싶을 때가 있습니다(예. 메시지가 전송되었거나 '좋아요'가 표시가 된 포스트의 시각적 표시). 서비스 워커는 페이지 윈도우에 직접 접근이 불가능하기 때문에, 서비스 워커에서 작업의 결과를 다시 페이지로 전송할 방법이 필요합니다. 이어질 8장에서 서비스 워커와 페이지 사이에 메시지를 포스팅함으로써 이를 해결하는 방법을 살펴볼 것입니다.

하지만 또 다른 흥미로운 문제도 동반됩니다. 동기화 이벤트가 성공했을 때 사용자가 이미 사이트를 떠나 있다면 어떻게 될까요? 동기화 이벤트가 성공했다는 것을 사용자가 어떻게 알 수 있을까요? 나중에 상태가 바뀌면 알릴 수 있을까요? 10장에서는 사용자가 최신 상태를 업데이트 받을 수 있도록, 푸시 알림을 사용하는 방법을 살펴보겠습니다.

chapter 8

메시지를 통한 서비스 워커와 페이지 간의 커뮤니케이션

페이지에서 서비스 워커로 더 많은 로직을 옮길수록, 둘 사이에는 더 많은 커뮤니케이션이 필요합니다.

7장에서는 네트워크 요청과 같은 중요한 이벤트를 휘발성 페이지에서 서비스 워커로 옮겨 어떻게 앱을 더 안정적으로 만들 수 있는지 살펴보았습니다. 하지만 종종 이러한 작업 결과를 기반으로 페이지를 다시 업데이트해야 할 수 있습니다. 예를 들어 217페이지 '앱에 백그라운드 동기화 추가하기'에서는 신규 등록을 위한 코드를 서비스 워커에서 실행되는 `background sync` 이벤트로 옮겨보았습니다. 이 이벤트는 서버를 호출하고 업데이트된 예약 상세내용을 포함하는 JSON 파일을 받습니다. IndexedDB의 예약 상세내용을 업데이트하기 위해 JSON 파일의 데이터를 사용하지만, 서비스 워커가 윈도우에 접근할 수 없기 때문에, DOM에 예약 상세내용을 업데이트 할 수 없습니다. 대신 페이지는 새로운 예약 상태를 확인하기 위해 몇 초마다 네트워크를 체크하고 DOM을 업데이트하는 `setInterval()`에 의존합니다. 만일 sync 이벤트에서 업데이트된 예약 상세내용을 받는 즉시 페이지로 전송할 수 있다면 DOM을 즉시 업데이트하고 불필요한 네트워크 요청을 방지할 수 있었을 것입니다.

이 챕터에서는 페이지와 서비스 워커 사이에서 메시지와 데이터를 주고 받을 때 `postMessage()` 함수를 어떻게 사용하는지 살펴보고, 여러 종류의 커뮤니케이션 방식에 대해 알아볼 것입니다.

- 윈도우에서 해당 윈도우를 제어하는 서비스 워커로 메시지 보내기
- 서비스 워커에서 범위 내의 모든 윈도우로 메시지 보내기
- 서비스 워커에서 특정 윈도우로 메시지 보내기
- 윈도우 간 메시지 보내기(서비스 워커를 통하여)

8.1 윈도우에서 서비스 워커로 메시지 보내기

페이지에서 서비스 워커로 메시지를 보내는 방법은 비교적 간단합니다.

페이지에서 메시지를 게시하기 전에, 먼저 페이지를 제어하는 서비스 워커를 가져와야 합니다. `navigator.serviceWorker.controller`를 사용하면 해당 서비스 워커에 접근할 수 있습니다.

그런 다음 메시지 자체를 첫 번째 인수로 받는 서비스 워커의 `postMessage()` 메소드를 사용합니다. 이 메시지는 거의 무엇이든 될 수 있습니다. 문자열, 객체, 배열, 숫자, 불린 등을 포함한 값이나 자바스크립트 객체를 메시지로 사용할 수 있습니다.

다음 예제는 간단한 객체를 포함하는 메시지를 페이지에서 서비스 워커로 전송하는 법을 보여줍니다.

```
navigator.serviceWorker.controller.postMessage({
    arrival: "05/11/2022",
    nights: 3,
    guests: 2
});
```

메시지가 게시되고 나면 서비스 워커는 `message` 이벤트를 수신하여 해당 메시지를 받을 수 있습니다.

```
self.addEventListener("message", function(event) {
    console.log(event.data);
});
```

이 예제 코드는 메시지를 받아 콘솔에 출력합니다. 메시지에 포함된 콘텐츠는 이벤트 리스너에 전달된 이벤트 객체의 데이터 속성(event.data)에서 찾을 수 있습니다.

메시지 데이터 자체를 포함하는 것 외에도 이벤트 객체는 여러 가지 유용한 속성을 갖고 있습니다. 가장 유용한 속성 중 일부는 source 속성에 있습니다. source 속성에는 메시지를 보낸 윈도우 정보가 포함되어 있습니다. 이 정보를 활용해서 무엇을 할지 그리고 응답을 어디로 보낼지 판단할 수 있습니다. 다음 코드는 메시지의 source 속성을 사용하는 간단한 예제 코드 입니다.

```
self.addEventListener("message", function(event) {
    console.log("Message received:", event.data);
    console.log("From a window with the id:", event.source.id);
    console.log("which is currently pointing at:", event.source.url);
    console.log("and is", event.source.focused ? "focused" : "not focused");
    console.log("and", event.source.visibilityState);
});
```

이쯤에서 서비스 워커로 메시지를 보내는 사례를 하나 살펴보겠습니다.

고담 임페리얼 호텔은 기존 웹 앱을 확장, 고담Gotham에 있는 모든 레스토랑을 소개하는 여행 가이드를 추가하기로 했습니다. 고담에는 수천개의 레스토랑이 있기 때문에 레스토랑 하나하나의 자세한 내용을 캐싱하다보면 과부하가 걸릴 수 있습니다. 대신 사용자가 살펴본 레스토랑의 상세 내용은 캐싱할 수 있습니다.

이를 위해 레스토랑 세부 정보 페이지에 서비스 워커로 메시지를 게시하는 코드를 추가할 수 있습니다.

```
navigator.serviceWorker.controller.postMessage("cache-current-page");
```

사용자가 레스토랑 페이지에 방문하면, 서비스 워커에 메시지를 보냅니다. 서비스 워커는 이 메시지를 수신하고, 어느 페이지를 캐싱할지 결정하기 위해 이벤트 source 속성의 값을 사용할 수 있습니다.

```
self.addEventListener("message", function(event) {
    if (event.data === "cache-current-page") {
        var sourceUrl = event.source.url;
        if (event.source.visibilityState === "visible") { // sourceUrl과 관련
파일 바로 캐싱하기
 } else { // 나중에 캐싱될 수 있도록 sourceUrl과 관련 파일 큐에 넣기
        }
    }
});
```

이 예제 코드에서는 어떤 페이지를 캐싱할지 결정하기 위해 메시지의 소스 URL을 사용합니다. 또 그중 어떤 페이지를 먼저 캐싱할지 결정하기 위해 페이지의 현재 가시visibility 상태를 사용합니다. 사용자가 여러 탭에 걸쳐 다수의 레스토랑 페이지를 열어 놓았다면, 현재 보여지는 페이지가 먼저 캐싱될 것입니다. 324페이지의 '프로그레시브 웹 앱의 일반적인 메시지'에서 일단 페이지가 캐싱되고 난 후, 다시 페이지와 통신해 해당 페이지가 캐시에 저장되었고 오프라인에서도 사용 가능하다고 UI를 업데이트하는 방법을 살펴볼 예정입니다.

현재 페이지는 이 페이지를 제어하는 서비스 워커가 있는 경우에만 navigator.serviceWorker.controller.postMessage()를 호출 할 수 있고, 그렇지 않은 경우 오류가 발생합니다. 만약 사용자가 사이트에 처음 방문했다면 새 서비스 워커가 설치되고 활성화되겠지만, 해당 페이지를 제어하지 않을 수 있습니다. 이 경우 navigator.serviceWorker.controller가 정의되어 있지 않으며, postMessage() 메소드가 없기 때문에 코드가 작동하지 않습니다. 서비스 워커의 상태가 어떻게 설치 중에서 활성화 상태로 변하는지, 언제 페이지를 제어할 수 있는 권한을 갖게 되는지 같은 내용은 4장의 서비스 워크 생명주기 관련 내용을 참고하세요.

이전의 코드는 서비스 워커를 사용하기 전에 서비스 워커가 존재하는지 확인하도록 작성돼야 합니다.

```
if ("serviceWorker" in navigator &&
    navigator.serviceWorker.controller) {
    navigator.serviceWorker.controller.postMessage(
        "cache-current-page"
    );
}
```

8.2 서비스 워커에서 열려있는 모든 윈도우로 메시지 보내기

서비스 워커에서 페이지로 메시지를 보내는 것은 페이지에서 서비스 워커로 메시지를 게시하는 것과 비슷합니다. 유일한 차이점은 postMessage()를 호출하는 객체입니다. 지금까지 서비스 워커에서 postMessage()를 호출했다면, 이번에는 서비스 워커 클라이언트에서 호출합니다.

서비스 워커 내에서 서비스 워커의 글로벌 객체인 clients 객체를 사용해 현재 서비스 워커 범주 안에 열려 있는 모든 **윈도우(WindowClients)**를 가져올 수 있습니다. clients 객체는 matchAll() 메소드를 가지고 있습니다. 이 메소드는 서비스 워커 범주 내에 열려 있는 모든 윈도우를 가져오는데 사용됩니다. matchAll() 메소드는 0개 혹은 그 이상의 WindowClient 객체를 담는 배열로 리졸브되는 프로미스를 반환합니다.

```
self.clients.matchAll().then(function(clients) {
    clients.forEach(function(client) {
        if (client.url.includes("/my-account")) {
            client.postMessage("Hi client: " + client.id);
        }
    });
});
```

이 코드는 현재 서비스 워커가 제어하는 모든 클라이언트를 가져와 하나씩 돌며 '내 계정' 페이지를 표시하고 있는 윈도우로 메시지를 보냅니다.

페이지에서 서비스 워커에서 보낸 메시지를 수신하는 방법도 232페이지 '윈도우에서 서비스 워커로 메시지 보내기'에서 이미 살펴본 것과 매우 유사합니다. 이번에는 serviceWorker 객체에 이벤트 리스너를 추가합니다.

```
navigator.serviceWorker.addEventListener("message", function(event) {
    console.log(event.data);
});
```

이 코드를 페이지에 반영하고 이전 코드를 서비스 워커에서 실행한다면, 현재 내 계정 페이지를 나타내고 있는 페이지는 다음과 같은 메시지를 콘솔에 출력합니다.

```
Hi client: b85b7e3d-a893-4b67-9e41-1d6fddf40110
```

서비스 워커의 상단에 코드를 삽입하는 것만으로는 충분하지 않습니다. 코드가 이벤트 외부에 있으면, 서비스 워커 스크립트가 로드될 때 해당 코드가 바로 실행됩니다. 이 시점은 서비스 워커가 설치 전이고 어떤 클라이언트도 message 이벤트를 기다리고 있지 않은 시점입니다. 대신 다음 예제에서 보는 바와 같이 코드를 이벤트 내부에 추가해야 합니다. 개발 과정 중에는 서비스 워커의 범주 내에서 이 코드를 실행하기 위해 브라우저 콘솔을 사용할 수 있습니다. 93페이지의 '콘솔' 항목을 참조하세요.

이러한 방식을 활용하는 일반적인 사례를 살펴봅시다.

서비스 워커가 설치되고 필요한 모든 리소스 캐싱이 끝나면, 고담 임페리얼 호텔 앱 사용자에게 이제부터는 온라인이든 오프라인든 상관없이 앱을 사용할 수 있다고 알릴 수 있다면 좋을 것입니다. 다음 예제는 캐싱이 완료된 후 모든 클라이언트에 메시지를 보내도록 install 이벤트를 수정한 코드입니다. 이렇게 하면 페이지는 해당 이벤트를 받아 앱이 인터넷 연결 상태와 상관 없이 사용될 수 있다는 메시지를 사용자에게 표시할 수 있습니다.

```
self.addEventListener("install", function(event) {
    event.waitUntil(caches.open(CACHE_NAME).then(function(cache) {
        return cache.addAll(CACHED_URLS);
    }).then(function() {
        return self.clients.matchAll({
            includeUncontrolled: true
        });
    }).then(function(clients) {
        clients.forEach(function(client) {
            client.postMessage("caching-complete");
        });
    }));
});
```

이 코드는 한 가지 추가된 부분을 제외하고, 기존의 고담 임페리얼 호텔 install 이벤트 처리 코드와 유사합니다. cache.addAll()에서 반환된 프로미스가 일단 리졸브되면 clients 객체를 사용해 현재 열려 있는 모든 WindowClients를 가져와 각각의 클라이언트에 메시지를 보냅니다.

메시지를 게시하기 위한 코드는 이 섹션의 첫 예제에서 살펴본 원리와 동일한 바탕으로 만들어졌지만, 여기에는 한 가지 중요한 차이점이 있습니다. 위 코드에서는 clients.matchAll()을 호출할 때, 옵션 객체를 전달하여 제어되지 않는 클라이언트도 결과에 포함되도록 요청합니다. 이것은 (4장에서 설명한 것처럼) 개발자로서 서비스 워커 생명주기를 이해하는 것이 얼마나 중요한지 보여주는 한 예입니다. 사용자가 페이지에 처음 방문하면 서비스 워커가 설치되고 활성화됩니다. 하지만 페이지는 여전히 서비스 워커에 의해 제어되지 않습니다. 만일 self.clients.matchAll()에 제어되지 않는 윈도우를 포함하지 않도록 알려주지 않았다면 메시지는 목적지에 도달하지 못할 것입니다.

11장에서는 캐싱이 완료될 때 사용자에게 알리는 방법과 관련된 예제를 살펴볼 것입니다.

8.3 서비스 워커에서 특정 윈도우로 메시지 보내기

matchAll() 메소드뿐만 아니라, 클라이언트 객체는 단일 객체를 가져오기 위한 get() 메소드를 가지고 있습니다. get() 메소드에 특정 클라이언트의 ID를 전달하면 해당 WindowClient 객체로 리졸브 되는 프로미스를 받을 수 있습니다. 또한 해당 객체를 사용하여 특정 클라이언트에 메시지를 게시할 수 있습니다.

예를 들어 WindowClients 중 하나의 ID가 "d2069ced-8f96-4d28"라면, 해당 윈도우가 현재 사용자에게 보이는지 안 보이는지 윈도우가 알 수 있게 하려면 다음 코드를 실행하면 됩니다.

```
self.clients.get("d2069ced-8f96-4d28").then(function(client) {
    client.postMessage("Hi window, you are currently " + client.
visibilityState);
});
```

클라이언트 윈도우 ID를 알아낼 수 있는 방법은 여러 가지입니다 그중 한 가지 방법은 clients.matchAll()로 열려 있는 모든 클라이언트를 검토할 때 WindowClient 객체의 ID 속성을 확인하는 것입니다. 또 다른 방법은 message 이벤트의 source 속성에서 가져오는 것입니다. 두 방법 모두 아래 코드에서 살펴볼 수 있습니다.

```
self.clients.matchAll().then(function(clients) {
    clients.forEach(function(client) {
        self.clients.get(client.id).then(function(client) {
            client.postMessage("Messaging using clients.matchAll()");
        });
    });
});
self.addEventListener("message", function(event) {
    self.clients.get(event.source.id).then(function(client) {
        client.postMessage("Messaging using clients.get(event.source.id)");
    });
});
```

사실 이 두 예제 모두 좀 과합니다. 두 가지 방법 모두 클라이언트 ID를 받기 위해 클라이언트 객체를 사용하고(첫 번째의 경우 client, 두 번째의 경우는 event.source), 그 ID를 사용해 클라이언트 객체를 가져옵니다. 두 예제는 모든 clients.get()을 사용하지 않도록 단순화시킬 수 있습니다.

```
self.clients.matchAll().then(function(clients) {
    clients.forEach(function(client) {
        client.postMessage("Messaging using clients.matchAll()");
    });
});
self.addEventListener("message", function(event) {
    event.source.postMessage("Messaging using event.source");
});
```

clients.get()을 사용하는 보다 일반적인 사례는 클라이언트 ID를 서비스 워커에 저장해 두었다가 나중에 clients.get()로 해당 클라이언트에 접근하는 것입니다.

예를 들어 주식 시세를 표시하는 앱을 떠올려보세요. 이 앱은 주시 시세에 관한 데이터 스트림을 읽어와 여러 종류의 주식 시세를 업데이트합니다. 일반적으로 사용자는 여러 윈도우 창을 열어두고 각 창마다 다른 주식 시세를 살펴보는 경향이 있습니다. 따라서 열려 있는 모든 윈도우 창은 데이터 스트림을 유지하고 있어야 합니다. 앱을 최적화하고 대역폭과 서버 비용을 절약하기 위해 개별 창에서 스트림을 여는 대신, 서비스 워커에서 모든 주가 변동 사항에 대한 단일 데이터 스트림만 여는 방식으로 앱을 개선할 수 있습니다. 각 페이지는 페이지가 열릴 때 서비스 워커에 메시지를 전달하여 어떤 종류의 주식 업데이트를 받고 싶은지 알리고, 서비스 워커는 해당 주식에 대한 업데이트를 원하는 클라이언트 ID 목록을 유지합니다. 이제 스트림을 통해 특정 주식이 업데이트될 때, 서비스 워커는 이 주식에 관심을 가지는 클라이언트 리스트를 확인하고, `clients.get()`을 사용하여 각 클라이언트에 업데이트 된 주식 정보를 담아 메시지를 보낼 수 있습니다.

8.4 MessageChannel로 커뮤니케이션 채널을 열어두기

지금까지 WindowClient 혹은 서비스 워커 객체가 메시지를 게시하는 방법 및 `postMessage()`가 받는 첫 번째 파라미터에 대해 살펴보았습니다. 하지만 `postMessage()`는 양측 간의 통신 라인을 열어두고 메시지를 주고받는 데 사용할 수 있는 두 번째 인자를 받을 수 있습니다.

이러한 양방향 커뮤니케이션은 `MessageChannel` 객체에 의해 처리됩니다.

두 컵을 실로 이어서 서로 이야기하는 종이컵 전화기 실험을 해본 적이 있다면, `MessageChannel`이 어떻게 작동하는지 쉽게 이해할 수 있습니다.

`MessageChannel`에서 두 컵은 `port1`과 `port2`로 불립니다(그림 8-1). `postMessage( )`를 사용하여 상대방 컵(`port`)에 말할 수 있고, 이벤트 리스너를 사용하여 상대방이 하는 말을 들을 수 있습니다.

그림 8-1 Throw new ClipartException('실이 팽팽하게 당겨지지 않았어요');

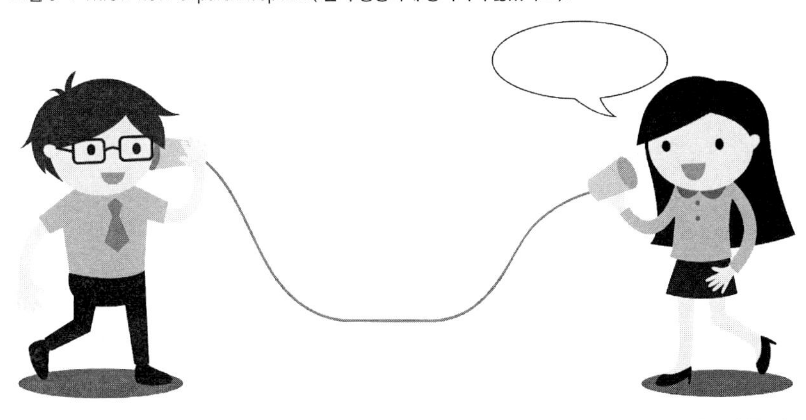

```
var msgChan = new MessageChannel();
msgChan.port1.onmessage = function(msg) {
    console.log("Message received at port 1:", msg.data);
};
msgChan.port2.postMessage("Hi from port 2");
```

이 코드는 MessageChannel를 새로 생성하고, port1 컵이 보내는 메시지를 수신하고, port2 컵으로 메시지를 보냅니다. 코드를 브라우저에서 실행하면 Message received at port 1: Hi from port 2가 콘솔에 출력되어야 합니다.

윈도우와 서비스 워커 사이에서 통신할 때, 윈도우에서 MessageChannel 객체를 새로 생성한 후 생성된 포트 하나를 메시지와 함께 서비스 워커에 전달할 수 있습니다. 서비스 워커가 해당 메시지를 수신하면, 이 후 이 포트를 활용할 수 있습니다. 결과적으로 서비스 워커와 윈도우가 두 개의 포트를 나눠갖고, 이 후 양방향 통신에 활용할 수 있습니다.

다음 코드는 서비스 워커로 메시지를 보내고, 열려 있는 MessageChannel 포트를 통해 응답을 받는 예제입니다.

```
// 윈도우 코드
var msgChan = new MessageChannel();
msgChan.port1.onmessage = function(event) {
    console.log("Message received in page:", event.data);
};
var msg = {
    action: "triple",
    value: 2
};
navigator.serviceWorker.controller.postMessage(msg, [msgChan.port2]);
// 서비스 워커 코드
self.addEventListener("message", function(event) {
    var data = event.data;
    var openPort = event.ports[0];
    if (data.action === "triple") {
        openPort.postMessage(data.value * 3);
    }
});
```

페이지 쪽 코드는 새로 MessageChannel를 생성하고, 첫 번째 포트에 귀를 기울이는 이벤트 리스너를 추가하는 것으로 시작합니다. 포트에 메시지가 도착하면 해당 메시지를 출력합니다. 그다음 서비스 워커에 메시지를 보내며, 두 번째 인자로 MessageChannel의 두 번째 포트를 전달합니다. postMessage가 두 번째 인수로 포트 배열을 받아 하나 이상의 포트를 통해 커뮤니케이션할 수 있다는 것을 잊지마세요.

한편 서비스 워커는 message 이벤트를 수신합니다. 수신된 event 객체에는 페이지가 보낸 포트 배열(event.ports)과 메시지 내용(event.data) 둘 다 담겨 있습니다. 이벤트 리스너는 메시지 데이터 객체가 문자열 "triple"을 포함하는 action 속성을 갖고 있는지 확인한 다음, 데이터 객체 값 속성에 3을 곱한 값을 되돌려줍니다. 이 메시지는 event.ports[0]의 MessageChannel 포트를 통해 직접 게시됩니다. 사실 이 포트는 방금 전에 페이지에서 생성된 MessageChannel의 port2

입니다. 이 메시지는 서비스 워커와 페이지 사이에 연결된 줄을 따라 port1에 도착하고, 별도의 이벤트 리스너가 이를 콘솔에 출력할 것입니다.

이 간단한 예제는 어떻게 수학 계산을 페이지에서 서비스 워커로 위임할 수 있는지 보여줍니다. 마찬가지로 페이지는 캐시에 아이템이 존재하는지 서비스 워커에 물어보거나, 앱에서 현재 열려 있는 탭이 몇 개인지 물어볼 수도 있습니다. 서비스 워커는 정반대의 방법으로 제어 중인 윈도우의 인풋 필드 값을 물어보거나, 심지어는 다음 페이지 캐싱을 위해서 현재 사용자가 페이지의 스크롤을 얼마나 내렸는지 물어볼 수도 있습니다.

앞서 소개한 예제에서 다룬 postMessage()의 호출 방법과 이벤트 리스너의 추가 방법을 다시 살펴볼 것을 권장합니다. 서비스 워커 객체에서 postMessage()를 호출할 때와 MessageChannel 포트에서 호출할 때를 비교해보세요. 어떤 경우에 서비스 워커에서 메시지를 받는지, 또 어떤 경우에 MessageChannel 포트에서 메시지를 받는지 잘 살펴보시기 바랍니다.

제대로 작동하지 않는다면, 올바른 객체에 이벤트를 첨부하고 메시지를 보내고 있는지 확인해보세요. 서비스 워커에서는 MessageChannel 포트에 메시지를 게시하는데, 페이지에서는 다른 포트에서 보낸 메시지가 아니라 서비스 워커에서 보낸 메시지를 기다리고 있다면, 아무 일도 일어나지 않습니다. 귀를 반대편 컵이 아닌 접시에 대고 있는 것과 같습니다.

앞선 예제에서 postMessage에 응답하기 위한 MessageChannel 사용 방법을 살펴보았습니다. 이제부터는 페이지와 서비스 워커 사이의 지속적인 커뮤니케이션 채널을 어떻게 열 수 있는지 또 다른 예제를 살펴보겠습니다.

```
// 윈도우 코드
var msgChan = new MessageChannel();
msgChan.port1.onmessage = function(event) {
    console.log("URL fetched:", event.data);
};
navigator.serviceWorker.controller.postMessage("listening", [msgChan.port2]);
// 서비스 워커 코드
```

```
self.addEventListener("message", function(messageEvent) {
    var openPort = messageEvent.ports[0];
    self.addEventListener("fetch", function(fetchEvent) {
        openPort.postMessage(fetchEvent.request.url);
    });
});
```

이 예제의 윈도우 코드는 앞선 예제와 아주 유사합니다. 새 MessageChannel을 생성한 다음 하나의 포트를 통해 메시지를 수신하고, 다른 포트는 메시지와 함께 서비스 워커에 전달합니다. 유일한 차이점은 메시지의 내용입니다.

서비스 워커가 이 메시지를 수신하면 fetch 이벤트 리스너를 하나 추가합니다. 이 이벤트 리스너는 fetch 이벤트가 발생하면 열려 있는 포트를 통하여 네트워크 요청 URL을 메시지로 전달합니다.

그 결과 해당 페이지에는 서비스 워커에서 생성된 모든 네트워크 요청(현재 탭뿐만 아니라, 서비스 워커가 제어하는 다른 윈도우에서도 발생하는) URL이 지속적으로 출력됩니다. 이 파일 이름을 network.html로 정하고, 다른 탭에서 여러분의 사이트를 탐색해보세요. 당신만의 브라우저 개발 도구를 만드는 데 한 걸음 나아간 것입니다.

8.5 윈도우 간 통신하기

지금까지 배운 것을 바탕으로 서로 다른 윈도우 간의 통신 방법에 대해 살펴봅시다. 이전에는 서로 다른 윈도우끼리 메시지를 주고받으려면 해킹에 의존해야 했습니다. 여기서 해킹이란 쿠키나 로컬 스토리지, 서버에 메시지를 작성하는 방법을 의미합니다. 여기에서는 서비스 워커가 해킹의 역할을 대체할 수 있습니다. 서비스 워커는 범위 내에 열려 있는 모든 윈도우에 접근할 수 있고, 각 윈도우 사이에서 연락책 역할을 수행할 수 있습니다. 이를 통해 윈도우 간에 메시지, 객체, 심지어 MessageChannel 포트까지 주고받을 수 있습니다.

자, 이제 다시 코딩을 해 보겠습니다. 시작하기에 앞서, 이전 장의 마지막 코드 상태로 돌아가기 위해 명령 창에 다음 명령어를 실행합니다.

```
git reset —hard
git checkout ch08-start
```

고담 임페리얼 호텔의 '내 계정' 페이지 상단에는 로그아웃 링크가 있습니다. 로그아웃 링크를 클릭하면, 사용자는 사이트 첫 페이지로 다시 되돌아갑니다(고담은 신뢰를 바탕으로 구축되어 있고 사용자 이름이나 비밀번호를 필요로 하지 않습니다. 물론 여러분의 앱에서는 실질적인 로그인/로그아웃 로직이 필요할 수 있습니다). 로그아웃 링크를 클릭했을 때 '내 계정' 페이지를 띄운 모든 윈도우가 사이트 첫 페이지로 이동하도록 사이트를 수정해 봅시다.

app.js의 `$(document).ready` 함수를 다음과 같이 수정해주세요.

```
$(document).ready(function() {
    $.getJSON("/events.json", renderEvents);
    if ("serviceWorker" in navigator) {
        $("#logout-button").click(function(event) {
            if (navigator.serviceWorker.controller) {
                event.preventDefault();
                navigator.serviceWorker.controller.postMessage({
                    action: "logout"
                });
            }
        });
    }
});
```

서비스 워커 지원을 확인하고, 서비스 워커를 사용할 수 있으면 `click` 이벤트 리스너를 로그아웃 링크에 추가합니다. 이 이벤트 핸들러는 먼저 해당 페이지를 제어하는 서비스 워커가 있는지 확인하고, 있다면, 페이지를 탐색하는 링크의 기본 작동을 막는 대신 서비스 워커에 메시지를 게시합니다.

이 방법은 점진적인 개선의 좋은 예입니다. 우선 로그아웃 링크는 간단한 HTML 링크(<a href="/">Logout</a>) 형태로 구현되며 이 상태로도 완전하게 작동합니다. 그런 다음 서비스 워커를 지원하는 브라우저에서는 여러 윈도우 창에서 동시에 로그아웃되도록 (예전 브라우저에서는 기존 작동 방식을 그대로 유지하면서) 기능이 개선됩니다.

그다음 서비스 워커에서 이 메시지를 수신하는 코드를 추가합니다. serviceworker.js 끝부분에 다음 코드를 추가하세요.

```
self.addEventListener("message", function(event) {
    var data = event.data;
    if (data.action === "logout") {
        self.clients.matchAll().then(function(clients) {
            clients.forEach(function(client) {
                if (client.url.includes("/my-account")) {
                    client.postMessage({
                        action: "navigate",
                        url: "/"
                    });
                }
            });
        });
    }
});
```

이 코드는 "message" 이벤트 리스너를 추가하고, 메시지 이벤트를 받으면 이벤트 객체(event.data)에서 메시지 데이터를 가져와 해당 데이터를 기반으로 무엇을 할지 결정합니다. 메시지 데이터에 "logout" 액션이 포함되어 있다면, 현재 열려 있는 WindowClient 목록을 가져와 URL이 "/my-account"을 포함하고 있는지 확인합니다. 만일 "/my-account"을 표시하는 WindowClient가 있다면 액션명으로 "navigate"를, 대상 URL 값으로 "/"를 갖는 메시지를 만들어 해당

WindowClient에 전달합니다.

예제에서 사용된 메시지 객체 구조는 취할 액션과 액션을 위한 추가 변수를 포함하고 있습니다. 이 구조는 완전히 임의적이며, 단지 이 예제 상에서 잘 작동하기에 선택한 것입니다. "navigate"는 브라우저에 특별한 의미가 없습니다. 단지 앱이 취했으면 하는 액션을 설명하기 위한 문자열입니다.

그다음 서비스 워커가 보낸 메시지를 수신하는 페이지를 수정합니다.

app.js의 $(document).ready 함수를 다음과 같이 수정합니다.

```
$(document).ready(function() {
    $.getJSON("/events.json", renderEvents);
    if ("serviceWorker" in navigator) {
        navigator.serviceWorker.addEventListener("message", function(event) {
            var data = event.data;
            if (data.action === "navigate") {
                window.location.href = data.url;
            }
        });
        $("#logout-button").click(function(event) {
            if (navigator.serviceWorker.controller) {
                event.preventDefault();
                navigator.serviceWorker.controller.postMessage({
                    action: "logout"
                });
            }
        });
    }
});
```

마지막으로 추가된 코드는 서비스 워커로 부터 "message" 이벤트를 수신하는 이벤트 리스너를 추가하는 부분입니다. 이 이벤트 핸들러가 작동하면, 메시지의 내용을 받아와 action 속성이 "navigate"인지 확인합니다. 확인되었다면 현재 페이지를 메시지를 통해 전달된 URL로 이동시킵니다.

다 되었습니다! HTML 링크를 간단히 개선함으로써 링크를 클릭하면 현재 윈도우 창뿐만 아니라 특정 기준(예. 내 계정 페이지를 보여주는 모든 윈도우)과 일치하는 모든 열려 있는 윈도우도 해당 URL로 이동하도록 만들었습니다.

이를 위한 로직은 비교적 간단합니다.

페이지를 제어하는 서비스 워커가 있다면 로그아웃 링크의 기본 액션을 오버라이드override하고, 대신 `"logout"` 액션을 수행하라는 메시지를 서비스 워커로 보냅니다. 서비스 워커는 이 메시지를 기다리고 있다가 메시지가 감지되면 URL에 `"/my-account"`을 포함하고 있고 서비스 워커가 제어하고 있는 모든 윈도우에 메시지를 보내 `"navigate"` 액션을 수행 하도록 합니다. 각 페이지는 이 메시지를 기다리고 있다가 메시지가 감지되면 메시지를 통해 전달된 URL로 이동합니다.

예제 코드에서 이벤트 리스너를 추가하기 전에 서비스 워커가 페이지를 제어하고 있는지 확인하지 않고 있습니다. 이것이 가능한 이유에 주목해야 합니다. 서비스 워커가 현재 제어하고 있는 페이지만 서비스 워커에 메시지를 게시할 수 있는 반면, 그 어떤 페이지도 수신되는 메시지에 대해서는 이벤트 리스너를 추가할 수 있습니다.

235페이지의 '서비스 워커에서 열려있는 모든 윈도우로 메시지 보내기'에 포함된 예제 코드에서 서비스 워커에서 제어하지 않는 페이지로 메시지를 전송하는 사례를 살펴보았습니다.

8.6 동기화 이벤트에서 페이지로 메시지 보내기

이 장을 시작할 때 마주했던 문제를 다시 살펴봅시다.

7장에서는 이벤트를 처리하는 로직을 페이지에서 서비스 워커로 옮겨 돌발 상황에 잘 대처하고 신뢰할 수 있는 앱을 만드는 방법을 살펴보았습니다. 하지만 이 방법은 새로운 문제도 야기합니다. 만약 페이지가 메시지 보내기, 포스트 좋아요 누르기, 예약 만들기 같은 작업을 동기화 이벤트에 위임했을 경우, 이벤트가 종료되고 나서 어떻게 DOM을 업데이트할 수 있을까요? 앞서 서비스 워커와 페이지 사이에 메시지를 게시하는 방법을 살펴보았으니, 이제 이 문제를 해결할 방법이 생겼습니다.

217페이지의 '앱에 백그라운드 동기화 적용하기'에서 신규 예약을 생성하는 로직을 내 계정 페이지에서 동기화 이벤트로 옮겨보았습니다. 하지만 아쉽게도 동기화 이벤트가 성공적으로 완료되었음에도 윈도우로 이를 알릴 수 없었습니다. 앱이 좀 더 예외 상황을 잘 처리할 수 있다고 할 수는 있지만 실제 사용자 경험 측면에서는 한 걸음 뒤로 물러섰다고 할 수 있습니다. 기존 코드는 예약이 생성되는대로 DOM을 업데이트하는 반면, 새롭게 구현된 동기화 코드는 페이지가 네트워크로부터의 업데이트를 요청할 때까지 DOM 업데이트를 뒤로 미루기 때문입니다.

자, 이것을 수정해 봅시다.

serviceworker.js에서 syncReservations() 함수를 다음과 같이 업데이트해 주세요.

```
var syncReservations = function() {
    return getReservations("idx_status", "Sending").then(function(reservations)
{
        return Promise.all(
            reservations.map(function(reservation) {
                var reservationUrl = createReservationUrl(reservation);
                return fetch(reservationUrl).then(function(response) {
                    return response.json();
                }).then(function(newReservation) {
                    return updateInObjectStore(
                        "reservations",
                        newReservation.id,
                        newReservation
                    ).then(function() {
                        postReservationDetails(newReservation);
                    });
                });
            })
        );
```

```
    });
};
```

이 새로운 syncReservations() 함수에는 개선 사항 하나가 포함되어 있습니다; updateInObjectStore()을 호출한 직후, postReservationDetails()도 호출하며, 네트워크로부터 받아온 신규 예약 세부 내용을 파라미터로 전달합니다.

다음으로 serviceworker.js 파일에서 syncReservations() 함수 바로 위에 postReservationDetails() 함수를 추가합니다.

```
var postReservationDetails = function(reservation) {
    self.clients.matchAll({
        includeUncontrolled: true
    }).then(function(clients) {
        clients.forEach(function(client) {
            client.postMessage({
                action: "update-reservation",
                reservation: reservation
            });
        });
    });
};
```

postReservationDetails() 코드는 서비스 워커 범주 내의 모든 클라이언트를 받아와 각 클라이언트에 메시지를 보냅니다. 메시지는 신규 예약의 세부 내용을 포함하고 있으며, 이 메시지를 받는 즉시 예약 정보를 업데이트 하라는 의미로 "update-reservation"라는 이름의 액션값을 갖고 있습니다.

마지막으로 새롭게 추가된 메시지도 처리할 수 있도록, app.js으로 돌아가 이전에 추가했던 "message" 이벤트 핸들러를 업데이트합니다.

```
navigator.serviceWorker.addEventListener("message", function(event) {
    var data = event.data;
```

```
    if (data.action === "navigate") {
        window.location.href = data.url;
    } else if (data.action === "update-reservation") {
        updateReservationDisplay(data.reservation);
    }
});
```

수정된 코드는 "update-reservation"라는 액션명을 갖는 메시지를 찾는 조건문이 하나 추가되어있습니다. 메시지를 찾으면 메시지에 담긴 신규 예약 세부 내용을 인자로 전달하는 updateReservationDisplay() 함수를 호출합니다. updateReservationDisplay()는 my-account.js에 있으며, 예약 객체를 가져오고 DOM의 예약 세부 내용을 업데이트 합니다.

7장에서는 예약 로직을 서비스 워커로 옮겼습니다. 이제, 단 몇 줄의 명령어만으로, 액션의 결과를 페이지에 전달할 수 있고, 화면을 업데이트 할 수 있습니다. 이렇게 사이클이 완료됩니다.

8.7 정리

이번 장에서는 postMessage()를 사용한 서비스 워커와 서비스 워커가 제어하는 윈도우 간의 커뮤니케이션 방법을 살펴보았습니다. 이를 활용해 동기화 이벤트에서 처리된 업데이트 된 예약 데이터를 바로 화면에 반영하고, 서로 다른 윈도우 창 사이에서 로그인 상태 정보가 동기화되도록 앱 UI를 개선할 수 있었습니다.

11장에서는 8장에서 배운 내용을 기반으로 사용자 경험을 더욱 개선시켜 볼 예정입니다. 예를 들어, 서비스 워커 install 이벤트 리스너에서 페이지로 메시지를 게시하여, 사용자에게 앱이 오프라인 사용을 위해 캐싱되었음을 알릴 것입니다.

하지만 그보다 프로그레시브 웹 앱의 가장 흥미로운 신규 기능 두 가지를 먼저 살펴보도록 하겠습니다.

chapter 9

인스톨 가능한 웹 앱으로 홈 화면 차지하기

앞서 우리는 많은 것을 성취했고 이전에는 상상할 수 없었던 많은 것들을 웹에서 할 수 있게 되었습니다. 하지만 지금까지 배운 내용은 브라우저의 영역에만 뿌리를 두고 있습니다. 이번 장에서는 마침내 브라우저를 뛰어넘어 오직 네이티브 앱의 영역에서만 가능했던 부분을 프로그레시브 웹 앱에서 가능하도록 만들 것입니다.

여기서는 사용자의 홈 화면에 주요 자리를 차지하는 방법과 디바이스에 설치 가능한 웹 앱을 만드는 방법을 살펴볼 것입니다. 사용자가 웹 앱에 방문하면, 브라우저는 자동적으로 웹 앱을 디바이스 홈 화면에 설치하라는 메시지를 띄웁니다. 이 웹 앱은 네이티브 앱과 구분되지 않도록 브라우저 UI 없이 전체 화면[full-screen] 모드로 구동될 수 있고, 특정 스크린 방향(예. 가로 혹은 세로 모드)만 지원할 수도 있습니다(그림 9-1 참조).

그림 9-1 크롬에서의 웹 앱 설치 과정

9.1 인스톨 가능한 웹 앱

실제 구현 과정을 들여다보면 놀랍도록 간단합니다. 다음 세 단계만 거치면 됩니다.

1. 서비스 워커 등록하기
2. 웹 앱 매니페스트manifest 파일 생성하기
3. 웹 앱에서 매니페스트에 링크 추가하기

웹 앱에 이미 등록된 서비스 워커가 있음으로 이미 전체 단계의 3분의 1을 완료한 셈입니다. 마지막 두 단계를 진행해보겠습니다.

먼저 웹 앱 매니페스트를 생성합니다.

매니페스트는 웹 앱이 어떻게 구동되고 작동되는지, 어떤 모양으로 보여지는지를 설명하는 간단한 JSON 파일입니다. 생성 방법은 정말 간단합니다.

먼저 다음 명령어를 명령 창에 입력하여 마지막 장의 코드 상태로 돌아갔는지 확인합니다.

```
git reset —hard
git checkout ch09-start
```

그다음 public 디렉터리에 다음과 같이 고담 임페리얼 호텔의 manifest.json 파일을 생성합니다.

```
{
    "short_name": "Gotham Imperial",
    "name": "고담 임페리얼 호텔",
    "description": "Book your next stay, manage reservations, and explore
Gotham",
    "start_url": "/my-account?utm_source=pwa",
    "scope": "/",
    "display": "fullscreen",
    "icons": [{
            "src": "/img/app-icon-192.png",
            "type": "image/png",
            "sizes": "192x192"
        },
        {
            "src": "/img/app-icon-512.png",
            "type": "image/png",
            "sizes": "512x512"
        }
    ],
    "theme_color": "#242424",
    "background_color": "#242424"
}
```

manifest.json의 내용은 비교적 명확하지만, 258페이지의 '웹 앱 매니페스트의 구조'에서 매니페스트 파일의 세부사항을 짚고 넘어갈 것입니다.

다음으로 아래의 HTML 태그를 index.html와 my-account.html의 헤드에 추가합니다. 이 태그는 브라우저에 이 사이트에 대한 매니페스트 파일이 있음을 알려줍니다.

```
<link rel="manifest" href="/manifest.json">
```

여기까지 완료했다면 생성이 끝난 것입니다. 이제 나머지는 모두 브라우저에 달려 있습니다.

9.2 브라우저가 '앱 설치 배너'를 언제 표시할지 결정하는 방법

브라우저가 판단했을 때, 사이트가 홈 스크린에 설치되기 적합하고, 사용자가 홈 스크린에 바로가기를 설치하고 싶을 만큼 해당 사이트에 관심이 있는 것으로 보이면 웹 앱 설치 배너가 나타날 것입니다(그림 9-2 참조).[18]

그림 9-2 크롬의 웹 앱 설치 배너

브라우저에는 사용자 홈 화면에 설치하기 적합한 웹 앱(앱과 동일한 경험을 제공할 수 있는 최소한의 기준을 충족하는 앱)의 설치 배너만이 나타납니다.

18 이 책에서 언급한 설치 배너는 다른 종류의 설치 팝업을 참조한 것입니다. 여기에는 크롬, 오페라의 웹 앱 설치 배너와 삼성 인터넷 브라우저의 '+' 아이콘 등이 포함됩니다.

그 기준은 다음과 같습니다(이 책 집필 시점 기준).

1. 사이트가 HTTPS를 통해 제공됩니다.
2. 등록된 서비스 워커가 있습니다.
3. 이 사이트는 최소 네 가지 필수 필드를 포함하는(258페이지의 '웹 앱 매니페스트의 구조' 참조) 웹 앱 매니페스트를 가지고 있습니다.

앞서 말했듯 브라우저는 사용자가 홈 화면에 바로가기를 두고 싶을 만큼 웹 앱에 대해 관심을 가졌을 때만 웹 앱 설치 배너를 띄웁니다. 브라우저가 이를 판단하는 이른바 '휴리스틱(경험적 방법론)'은 브라우저에 따라 다르고, 브라우저의 종류나 버전마다 다릅니다. 예를 들어 처음 이 기능이 추가되었을 때, 오페라와 크롬 모두 사용자가 2주 동안 최소 이틀 이상 앱을 방문한 경우에만 설치 배너가 나타났습니다. 이러한 휴리스틱은 설치 배너가 나타나는 빈도를 높이기 위해 계속 변경되어 왔으며, 각 브라우저 벤더마다 사용자 경험을 미세히 조정하기 위해 지속적으로 수정되고 있습니다.

즉, 다음 조건이 충족되면 브라우저에 설치 배너가 나타납니다.

```
<>
if (
    웹 앱이 HTTPS로 제공됨 &&
    등록된 서비스 워커가 있음 &&
    필수 속성을 포함하는 매니페스트 파일이 존재함 &&
    매니페스트 파일이 사용자가 방문한 페이지와 연결되어 있음 &&
    브라우저 차원에서 사용자가 해당 웹 앱에 지속적인 관심을 갖을 것이라고 판단 &&
    동일 웹 앱에 대해 사용자가 웹 앱 설치 배너를 거부한 경우가 없음
) then {
    웹 앱 설치 배너가 표시됨
}
</>
```

9.3 웹 앱 매니페스트의 구조

다음으로 넘어가기 전에 먼저 웹 앱 매니페스트 포맷에 대해 살펴보겠습니다.

유효한 JSON 파일은 매니페스트 파일이 될 수 있지만, 웹 앱 설치 배너를 트리거하려면 매니페스트 파일에는 반드시 다음 속성이 포함되어야 합니다.

name과 /또는 short_name

매니페스트 파일 이름에는 name이나 short_name 둘 중 하나(가급적이면 두 가지 모두)가 포함되어야 합니다.

name은 앱의 전체 이름입니다. 앱 설치 배너 그리고 앱의 런치 스크린 내에 긴 이름을 표시할 수 있는 공간이 있을 때 사용됩니다.

만약 앱 이름이 특별히 길 경우 short_name은 전체 이름을 표시할 공간이 없을 때 대안을 제공합니다. short_name은 앱 아이콘 바로 옆과 태스크 매니저, 그 외 전체 이름의 길이가 맞지 않는 어느 곳에서나 사용됩니다. 홈 화면에서 short_name이 잘려보이지 않으려면 앱 이름의 글자 수가 15자를 넘지 않도록 해야 합니다.

예를 들어 보겠습니다. 만약 앱의 전체 이름이 상대적으로 짧다면 short_name이나 name 중 무엇을 사용해도 상관없습니다. 하지만 앱의 전체 이름이 비교적 길다면 전체 이름(예. Gotham Imperial Hotel)과 short_name(예. Gotham Imperial)을 모두 제공해 기기가 앱의 이름을 말줄임표로 자를 수 없도록 해야 합니다('Gotham Imperial Hot…'처럼 보이는 것보다 'Gotham Imperial'로 보이는 것이 훨씬 가독성이 좋습니다).

start_url

아이콘을 클릭하면 열리는 URL 입니다. 이 URL은 도메인 루트일 수도 있고 내부 페이지일수도 있습니다.

고담 임페리얼 호텔의 경우, 홈 스크린에서 앱이 실행되면 가장 첫 번째 페이지로 홈페이지가 아닌 내 계정 페이지를 보여줍니다. 이때 URL에 utm_source=pwa 태그를 쿼리스트링에 추가하는데 이 태그는 애널리틱스 소프트웨어가 홈 스크린에서 구동되는 방문자를 별도로 추적할 때 사용됩니다. 앱에서 이러한 작업을 수행하는 경우 서비스 워커는 쿼리스트링에 utm_source가 포함되거나 포함되지 않거나 관계없이 해당 네트워크 요청 URL을 올바르게 매치할 수 있어야 합니다 (예를 들어 132페이지의 '앱 셸 구현하기'에 구현된 코드는 쿼리스트링을 포함하지 않는 pathname 속성을 사용하기 때문에 쿼리스트링의 내용과는 관계없이 적절하게 매칭될 수 있습니다).

icons

하나 이상의 객체를 포함하는 배열로서 웹 앱이 사용할 수 있는 아이콘을 나타냅니다. 각 객체는 다음과 같은 속성을 포함하고 있습니다.

- **src** 이미지에 대한 절대 또는 상대 URL
- **type** 파일 유형
- **size** 이미지의 픽셀 디멘션

참고로 웹 앱 설치 배너가 트리거되려면 매니페스트가 최소 144픽셀×144픽셀 이상의 아이콘을 하나 이상 포함하고 있어야 합니다.

각 기기에서 아이콘 사이즈는 현재 화면 해상도에서 가장 잘 보이는 사이즈를 배열에서 받아와 결정합니다. 따라서 대부분의 기기에서 사용할 수 있도록 하려면 최소한 192픽셀×192픽셀 크기의 아이콘 하나와 512픽셀×512픽셀 크기의 아이콘 하나가 필요합니다.

display

앱(그림 9-3 참조)이 실행될 디스플레이 모드를 제어합니다. 가능한 설정값은 다음과 같습니다.

- **browser** 브라우저에서 앱을 엽니다.
- **standalone** 주소창 같은 브라우저의 사용자 인터페이스 없이 앱을 엽니다.
- **fullscreen** 브라우저와 디바이스의 UI 없이 앱을 엽니다(안드로이드 기기에서는 브라우저 UI와 디바이스 화면 상단의 상태 표시줄을 모두 숨긴다는 뜻입니다).

데스크톱 앱의 경우로 비유해 설명해보자면, `browser`는 브라우저에서 링크를 클릭한 것처럼 작동하는 반면, `standalone`은 앱이 화면 최대화된 모습으로, `fullscreen`은 앱이 전체 화면으로 열립니다.

웹 앱 설치 배너가 나타나려면 `display` 속성은 `fullscreen` 혹은 `standalone`으로 설정되어 있어야 합니다.

그림 9-3 디스플레이 모드(왼쪽부터 `browser`, `standalone`, `fullscreen`)

위에서 설명한 것은 최소한의 속성으로, 웹 앱 매니페스트는 이 외에도 다음의 속성을 지원합니다.

description

앱에 대한 설명

orientation

화면 방향을 설정할 수 있습니다. 앱의 레이아웃이 세로 혹은 가로 둘 중 하나에 적합한 경우 유용합니다. 예를 들어 텍스트가 많은 앱은 세로 모드를 선호하지만, 대부분의 게임 앱은 가로 모드를 선택합니다(그림 9-4 참조).

화면 방향(`orientation`)과 관련한 가장 일반적인 설정값은 다음과 같습니다.

- landscape
- portrait
- auto

그림 9-4 세로 모드로 고정된 웹 앱

theme_color

`theme_color`를 설정하면 사용자의 사이트에 어울리는 UI를 브라우저와 기기에 설정할 수 있습니다(그림 9-5 참조). 색상 선택은 브라우저 주소창, 태스크 스위처의 앱 컬러, 기기 상태 표시줄까지도 영향을 줄 수 있습니다.

그림 9-5 모바일 기기의 UI와 완벽하게 어울리는 theme_color로 구성된 사이트

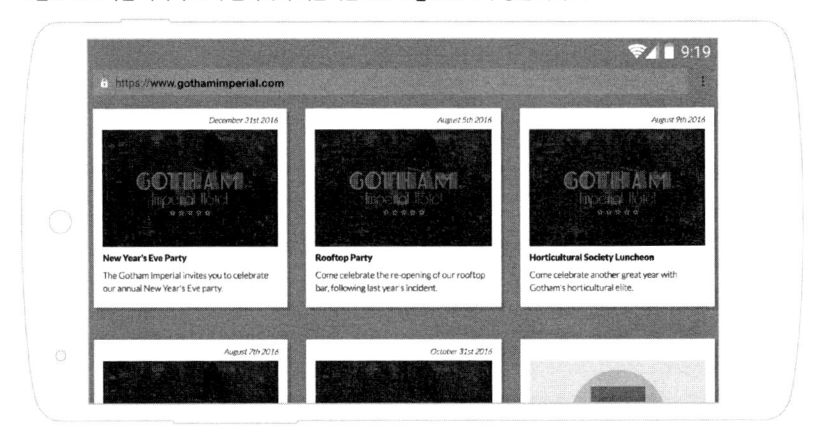

테마 컬러는 메타 태그를 사용하는 페이지에서도 설정할 수 있습니다(예. `<meta name="theme-color" content="#2196F3">`). 페이지가 theme-color 메타 태그를 가지고 있다면, 이 설정은 매니페스트 파일에 있는 theme_color를 덮어쓸 것입니다. 참고로 메타 태그는 개별 페이지에만 영향을 미치지만, 매니페스트 파일 내의 theme_color 설정은 전체 앱에 영향을 줍니다.

background_color

앱이 로드되는 동안 사용될 앱 시작 화면splash screen의 컬러와 앱 백그라운드의 컬러를 설정합니다. 로드가 완료된 후에는, 페이지 내에 정의된 다른 백그라운드 컬러 값이 이 설정값을 덮어쓰게 됩니다(스타일 시트를 통해서나 HTML 태그에 따라). 하지만 백그라운드 컬러를 페이지의 백그라운드 컬러와 동일한 컬러로 설정하면, 앱이 구동된 후 전체 렌더링이 완료될 때까지 부드러운 화면 전환을 보장할 수 있습니다. 특별히 컬러를 지정하지 않으면 앱의 배경은 흰색으로 보이게 되며 이 후 페이지의 백그라운드 색깔로 변경됩니다.

scope

앱의 범위를 정의합니다. 사용자가 full-screen/standalone 앱에서 범위 안의 URL을 클릭하면, URL은 fullscreen/standalone 앱에서 열립니다.

그러나 만약 사용자가 범위 밖으로 이동하는 URL을 클릭하면, URL은 앱이 아닌 일반 브라우저 창에서 열립니다.

예를 들어 `"scope": "/my-account/"`로 설정했다면, 사용자는 범위 내에서 이동하는 동안에는 앱에 머무를 수 있습니다(예. `/my-acount/talater` 혹은 `/my-account?sort=date`). 하지만 사용자가 범위 밖으로 나가는 URL을 클릭하면 해당 페이지는 일반 브라우저에서 열릴 것입니다.

일부 브라우저에서는 scope가 안드로이드 인텐트 필터Android Intent Filter를 설정하는데도 사용됩니다. 웹 앱이 설치되고 scope가 설정되고 나서, 앱 범위 내의 페이지를 가리키는 URL을 클릭하면 브라우저가 열리는 대신 앱이 실행됩니다. 예를 들어 Gotham Imperial 프로그레시브 웹 앱을 설치한 사용자가, 어떤 여행 리뷰 사이트에서 https://www.GothamImperial.com/my-account로 연결되는 URL을 클릭하면, 브라우저에서 해당 링크가 열리는 대신 Gotham Imperial 앱이 구동 될 것입니다.

dir

`name`, `short_name`, `description`의 텍스트 표시 방향입니다. 브라우저의 기본 언어 설정값을 자동으로 가져오지만, 다음 값으로도 설정 가능합니다.

- **ltr** 왼쪽에서 오른쪽으로 쓰는 언어(예. 영어, 포르투갈어 등)
- **rtl** 오른쪽에서 왼쪽으로 쓰는 언어(예. 히브리어, 아랍어 등)
- **auto** 브라우저의 언어 설정값 사용

lang

`name`, `short_name`, `description` 매개 변수에 텍스트에 사용된 언어를 지정합니다. `dir` 매개 변수와 함께 사용하면 오른쪽에서 왼쪽으로 쓰는 언어를 포함한 모든 언어를 정확하게 표시할 수 있습니다.

prefer_related_applications

사용자가 네이티브 앱도 가지고 있을 때, 새로 만든 프로그레시브 웹 앱 대신 네이티브 앱이 구동되기를 바란다면, prefer_related_applications를 true로 설정할 수 있습니다.

이 값을 true로 설정하고 현재 기기 플랫폼용 네이티브 앱이 related_applications에 포함되어 있으면, 웹 앱 설치 배너 대신 네이티브 앱 설치 배너가 나타날 것입니다. 네이티브 앱 설치 배너는 서비스 워커 관련 부분을 제외하고 웹 앱 설치 배너가 나타나는 조건과 동일한 조건을 만족하는 경우에만 표시됩니다.

related_applications

이 매개 변수는 '애플리케이션 객체' 배열을 받습니다. 각 객체는 platform(예. play, itunes), 애플리케이션을 찾을 수 있는 url, 지정한 플랫폼에서 애플리케이션을 나타내는데 사용되는 id를 포함합니다.

다음 예제는 관련된 안드로이드 및 아이폰의 앱을 정의하고, 브라우저가 웹 앱 설치 배너보다 네이티브 앱 설치 배너를 띄우도록 권장하는 예제입니다.

```
"related_applications": [{
    "platform": "play",
    "url": "https://play.google.com/store/apps/details?id=com.goth.app",
    "id": "com.goth.app"
}, {
    "platform": "itunes",
    "url": "https://itunes.apple.com/app/gotham-imperial/id1234"
}],
 “prefer_related_applications ”: true
```

9.4 다양한 플랫폼 호환성 고려하기

안드로이드에 설치된 앱 아이콘이 보여지는 방식은 윈도우즈 8과 윈도우즈 10에서 보여지는 방식과는 상당히 다릅니다. 이 방식은 맥북 프로가 앱 아이콘을 터치바에 보여주는 방식과도 다릅니다. 단일 플랫폼 내에서도, 아이콘은 화면 해상도에 따라 많이 달라질 수 있습니다.

앱과 아이콘은 플랫폼, 브라우저, OS, 기기에 따라 모두 다르게 보여집니다.

솔직히 말하면 이 방법은 늘 잠재적 문제를 품고 있는 지뢰밭이나 마찬가지입니다. 이 책에 소개된 각 플랫폼의 요구사항을 따르고 변경사항을 반영하는 것도 비현실적일 수 있습니다. 다행히도 이러한 복잡한 문제를 매끄럽게 처리할 수 있도록 도와주는 훌륭한 온라인 도구들이 많습니다. https://pwabook.com/appicons에 정리된 목록에서 유용한 도구를 찾아볼 수 있습니다.

고담 임페리얼 호텔은 이 장 초반부에서 추가한 매니페스트 파일뿐만 아니라, 이미 여러 플랫폼에서 아이콘이 잘 보일 수 있도록 중요한 설정을 해두었습니다. 이 부분은 다음 코드에서도 확인할 수 있고, index.html의 <HEAD>에서도 찾을 수 있습니다.

```
<link rel="apple-touch-icon" sizes="180x180" href="/img/apple-touch-icon.png">
<link rel="icon" type="image/png" href="/img/favicon-32x32.png" sizes="32x32">
<link rel="icon" type="image/png" href="/img/favicon-16x16.png" sizes="16x16">
<link rel="shortcut icon" href="/favicon.ico">
<link rel="mask-icon" href="/img/safari-pinned-tab.svg" color="#a3915e">
<meta name="msapplication-config" content="/browserconfig.xml">
<meta name="theme-color" content="#242424">
```

위 설정은 아이폰의 홈스크린 바로가기 추가 아이콘(apple-touch-icon), 신뢰할 수 있는 파비콘(브라우저 탭과 북마크에서 보여지는 favicon), 사파리 탭 고정 아이콘(mask-icon) 및 앱이 윈도우즈 기기에 바로가기가 추가되는 경우 어떻게 표시되는지 결정하는 마이크로소프트 어플리케이션 설정 파일(msapplication-config)에 대한 링크를 포함하고 있습니다. 또한 매니페스트 파일에서 theme-color를 읽어오지 못하는 구식 브라우저를 고려해 메타 태그를 이용, 한번 더 theme-color를 정의합니다.

9.5 정리

수년 전부터 브라우저 메뉴 깊숙이 위치해 있던 **홈스크린에 바로가기 추가하기**라는 항목은 이제 설치 가능한 웹 앱으로 발전했습니다.

설치 가능한 웹 앱은 네이티브 앱의 모든 이점을 가지는 동시에, 네이티브 앱의 복잡한 설치 과정 없이 사용자 기기 홈 화면의 한 자리를 차지합니다.

하지만 큰 힘에는 큰 책임이 따릅니다. 프로그레시브 웹 앱이 네이티브 앱과 어깨를 나란히 하려면, 사용자 경험에 신경써야 합니다. 이 부분은 11장에서 자세히 살펴보겠습니다.

그에 앞서 10장에서 푸시 알림에 대해 먼저 알아봅시다.

chapter 10

사용자에게 푸시 알림 보내기

사용자에게 알림을 보내는 기능만큼 네이티브 앱과 웹 앱을 확연히 구분해주는 기능은 거의 없습니다.

푸시 알림을 받는 데 동의한 사용자는 원하는 앱의 콘텐츠와 데이터를 적절한 시기에 업데이트 받을 수 있습니다. 알림 기능을 제공하지 않는 메신저 앱이라니, 상상하기 어렵죠.

개발자는 푸시 알림을 사용해 사용자 경험을 향상시키고, 이를 통해 사용자의 앱 사용량을 늘릴 수 있습니다. 그런 의미에서 푸시 알림은 사용자가 앱을 사용하도록 만들고, 결과적으로 앱을 성공으로 이끄는 가장 필수적인 요소입니다.

사업적인 측면에서는, 사용자가 앱을 다시 사용하고(re-engage) 계속 사용하게 하는 것이야말로 앱 설치를 통해 기대할 수 있는 수익을 높일 수 있는 핵심 방법입니다. 기대 수익이 충분히 높다면 신규 사용자 획득을 위한 투자를 늘리는 동시에 투자 대비 흑자를 유지할 수 있습니다.

따라서 푸시 알림이 네이티브 앱을 성공으로 이끄는 가장 중요한 요소라고 해도 결코 과언이 아닙니다.

이제 웹에서도 푸시 알림을 사용할 수 있습니다. 그러므로 10장을 시작했던 첫 문장을 이렇게 말할 수도 있습니다.

사용자에게 알림을 보내는 기능만큼 웹 앱에 추가했을 때 큰 효과가 있는 기능은 별로 없습니다.

10.1 푸시 알림의 생애

1장에서부터 푸시 알림에 대해 이야기해왔습니다. 이 시점에서 푸시 알림에 대해 한 가지 짚고 넘어가야 것이 있습니다.

푸시 알림은 실제로는 '한 가지'로 이루어지지 않았습니다.

푸시 알림은 **Push API**를 사용하여 전송된 '메시지'와 **Notification API**를 사용하여 보여지는 '알림'의 두 가지 기능으로 이루어져 있습니다.

10.1.1 Notification API

Notification API를 사용하면 웹페이지나 서비스 워커가 시스템 알림을 생성하고 표시할 수 있습니다.

이러한 알림은 브라우저 밖(기기 상의 UI)에 표시되며, 단일 브라우저 윈도우나 탭 컨텍스트 외부에 존재합니다. 알림은 브라우저 윈도우나 탭과는 독립적으로 작동하기 때문에, 사용자가 사이트를 떠난 후에도 생성될 수 있습니다.

사용자에게 알림을 표시하기 전에 우선 사용자에게 권한을 요청해야 합니다.

다음 코드 예제에서 보는 것과 같이 이 과정은 비교적 간단합니다.

```
Notification.requestPermission().then(function(permission) {
    if (permission === "granted") {
        new Notification("Shiny");
    }
});
```

알림 표시 권한을 요청하는 것은 이 샘플 코드 하나로 충분합니다. 그리고 나서 권한이 부여(granted)되면, "Shiny"라는 제목을 가진 알림이 생성됩니다. 정말 간단하지요.

이 장의 후반부에서는 버튼과 아이콘을 추가하는 방법에 대해 살펴보고, 알림이 왔을 때 사용자 핸드폰을 스타워즈 테마로 진동시키는 방법에 대해서도 살펴볼 것입니다.

10.1.2. Push API

Push API를 사용하면, 앱 사용자는 서버에서 보낸 푸시 메시지를 구독하고, 서버에서는 언제든지 브라우저로 메시지를 전송할 수 있습니다. 푸시 메시지는 서비스 워커에 의해 제어되며, 사용자가 앱을 떠난 후에도 푸시 메시지를 받아 필요한 작업을 할 수 있습니다. 여기서 '작업'이란, 일반적으로 사용자에게 알림을 표시하는 것입니다.

이것은 굉장히 강력한 기능입니다. 사용자 기기에 언제든지 메시지를 전송할 수 있다면, 메시지를 끊임없이 보내 사용자를 괴롭힐 수 있습니다. 심지어 몇 초에 한 번씩 서비스 워커로 메시지를 보내고 서비스 워커가 서버에 사용자의 현재 상태에 관한 데이터를 서버로 다시 전송하는 방식으로 사용자의 행동을 조용히 추적할 수도 있습니다.

Push API가 이런 식으로 남용되지 않도록, 모든 푸시 메시지는 중앙 메시징 서버를 통해 전달됩니다. 이 중앙 서버는 브라우저 공급업체에 의해 관리되며, 사용자의 구독 정보를 저장하고 있습니다. 중앙 서버는 메시지가 악용되거나, 사용자에게 너무 많은 메시지가 전송되지 않도록 방지합니다. 또한 사용자가 메시지를 받을 수 없는 상태에서 메시지를 보낸 경우라도, 이후 메시지가 전달될 수 있도록 여러 복잡한 작업을 처리합니다.

앱과 사용자 사이에 끼어든 중앙 서버의 존재, 그리고 다른 앱에서 여러분의 앱 사용자에게 메시지를 보내는 것을 방지하기 위한 암호화 작업 등을 고려하면 푸시 알림 구현을 위한 학습 곡선learning curve이 조금 가파르게 느껴질 수 있습니다. 따라서 이해하기 쉽도록 전체 과정을 네 단계로 나누어 한 단계씩 살펴볼 예정입니다.

처음 두 단계는 '푸시 메시지 구독하기'와 '서버에 구독 세부내용 저장하기'입니다. 개별 사용자는 이 두 단계를 한 번씩 거치게 됩니다.

마지막 두 단계는 '서버에서 메시지 전송하기'와 '브라우저에서 작업하기'입니다. 이 두 단계는 사용자에게 메시지를 전송할 때마다 발생합니다. 이 단계는 구독 직후 혹은 구독 후 일주일이 지난 다음에도 일어날 수 있습니다.

처음 두 단계를 살펴봅시다(그림 10-2).

그림 10-1 푸시 구독 생성하기 및 저장하기

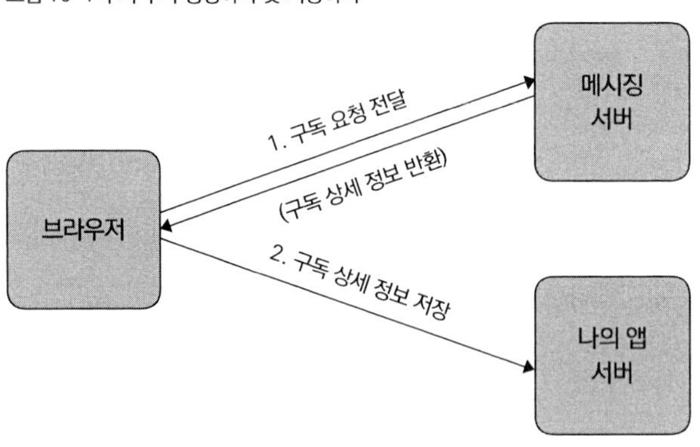

먼저, 웹페이지는 Push API의 `subscribe()` 메소드를 호출합니다. 메소드가 호출되면, 중앙 메시징 서버로 구독 요청이 전달되고, 중앙 서버는 신규 구독 상세 정보를 저장한 후 구독 상세 정보를 페이지로 반환합니다. 구독 상세 정보를 받은 페이지는 이 정보를 나중에 사용할 수 있도록 앱 서버로 전송합니다. 구독 상세 정보는 사용자 상세 정보를 저장하는 테이블이나 객체 저장소에 함께 저장하는 경우가 많습니다.

다음은 메시지를 전송할 때마다 필요한 마지막 두 단계입니다(그림 10-2).

그림 10-2 서버에서 푸시 메시지 전송하기

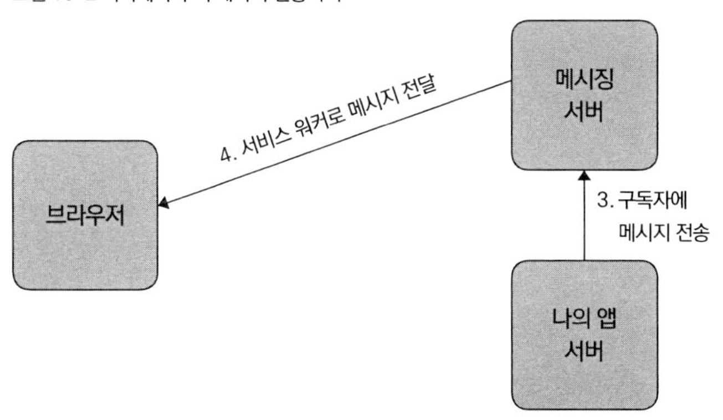

앱 서버는 이전에 저장해두었던 구독 세부 정보를 가져와(2단계에서 저장했던) 메시징 서버로 메시지를 전송할 때 사용합니다. 메시징 서버는 이 메시지를 받아 사용자 브라우저로 전달합니다. 마지막으로 사용자 브라우저에 등록된 서비스 워커는 메시지를 수신하여 그 내용을 읽고 무엇을 할지 결정합니다.

참고로, 신규 푸시 구독(1단계) 생성에는 사용자 권한이 필요합니다. 다행히도 이 권한은 알림 표시를 위한 권한과 같기 때문에 알림을 보여주고 푸시 메시지를 보내려면 권한을 한번만 요청하면 됩니다.

10.1.3. 푸시 알림 프로세스

이제 사용자에게 푸시 알림을 전송하는 전체 프로세스를 확인해 봅시다.

1. 페이지가 사용자에게 알림을 보여주기 위한 권한을 요청하면 사용자가 그 권한을 부여합니다.
2. 페이지가 중앙 메시징 서버에 접속해 신규 구독 생성을 요청합니다.
3. 메시징 서버는 새로운 구독 세부 정보 객체를 응답으로 반환합니다.
4. 페이지는 앱 서버Your server로 구독 세부 내용을 전송합니다.
5. 앱 서버는 다음에 사용하기 위하여 구독 세부 정보를 저장합니다.

6. 시간이 흘러 계절이 바뀝니다. 알림을 보낼 필요가 생깁니다.
7. 앱 서버는 구독 세부 정보를 사용해 사용자에게 보낼 메시지를 메시징 서버로 전송합니다.
8. 메시징 서버는 사용자 브라우저로 메시지를 전달합니다.
9. 서비스 워커의 'push' 이벤트 리스너가 메시지를 수신합니다.
10. 서비스 워커가 메시지 내용을 기반으로 알림을 표시합니다.

푸시 알림을 위한 브라우저 지원

이 장의 앞 부분에서 확인하였듯이, 대부분의 최신 데스크톱 브라우저의 활성화된(active) 윈도우에서 알림을 만들 수 있습니다.

추가로 푸시 메시지를 받고 이를 통해 알림을 표시하기 위해서는 서비스 워커, Notification API, Push API가 지원되어야 합니다.

이 책의 집필 시점을 기준으로 파이어폭스Firefox, 크롬Chrome, 안드로이드 용 크롬Chrome for Android, 삼성 인터넷Samsung Internet, 오페라Opera에서 지원이 되고 있고, 엣지Edge에서는 개발 중입니다.[19]

이 장에서 설명한 API가 확정되기 훨씬 이전부터 애플 사는 사파리 사용자에게 알림을 보낼 수 있는 자체 API를 만들었습니다. 애플의 개발자 사이트(https://pwabook.com/safarinotifications)에서 이에 대해 더 많은 내용을 읽을 수 있습니다.

10.2 알림 생성하기

푸시 알림에 대해 이론적으로 이해할 수 있게 되었으니, 이제 첫 번째 알림을 만들기 위한 코드를 작성해 봅시다.

언제나 그렇듯 명령 창에서 다음 명령어를 실행해 이전 장 마지막 부분의 상태로 코드를 되돌려 놓습니다.

19 옮긴이주_ 엣지에서도 사용 가능합니다. https://bit.ly/2Skjsrx를 참조하세요.

```
git reset —hard
git checkout ch10-start
```

10.2.1 알림을 위한 권한 요청하기

268페이지의 '푸시 알림의 생애'에서 살펴보았듯이, 사용자에게 알림을 표시하기 전에, 사용자 권한이 있는지 먼저 확인해야 합니다.[20]

Notification.permission 속성의 값을 확인하면, 현재 페이지가 알림 표시 permission을 갖고 있는지 확인할 수 있습니다. 만일 값이 "granted"라면 권한을 갖고 있다는 뜻입니다. 사용자가 아직 결정하지 않았다면 "default", 사용자가 이전에 권한 요청을 거부했다면 "denied" 값을 갖게 됩니다.

```
if (Notification.permission === "granted") {
    console.log("Notification permission was granted");
}
```

아직 권한이 없다면 Notification API의 requestPermission() 메소드를 호출하여 사용자에게 요청할 수 있습니다.

```
Notification.requestPermission();
```

아래는 권한을 요청하는 브라우저 UI를 나타냅니다(그림 10-3).

20 옮긴이주_ notification.html를 참고하세요.

그림 10-3 알림 권한 대화상자

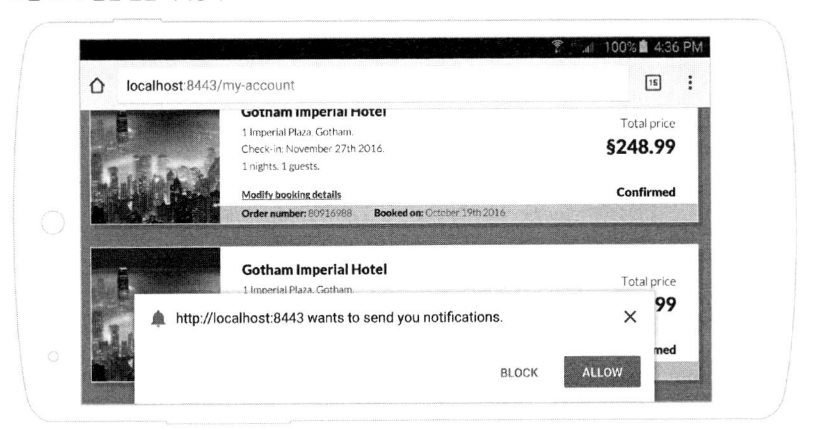

requestPermission()은 사용자(혹은 브라우저)가 권한에 대해 선택하면 리졸브되는 프로미스를 반환합니다. 이 프로미스가 언제나 리졸브된다는 것을 기억하세요. 사용자가 권한을 거부하거나 브라우저에서 권한 요청을 자동으로 차단한 경우에도 언제나 리졸브됩니다. 그렇기 때문에 권한을 요청하고 난 후와 알림 생성을 시도하기 전에 현재 권한 상태를 항상 체크해야 합니다.

```
Notification.requestPermission().then(function(permission) {
    if (permission === "granted") {
        console.log("Notification permission granted");
    }
});
```

리졸브된 프로미스는 다음 값 중 하나를 갖습니다.

granted

현재 페이지는 알림 표시 권한이 있습니다. 이는 다음 중 한 가지를 의미합니다.

1. requestPermission()이 호출되고, 권한 대화상자가 표시되었고, 사용자가 이를 승인했습니다.

2. requestPermission()이 호출되었지만, 이전에 이미 권한을 부여 받았기 때문에, 권한 대화상자가 뜨지 않습니다.

denied

현재 페이지는 알림 표시 권한이 없습니다. 이는 다음 중 한 가지를 의미합니다.

1. requestPermission()이 호출되고 권한 대화상자가 표시되었지만, 사용자가 이를 거부했습니다.
2. requestPermission()이 호출되었지만, 이전에 이미 사용자가 권한 부여를 거부한 적이 있기 때문에 권한 대화상자가 뜨지 않습니다.

default

현재 페이지는 알림을 표시할 권한이 없습니다. 이는 오직 한 가지를 의미합니다.

1. requestPermission()이 호출되었고 권한 대화상자가 표시됐지만, 사용자가 아무 결정을 내리지 않고 대화상자를 닫아버렸습니다.

이러한 모든 경우를 다 합치면 다음 코드와 같이 정리할 수 있습니다.

```
if (Notification.permission === "granted") {
    showNotification();
} else if (Notification.permission === "denied") {
    console.log("Can't show notification");
} else if (Notification.permission === "default") {
    Notification.requestPermission().then(function(permission) {
        if (permission === "granted") {
            showNotification();
        } else if (Notification.permission === "denied") {
            console.log("Can't show notification");
        } else if (Notification.permission === "default") {
            console.log("Can't show notification, but can ask for permission
again.");
        }
    });
}
```

대부분은 (위의 예제 코드처럼) 어떻게 진행할지 결정하기 전에 Notification.permission을 사용해 현재의 권한 상태를 명확히 확인하고 싶겠지만, 브라우저가 필요하지 않은 경우에는 알아서 권한 대화상자를 표시하지 않을 것이라고 믿고 requestPermission()만 호출해도 괜찮은 경우가 있습니다. 이를 활용하면 위의 예제 코드를 다음과 같이 단순하게 만들 수 있습니다.

```
Notification.requestPermission().then(function(permission) {
    if (permission === "granted") {
        showNotification();
    } else if (Notification.permission === "denied") {
        console.log("Can't show notification");
    } else if (Notification.permission === "default") {
        console.log("Can't show notification, but can ask for permission
again.");
    }
});
```

> **NOTE 동일 근원 정책(same-origin policy)**
>
> 사용자의 선택은 동일 근원 정책에 따라 저장됩니다. 즉, 사용자가 권한을 부여하면, 동일 근원(사이트)에 있는 앱의 어느 페이지에서든 새 알림을 생성할 수 있습니다.
>
> 만일 두 개의 페이지가 같은 URI 스키마(예. HTTPS 혹은 HTTP)과 호스트명[hostname](예. www.talater.com)과 포트 번호를 공유한다면 동일 근원에 있다고 할 수 있습니다.
>
> 예를 들어 https://www.talater.com/annyang에 부여된 권한은 https://www.talater.com/upup에서 사용될 수 있지만, http://www.talater.com/annyang(HTTPS가 아닌 HTTP 스키마가 사용) 혹은 https://www.talater.com:8443/(다른 포트를 사용)에서는 사용될 수 없습니다.

10.2.2 알림 표시하기

사용자 권한을 부여받았다면 이제 알림을 생성해봅시다. 새로운 Notification 객체를 생성하면 됩니다.

```
Notification.requestPermission().then(function(permission) {
    if (permission === "granted") {
        new Notification("Shiny");
    }
});
```

이 코드를 브라우저 콘솔에서 실행하면 알림 표시 권한 요청 대화 상자가 나타나야 하고, 뒤이어 "Shiny"라는 제목의 간단한 알림이 보여야 합니다(그림 10-4).

그림 10-4 가능한 가장 간단한 데스크톱 알림

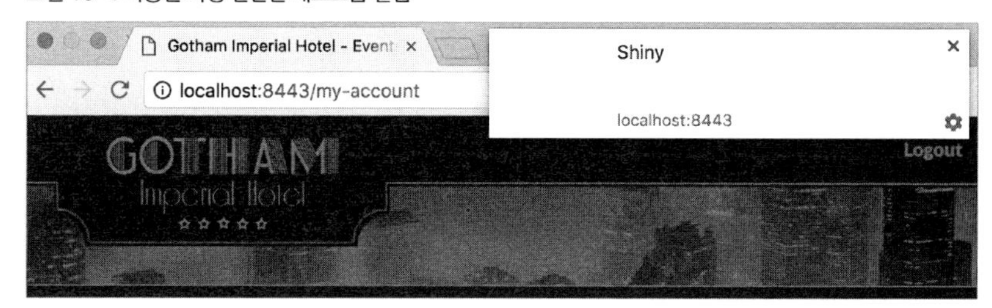

알림 설정 권한 변경하기

권한 대화상자가 뜨지 않는다면, 이전에 이미 해당 사이트에 대한 알림 권한을 거부했거나 승인했을 수 있습니다.

권한 대화상자에서 한번 선택을 하면 브라우저는 해당 정보를 기억하고, 동일한 근원의 페이지에서 권한을 요청해도, 알림 권한 대화상자를 표시하지 않을 것입니다. 개발 중에 이 설정을 수시로 초기화하고 싶을 수 있습니다.

데스크 탑 크롬에서는 주소 창의 사이트 URL 왼쪽의 아이콘을 클릭하여 알림 설정을 변경할 수 있습니다. 안드로이드 크롬이라면 브라우저 메뉴에서 설정 변경 메뉴를 찾을 수 있습니다. 설정(Setting)을 선택하고, 사이트 설정(Site setting)을 클릭합니다.

안타깝게도 데스크톱에서 잘 작동하던 이전 코드가 모바일 기기에서는 작동하지 않습니다. 이를 이해하려면 모바일에서 알림이 어떻게 작동되는지 알아야 합니다. 페이지가 알림을 생성하면 알림은 브라우저 바깥(운영체제 레벨)에서 렌더링됩니다. 사용자가 사이트를 떠난지 한참 지난 후에도 이 알림은 계속 표시될 것이고,

사용자는 이 알림과 상호작용할 수 있습니다. 알림에 대한 사용자 상호작용을 포착하기 위해서는 알림이 상위 레벨(서비스 워커)에 위치해야 합니다.

데스크톱과 모바일 모두에서 작동하는 알림을 생성하려면 서비스 워커를 통해 알림을 생성해야 합니다. 서비스 워커 코드를 수정하지 않아도, 페이지 단에서 서비스 워커의 registration 객체를 사용하여 쉽게 알림을 생성할 수 있습니다.

코드를 약간 수정하면 서비스 워커 registration 객체에서 showNotification()를 호출할 수 있습니다. 이 함수는 Notification 객체 메소드object method와 정확히 똑같은 매개변수를 받습니다.

```
Notification.requestPermission().then(function(permission) {
    if (permission === "granted") {
        navigator.serviceWorker.ready.then(function(registration) {
            registration.showNotification("Shiny");
        });
    }
});
```

이 모바일 친화적 문법은 모바일 기기는 물론 데스크톱에서도 동일하게 잘 작동됩니다(그림 10-5). 여기서부터는 이 문법만 사용할 것입니다. 실제 서비스 중인 앱에서는 최신 브라우저와 서비스 워커 지원이 안 되는 브라우저를 둘 다 지원하기 위해, 두 방법 모두를 사용해야 할 수도 있습니다.

그림 10-5 가능한 가장 간단한 모바일 알림

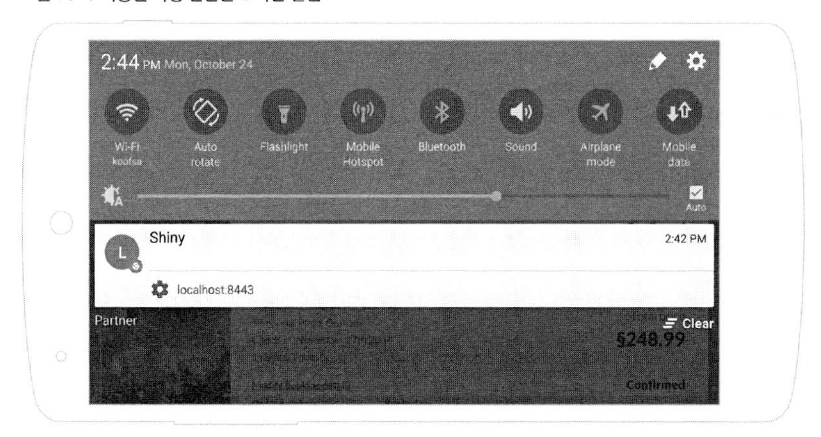

이제 알림 만드는 방법을 알게 되었으므로, 알림을 좀 더 멋지게 만들고 개선하기 위한 몇 가지 추가 옵션을 살펴보겠습니다.

```
navigator.serviceWorker.ready.then(function(registration) {
    registration.showNotification("Quick Poll", {
        body: "Are progressive web apps awesome?",
        icon: "/img/reservation-gih.jpg",
        badge: "/img/icon-hotel.png",
        tag: "awesome-notification",
        actions: [{
                action: "confirm1",
                title: "Yes",
                icon: "/img/icon-confirm.png"
            },
            {
                action: "confirm2",
                title: "Hell Yes",
                icon: "/img/icon-cal.png"
            }
        ],
        vibrate: [500, 110, 500, 110, 450, 110, 200, 110, 170, 40, 450, 110,
200, 110, 170, 40, 500]
    });
});
```

업데이트된 코드는 showNotification()이 두 번째 인수로 어떤 옵션 객체를 받을 수 있는지 보여줍니다. 이 옵션을 사용하여 알림을 커스터마이징하고 작동 방식을 수정할 수 있습니다.

다음은 알림을 생성할 때 사용할 수 있는 모든 옵션 목록입니다. 이 옵션은 registration.showNotification()와 Notification() 양쪽 모두에서 지원됩니다.

body

알림 내 텍스트 본문

icon

알림에 표시 될 이미지 URL(그림 10-6 참조).

그림 10-6 모바일 알림 멋지게 만들기

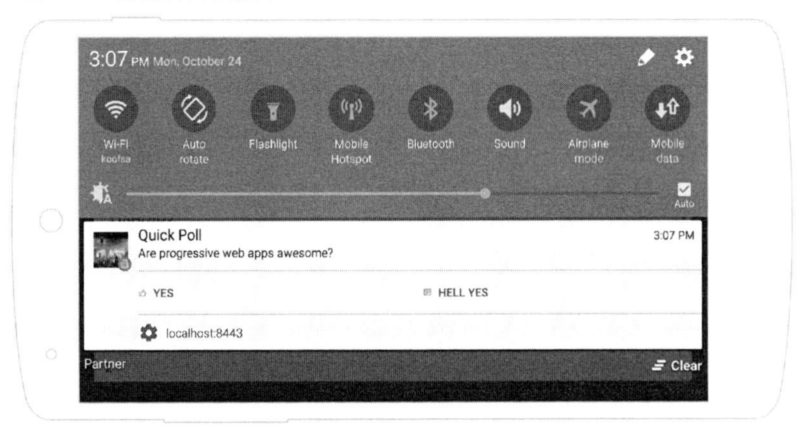

badge

알림을 보낸 앱을 상징하는 이미지 URL 또는 해당 앱이 보낸 알림 종류에 대한 URL. 예를 들어 메시징 앱은 모든 알림에 대한 배지로 로고를 사용하거나, 각기 다른 알림 종류를 나타내기 위해 서로 다른 아이콘(새 메시지 알림 아이콘, 사용자 이름이 언급되었을 때 사용하는 아이콘 등)을 사용하기도 합니다. 전체 알림을 나타낼 공간이 없거나 알림 자체 내부 공간이 없을 때 배지가 표시될 수 있습니다(그림 10-6 아이콘 그림의 우측 하단 참조).

actions

액션 객체 배열을 전달하여, 알림에 최대 두 개의 버튼을 추가할 수 있고 사용자가 알림에서 바로 특정 작업을 수행할 수 있도록 만들 수 있습니다. 이는 사용자가 웹 앱을 실행하거나, 혹은 앱을 열지 않고도 알림에서 바로 작업을 하는 데 사용될 수 있습니다. 예를 들어 메시징 앱에서의 신규 메시지 알림은 '좋아요'와 '답글 달기' 버튼을 포함할 수 있습니다. '답글 달기' 버튼을 누르면 메시징 앱이 바로 실행되고, '좋아요' 버튼을 누르면 앱을 열지 않고 바로 좋아요 기능을 수행할 수 있습니다. 303페이지의 '푸시 이벤트 수신하고 알림 표시하기'에서 액션에 대해 더 자세히 살펴볼 것입니다.

vibrate

진동을 지원하는 기기의 경우, 진동 패턴을 커스터마이징하여 사용자에게 새 알림을 알릴 수 있습니다. `vibrate`은 인티저 배열을 인자로 받으며, 배열 안의 각각의 값은 진동 시간과 정지 시간을 의미하는 밀리초 시간 단위입니다. 예를 들어 `[200,100,300]`은 200ms 동안 진동하고, 100ms 동안 정지하고, 그다음 300ms 동안 또 진동합니다. 위 예제 코드의 진동 설정은 'The Imperial March(스타워즈 다스베이더의 테마곡)'를 재생합니다.

tag

알림을 나타내는 고유 식별자입니다. 만약 현재 표시된 태그와 동일한 태그를 가진 알림이 도착하면, 예전 알림은 조용히 새 알림으로 대체됩니다. 알림을 여러 개 생성해 사용자를 귀찮게 하는 것보다 이 방법이 더 좋은 경우가 많습니다. 예를 들어, 메시징 앱에 안 읽은 메시지가 하나 있는 경우, 알림에 그 메시지 내용을 포함하고 싶을 것입니다. 그런데 기존 알림이 사라지기 전에 다섯 개의 신규 메시지가 도착했다면, 여섯 개의 별도 알림을 보여주는 것보다 "6

개의 새로운 메시지가 있습니다"와 같이 기존 알림 내용을 업데이트하는 것이 더 좋습니다.

다음 코드는 매 초마다 다른 내용을 갖는 신규 알림이 조용히 업데이트되는 알림 생성 코드입니다. 카운터를 사용해 효과적으로 다른 내용을 갖는 알림을 만들 수 있습니다.

```
navigator.serviceWorker.ready.then(function(registration) {
    var count = 1;
    var createNotification = function() {
        registration.showNotification("Counter", {
            body: count,
            tag: "counter-notification"
        });
        count += 1;
    };
    setInterval(createNotification, 1000);
});
```

태그를 제거하거나, 매번 태그를 변경하려는 경우, 브라우저는 여러 개의 알림을 생성합니다.

renotify

방금 보았듯이 기존 알림을 업데이트하기 위해 같은 태그를 사용한다면, 새 알림은 조용히 예전 알림과 교체될 것입니다. renotify를 true로 설정하여, 새 알림으로 교체할 때, 한 번 더 사용자 관심을 끌 수 있습니다(모바일 기기에서는 핸드폰을 다시 한 번 진동시킵니다).

data

알림과 함께 전송할 데이터를 첨부할 수 있습니다. 이 장의 후반부에서 알림 이벤트에 어떻게 반응하고 이 데이터에 접근할 수 있는지 살펴볼 것입니다 (303페이지의 '푸시 이벤트 수신하고 알림 표시하기'를 참조하세요).

dir

알림에서 텍스트를 표시하는 방향입니다. 브라우저 기본 언어 설정을 따르지만 rtl(오른쪽에서 왼쪽으로 읽고 쓰는 언어, 아랍어 또는 히브리어 등) 또는 ltr(왼쪽에서 오른쪽으로 읽고 쓰는 언어, 영어나 포르투갈어 등)로 설정할 수도 있습니다.

lang

알림 텍스트의 기본 언어입니다. 예를 들어 미국 영어의 경우 en-US, 브라질 포르투갈어의 경우 pt-BR이라고 표시합니다.

noscreen

알림을 받았을 때 기기 화면이 켜져야 하는지에 대한 여부를 설정하는 불린boolean입니다. true는 화면이 켜지지 않는다는 것을 의미합니다. 이 책 집필 시점에 이 기능을 지원하는 브라우저는 없었고 기본값으로 false를 사용했습니다.

silent

이 알림을 무음 처리(예. 진동이나 소리 없이)해야 하는지에 대한 여부를 설정하는 불린입니다. 이 책 집필 시점에 이 기능을 지원하는 브라우저는 없었고 기본 값으로 false(무음 아님)를 사용했습니다.

sound

알림이 생성될 때 재생되는 오디오 파일 URL입니다. 이 책 집필 시점에 이 기능을 지원하는 브라우저는 없었습니다.

알림 놀이터

알림을 실험해 보려면 좋아하는 코드 에디터에서 /public/notifications.html을 열고, <script> 태그 내에서 코드를 수정하면 됩니다. 그다음 개발 서버를 시작하고 (34페이지의 '현재의 오프라인 사용자 경험'의 설명 참조) 브라우저에서 http://localhost:8443/notifications.html을 엽니다.

10.2.3 고담 임페리얼 호텔에 알림 지원 추가하기

고담 임페리얼 호텔 웹 앱에 알림을 추가해봅시다. 사용자가 고담 임페리얼 호텔에서 신규 예약을 진행할 때 사용자에게 알림을 보낼 수 있는 권한을 요청하는 것이 목표입니다. 사용자가 권한을 부여하면, 앞으로 예약과 관련한 변경 사항을 알림 형태로 받을 수 있다고 안내하는 알림을 표시합니다.

다음 코드를 my-account.js의 addReservation() 함수 정의 바로 위에 추가하세요.

```
var showNewReservationNotification = function() {
    navigator.serviceWorker.ready.then(function(registration) {
        registration.showNotification("Reservation Received", {
            body: "Thank you for making a reservation with Gotham Imperial
Hotel.\n" +
                "You will receive a notification if there are any changes to
" +
                "the reservation.",
            icon: "/img/reservation-gih.jpg",
            badge: "/img/icon-hotel.png",
            tag: "new-reservation"
        });
    });
};
var offerNotification = function() {
    if ("Notification" in window &&
        "serviceWorker" in navigator) {
        Notification.requestPermission().then(function(permission) {
            if (permission === "granted") {
                showNewReservationNotification();
            }
        });
    }
};
```

위 코드는 다음 두 함수를 정의합니다.

showNewReservationNotification()

사용자가 신규 예약을 생성할 때 새 알림을 표시합니다. 이 함수는 사용자가 이미 앱 알림을 표시할 수 있도록 권한을 부여했다고 가정합니다.

offerNotification()

현재 브라우저에서 서비스 워커와 Notification API가 모두 지원되는지 확인합니다. 그런 다음 알림을 표시하기 위한 권한을 요청합니다. 권한이 부여되면, showNewReservationNotification()을 사용하여 알림을 표시합니다.

다음으로 새로 만든 함수를 호출해야 합니다. my-account.js의 addReservation() 함수를 수정해 새 예약을 생성한 후 showNewReservationNotification()를 호출하도록 합니다.

```
var addReservation = function(id, arrivalDate, nights, guests) {
    var reservationDetails = {
        id: id,
        arrivalDate: arrivalDate,
        nights: nights,
        guests: guests,
        status: "Sending"
    };
    addToObjectStore("reservations", reservationDetails);
    renderReservation(reservationDetails);
    if ("serviceWorker" in navigator && "SyncManager" in window) {
        navigator.serviceWorker.ready.then(function(registration) {
            registration.sync.register("sync-reservations");
        });
    } else {
        $.getJSON("/make-reservation", reservationDetails, function(data) {
            updateReservationDisplay(data);
        });
    }
    showNewReservationNotification();
};
```

이제 사용자가 예약할 때마다 `addReservation()` 함수가 알림 권한(이미 부여되지 않았다면)을 요청하고 새 알림을 표시할 것입니다(그림 10-7).

그림 10-7 신규 예약 알림

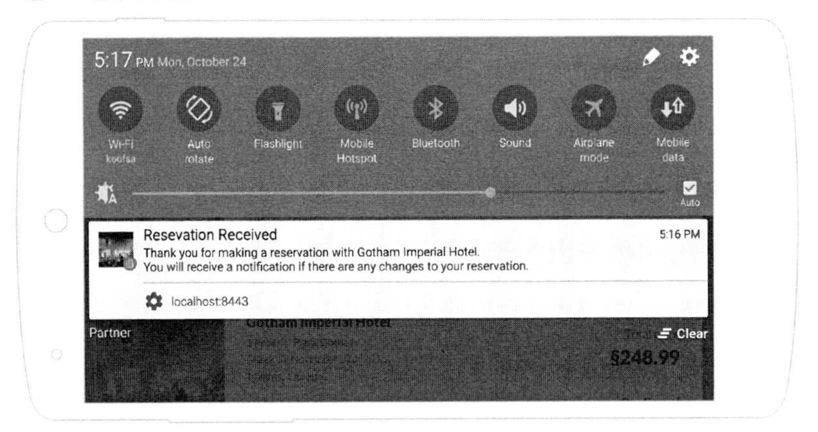

10.3 푸시 이벤트 구독하기

이미 첫 번째 알림으로 많은 진전이 있었습니다. 하지만 사용자들에게 정말로 도움이 되려면 사용자가 앱을 떠난 후에도 알림을 받을 수 있어야 합니다. 이를 위해서는 Push API를 살펴봐야 합니다.

구독 과정을 다시 살펴봅시다(그림 10-8).

먼저 메시징 서버에 접속하여, 이 사용자에 대해 새로운 구독 생성을 요청합니다. 메시징 서버는 해당 사용자에 대한 새 구독 정보를 저장하고 상세 구독 정보를 돌려줍니다. 그다음 다음 번 사용자에게 메시지를 보낼 때 사용할 수 있도록 전달 받은 상세 구독 정보를 앱 서버에 저장해야 합니다.

그림 10-8 푸시 구독 생성하고 저장하기

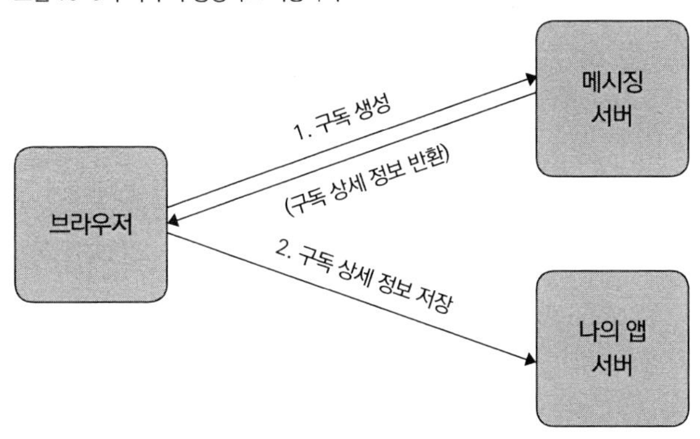

구독을 생성하고 저장하는 과정을 시작하기 전에, 암호화를 짚고 넘어가야 합니다. 걱정마세요. 오래 걸리지 않습니다.

메시지를 전송할 사용자 정보를 기록할 때, 메시징 서버에서 반환된 구독 상세 정보 객체에는 사용자에게 무제한으로 메시지를 보내는 데 필요한 모든 정보가 포함되어 있습니다. 서버 상의 구독 상세 정보에 접근할 수 있는 악의적인 누군가나, 사용자가 구독 중일 때 구독 상세 정보를 가져갈 수 있는 악의적인 스크립트 혹은 브라우저 애드온은 잠재적으로 사용자에게 원하는 만큼의 많은 메시지를 보낼 수 있습니다.

앱 서버Your server만 메시지를 전송할 수 있도록, 메시징 서버는 개발자의 앱 서버에 저장된 비공개 키private key로 서명된 메시지만 사용자에게 전달합니다. 메시지가 올바른 키로 서명되었는지 확인하기 위해, 각 비공개 키는 대응되는 공개 키public key를 갖고 있습니다. 공개 키는 스크립트에 포함되어 있고, 새로운 구독을 생성할 때 메시징 서버로 전송됩니다. 메시징 서버는 구독 세부 정보와 함께 공개 키를 메시징 서버에 저장합니다. 이 키는 앱 서버에서 메시징 서버로 전송된 메시지가 올바른 비공개 키로 서명됐는지 확인할 때만 사용됩니다.

비공개 키를 앱 서버만 갖고 있는 '왕의 인장'이라고 생각하면 됩니다. 이는 메시지가 바로 여러분으로부터 보내졌다는 것을 증명하는 데 사용될 수 있습니다. 반면 공개 키는 누구나 접근할 수 있고 이를 이용해 메시지를 서명할 수는 없습니다. 공개 키는 메시지가 올바른 '왕의 인장'으로 서명되었는지 확인하는 방법을 알고 있습니다.

이 과정을 알기 쉽게 다시 정리해봅시다.

1. 앱을 만들 때, 공개 키와 비공개 키를 생성합니다.
2. 비공개 키는 비밀로 유지되고 서버를 절대 떠나지 않습니다.
3. 공개 키는 스크립트에 포함되어 있고 구독을 생성할 때 메시징 서버로 전송됩니다.
4. 메시징 서버는 나머지 구독 세부 정보와 함께 공개 키를 저장합니다.
5. 서버가 메시지를 보내고자 할 때는 비공개 키를 사용해 서명한 후 메시징 서버로 전송합니다.
6. 메시징 서버는 공개 키를 사용해 메시지가 올바른 비공개 키로 서명되었는지 확인합니다. 비공개 키로 서명되어 있다면, 사용자에게 메시지를 전송할 것입니다.

이 단계를 살펴보면, 구독을 생성하고 푸시 메시지를 보내기 전에 공개 키와 비공개 키 쌍을 만들어야 한다는 점을 알 수 있습니다.

10.3.1 공개 VAPID 키, 비공개 VAPID 키 생성하기

푸시 메시지를 서명하고 메시지를 확인하는 데 사용되는 키를 **VAPID 키**라고 합니다. VAPID는 'Voluntary Application Server Identification for Web Push(웹 푸시를 위한 자발적 어플리케이션 서버 식별)'의 약자입니다.

최대한 간단히 설명하기 위해, 뒤에서 일어나는 암호화의 세부 사항, VAPID

키 생성에 대한 세부 사항, 페이로드를 서명하는 방법에 대해서는 깊이 있게 들어가지 않을 것입니다. 대신 이 복잡성을 숨기기 위해, 더 보편적으로 쓰이는 web-push 라이브러리 중 하나를 사용할 것입니다. 이 책에서는 Node.js용 web-push 라이브러리(https://pwabook.com/webpushnodejs)를 사용하지만, 다른 언어를 사용하는 경우에도 비슷한 라이브러리를 찾을 수 있습니다(https://pwabook.com/webpushlibs 참조).

첫 번째 단계는 web-push 라이브러리를 프로젝트에 설치하는 것입니다. 프로젝트의 루트 디렉터리에서 web-push를 설치하기 위해 명령 창에 다음 명령어를 실행하여 프로젝트에서 사용하는 의존성 목록에 추가하세요.

```
npm install web-push —save-dev
```

그런 다음 web-push를 사용해 공개 키와 비공개 키를 생성할 것입니다. 프로젝트 루트에 generate-keys.js라는 이름의 새 파일을 생성하고, 다음 코드를 작성하여 넣습니다.

```
var webpush = require("web-push");
console.log(
    webpush.generateVAPIDKeys()
);
```

그런 다음, 이 파일을 명령 창에서 실행합니다.

```
node generate-keys.js
```

콘솔에 새 비공개 키와 공개 키가 출력될 것입니다.

```
$ node generate - keys.js
{ publicKey: 'yteswBFEx-JuJhyU7XsteR7xOo3nqygyR',
       privateKey: ' IuKbrkM4inNv2MzlzVRDV4YRw4N65N ' }
```

이 키는 안전한 곳에 저장해야 합니다.

고담 임페리얼 호텔의 경우, /server 디렉터리의 push-keys.js 파일에 비공개 키와 공개 키를 모두 저장하기로 결정했습니다. 프로젝트의 .gitignore 파일에도 이 파일을 추가해 코드를 커밋할 때 비공개 키는 커밋되지 않도록 설정했습니다. 여러분이 생성한 비공개 키도 비슷한 방식으로 처리해야 합니다.

편의를 위해 /server 디렉터리에 generate-push-keys.js 스크립트를 추가해 두었습니다. 이 스크립트가 실행되면 새로운 push-keys.js 파일이 만들어지고, 그 안에 새 키가 저장됩니다.

이제 키를 어떻게 생성하는지 살펴보았으니, 방금 만든 generate-keys.js를 삭제하고, 명령 창에 다음 명령어를 입력해 generate-push-keys.js를 실행시킬 수 있습니다.

```
node server/generate-push-keys.js
```

다음 섹션에서도 볼 수 있지만, 이 명령어가 실행되면 새로운 키 쌍이 생성되어 push-keys.js에 저장됩니다. 향후 앱 서버에서 메시지를 전송할 때 이 파일을 사용합니다.

10.3.2. GCM 키 생성하기

안타깝게도 VAPID 키만으로는 모든 브라우저에 푸시 메시지를 보낼 수 없습니다.

웹 푸시 규약이 마무리되고 VAPID가 합의되기 전에, 일부 브라우저는 먼저 표준화되지 않은 방식을 이용해 푸시 메시지를 구현했었습니다. 42버전과 51버전 사이의 크롬은 구글 클라우드 메시징Google Cloud Messaging을 사용해 푸시 메시지를 구현했고, 오페라와 삼성 브라우저도 같은 방법을 사용했습니다. 이전 버전의 브라우저에서도 푸시 알림이 작동하기 바란다면 VAPID 키 외에도 **GCM API** 키를 생성해야 합니다.

이전에는 구글 클라우드 메시징이라고 불렸던 '파이어베이스 클라우드 메시징Firebase Cloud Messaging' 인터페이스를 통해 FCM API 키(GCM API 키로도 알려져 있는)를 얻을 수 있습니다.

1. https://pwabook.com/firebaseconsole의 파이어베이스Firebase 콘솔에 방문합니다.
2. 구글 계정으로 로그인합니다.
3. 새 프로젝트를 생성합니다.
4. 프로젝트 페이지가 열렸다면 프로젝트명 옆의 설정(⚙) 아이콘을 클릭하고 '프로젝트 설정Project settings'으로 갑니다.
5. '프로젝트 설정'에서 '클라우드 메시징Cloud messaging'을 선택하세요.
6. '프로젝트 사용자 인증 정보Project credential' 영역이 표시되고, '서버 키 추가' 버튼을 볼 수 있습니다. 버튼을 클릭하면 서버키Server Key와 발신자 IDSender ID가 생성됩니다(그림 10-9).

그림 10-9 파이어베이스 콘솔에서 GCM key 생성하기

```
$ node generate-keys.js
{ publicKey: 'yteswBFEx-JuJhyU7XsteR7xOo3nqygyR',
  privateKey: 'IuKbrkM4inNv2MzlzVRDV4YRw4N65N' }
```

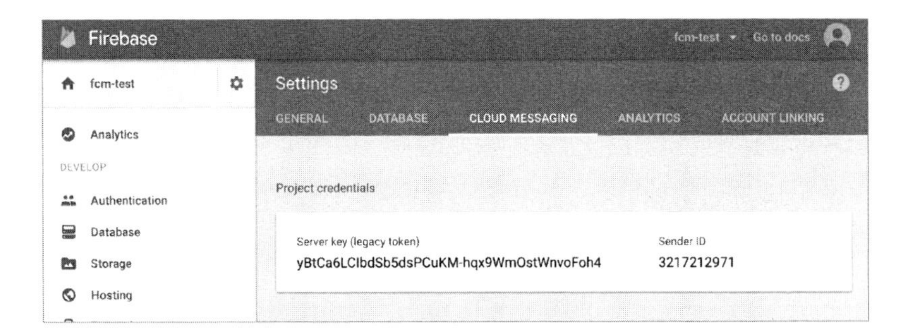

/server 디렉터리의 push-keys.js 파일을 열고 GCMAPIKey의 값을 지금 막 생성한 GCM 서버 키로 설정합니다. subject 항목에는 연락 가능한 서버 어드민 이메일 주소나 연락 가능한 URL을 입력합니다(이 정보는 메시징 서버가 메시지 발신자에게 연락해야 하는 경우에 사용됩니다).

업데이트된 push-keys.js 파일의 내용은 다음과 같아야 합니다(하지만 값은 다릅니다).

```
module.exports = {
    GCMAPIKey: "yBtCa6LClbdSb5dsPCuKM-hqx9WmOstWnvoFoh4",
    subject: "mailto:tal@talater.com",
    publicKey: "yteswBFEX-U7XsteR7x0o3nqygyR",
    privateKey: "IuKbrkM4inNv2MzlzVRDV4YRw4N65N"
};
```

이제 서버는 GCM 서버 키를 알고 있습니다. 새 구독 생성 시 사용할 수 있도록 클라이언트에 GCM 발신자 ID를 추가해봅시다.

/public 디렉터리의 사이트 manifest.json 파일을 열어, gcm_sender_id라는 이름의 키를 추가하고 발신자 ID를 값으로 설정합니다.

```
{
"short_name": "Gotham Imperial",
"name": "Gotham Imperial Hotel",
"description": "Book your next stay, manage reservations, and explore Gotham",
"start_url": "/my-account?utm_source=pwa",
```

```
"display": "fullscreen",
"icons": [{
        "src": "/img/app-icon-192.png",
        "type": "image/png",
        "sizes": "192x192"
    },
    {
        "src": "/img/app-icon-512.png",
        "type": "image/png",
        "sizes": "512x512"
    }
],
"theme_color": "#242424",
"background_color": "#242424",
"gcm_sender_id": "3217212971"
}
```

축하합니다! 이 책에 포함된 암호화 관련 내용을 무사히 통과하셨습니다. 이제 다시 코딩을 해봅시다.

10.3.3 새 구독 생성하기

이제 토대가 마련되었으니, 브라우저로 돌아와 푸시 메시지를 구독할 수 있습니다.

ServiceWorkerRegistration 객체를 사용해 **PushManager interface**를 받아올 수 있습니다. 이 인터페이스는 기존 구독 정보를 가져오는 메소드(getSubscription()), 현재 페이지가 푸시 메시지 구독을 위한 권한을 가지고 있는지 확인하는 메소드(permissionState()), 그리고 푸시 메시지 구독에 가장 중요한 subscribe() 메소드와 같은 여러 유용한 메소드를 포함합니다. 이 모든 메소드는 프로미스를 반환합니다.

```
var subscribeOptions = {
    userVisibleOnly: true
};
navigator.serviceWorker.ready.then(function(registration) {
```

```
    return registration.pushManager.subscribe(subscribeOptions);
}).then(function(subscription) {
    console.log(subscription);
});
```

위 코드는 userVisibleOnly 속성을 갖는 subscribeOptions 객체를 정의하는 것으로 시작합니다. 이는 모든 푸시 메시지가 사용자에게 보여야 한다는 것을 의미합니다(예. 페이지가 푸시 메시지를 받을 때마다 알림을 생성해 사용자에게 보여줍니다). 서비스 워커가 사용자에게 보여주지 않고 메시지를 수신할 수 있으면, 사용자의 개인정보가 위험에 처할 수 있습니다. 이 때문에 userVisibleOnly값 false를 지원하는 브라우저는 없습니다. 만약 이 값을 true로 세팅하지 않고 구독을 생성하려 한다면, 메시징 서버에서 에러가 반환될 것입니다.

다음 코드는 서비스 워커 등록 객체를 받아, pushManager의 subscribe()메소드를 호출합니다(앞서 생성한 구독 옵션 객체를 인자로 함께 넘깁니다). 이 메소드는 메시징 서버에서 응답으로 보낸 구독 세부 정보로 리졸브되는 프로미스를 반환합니다.

이 코드는 VAPID 키를 포함하지 않기 때문에 manifest.json 파일에 발신자 ID를 포함하고, GCM을 통한 메시징을 지원하는 브라우저를 사용하는 사용자만 푸시 이벤트를 구독하게 됩니다.

VAPID가 사용 가능한 경우 VAPID로 작동하고, 그렇지 않은 경우 GCM으로 작동하게 하려면 어떻게 해야 하는지 살펴봅시다.

```
var urlBase64ToUint8Array = function(base64String) {
    var padding = "=".repeat((4 - base64String.length % 4) % 4);
    var base64 = (base64String + padding).replace(/\-/g, "+").replace(/_/g, "/");
    var rawData = window.atob(base64);
    var outputArray = new Uint8Array(rawData.length);
    for (var i = 0; i < rawData.length; ++i) {
```

```
        outputArray[i] = rawData.charCodeAt(i);
    }
    return outputArray;
};
var subscribeOptions = {
    userVisibleOnly: true,
    applicationServerKey: urlBase64ToUint8Array("yteswBFEX-
U7XsteR7x0o3nqygyR")
};
navigator.serviceWorker.ready.then(function(registration) {
    return registration.pushManager.subscribe(subscribeOptions);
}).then(function(subscription) {
    console.log(subscription);
});
```

이 코드를 처음부터 끝까지 살펴봅시다.

구독 옵션 객체 subscribeOptions에 applicationServerKey 설정을 추가했습니다. applicationServerKey에는 공개 VAPID 키가 들어 있습니다(코드의 랜덤 문자열을 공개 키로 교체). 안타깝게도 pushManager는 VAPID 키를 그냥 받지 않습니다. 이를 pushManager가 이해할 수 있는 포맷으로 변환해야 합니다. 이 변환은 코드 상단에서 위치한 urlBase64ToUint8Array( ) 함수를 통해 이루어집니다. 이 함수는 VAPID 공개 키를 pushManager가 요구하는 포맷인 Uint8Array로 변환합니다. 암호화에 별다른 관심이 없다면 이 함수의 상세 작동 방식은 크게 신경쓰지 않아도 좋습니다. 단순히 VAPID 공개 키 문자열을 인자로 넘기면, pushManager가 이해할 수 있는 배열을 반환한다고 이해하면 충분합니다.

urlBase64ToUint8Array( )의 복잡한 코드 부분을 제외한 나머지 부분은 이전 두 예제와 크게 다르지 않습니다. subscribeOptions 오브젝트에 VAPID 공개 키값을 담은 applicationServerKey 속성이 추가된 부분이 유일한 차이입니다.

끝났습니다! 사용자는 이제 푸시 메시지를 구독했고, subscription 변수에 구독 세부 정보가 담겨 있습니다.

이 시점에서는 Ajax나 fetch 호출을 사용하여 구독 객체를 앱 서버에 전송하고 나중에 사용하기 위해 저장할 수 있습니다.

이제 어떻게 새로운 구독을 시작할 수 있는지 이해했으니, 앱에서 직접 구현해봅시다.

10.3.4 고담 임페리얼 호텔에서 푸시 메시지 구독하기

이 장의 앞부분에서 고담 임페리얼 호텔 앱에 알림 지원을 추가했습니다. 사용자가 예약을 하자마자 사용자에게 알림을 표시하기 위한 권한을 요청했습니다.

이제 알림 권한을 부여한 사용자를 위해 푸시 메시지를 구독하고, 구독 정보를 서버에 저장하도록 코드를 수정하겠습니다.

my-account.js의 `offerNotification()` 함수를 변경하세요.

```
var offerNotification = function() {
    if ("Notification" in window &&
        "PushManager" in window &&
        "serviceWorker" in navigator) {
        subscribeUserToNotifications();
    }
};
```

`offerNotification()`에 두 가지 수정 사항을 반영했습니다. 첫 번째, 브라우저에서 PushManager를 지원하는지 확인하기 위해 if문을 하나 더 추가했습니다. 두 번째, 알림 권한을 요청하는 로직과 푸시 이벤트를 구독하는 로직을 `subscribeUserToNotifications()`함수로 뺐습니다(이 함수는 아래에서 새롭게 작성할 예정입니다).

`addReservation()` 함수의 마지막 줄을 수정하여 `showNewReservationNotification()` 대신 `offerNotification()`가 호출되도록 변경하세요.

showNewReservationNotification() 함수는 삭제해도 좋습니다. 더 이상 해당 알림을 표시하지 않는 대신, 서버에서 예약이 확정되면 푸시 메시지를 보내 예약 완료 알림을 표시할 예정입니다.

마지막으로, 다음 코드를 offerNotification() 함수 위에 추가합니다.

```
var urlBase64ToUint8Array = function(base64String) {
    var padding = "=".repeat((4 - base64String.length % 4) % 4);
    var base64 = (base64String + padding).replace(/\-/g, "+").replace(/_/g, "/");
    var rawData = window.atob(base64);
    var outputArray = new Uint8Array(rawData.length);
    for (var i = 0; i < rawData.length; ++i) {
        outputArray[i] = rawData.charCodeAt(i);
    }
    return outputArray;
};
var subscribeUserToNotifications = function() {
    Notification.requestPermission().then(function(permission) {
        if (permission === "granted") {
            var subscribeOptions = {
                userVisibleOnly: true,
                applicationServerKey: urlBase64ToUint8Array(
                    "yteswBFEX-U7XsteR7x0o3nqygyR" // 당신의 public key 로 교체
                )
            };
            navigator.serviceWorker.ready.then(function(registration) {
                return registration.pushManager.subscribe(subscribeOptions);
            }).then(function(subscription) {
                var fetchOptions = {
                    method: "post",
                    headers: new Headers({
                        "Content-Type": "application/json"
                    }),
                    body: JSON.stringify(subscription)
                };
                return fetch("/add-subscription", fetchOptions);
            });
        }
    });
};
```

위 코드는 urlBase64ToUint8Array() 함수로 시작합니다. 그런 다음 subscribeUserToNotifications() 함수를 정의합니다. 이 함수는 알림 권한을 요청하고, 권한을 부여 받으면 새 구독을 생성하고 서버로 전송할 것입니다.

이 함수는 Notification.requestPermission()을 호출하는 것으로 시작합니다. 사용자에게 알림 권한을 요청하고 프로미스를 반환합니다. 프로미스가 리졸브 되면 알림 권한을 부여 받았는지 확인합니다. 그다음 공개 VAPID 키를 applicationServerKey값으로, userVisibleOnly를 true로 설정해 구독 옵션 객체를 정의합니다. 이때, 공개 VAPID 키는 server/push-keys.js에서 찾을 수 있는 여러분의 키를 사용해야 합니다. 다음으로 navigator.serviceWorker.ready를 사용하여 서비스 워커 등록 객체를 가져와 pushManager의 subscribe()을 호출합니다. 프로미스가 리졸브되고 뒤이어 then 블록이 실행되면, 사용자가 알림 권한을 부여하고 해당 사용자의 푸시 메시지 구독이 성공적으로 이루어진 것입니다.

이제 해야 할 일은 서버 데이터베이스에 저장할 구독 세부 정보를 앱 서버로 보내는 일뿐입니다. 새 fetch 요청을 생성하고, 요청 메소드를 POST로 세팅하고, 서버가 JSON이 전달된다는 것을 알 수 있도록 Content-Type 헤더를 application/json로 설정하고, 마지막으로 JSON.stringify()를 사용해 구독 객체를 JSON 문자열로 변환해 앱 서버에 전송합니다.

전체 과정을 한 번 더 살펴봅시다.

1. 브라우저가 서비스 워커, Notification API, Push API를 지원하는지 확인합니다.
2. 알림 표시 권한을 요청하고, 권한을 부여 받은 경우에만 계속 진행합니다.
3. VAPID 공개 키(변환 후)를 사용해 메시징 서버에 새로운 구독을 생성합니다.
4. 구독 세부사항을 전달 받으면, 자체 앱 서버로 전송해 저장합니다.

한 가지 작업이 남아 있습니다. 앱 서버 데이터베이스에 구독 세부 정보를 저장하기 위한 서버 쪽 코드가 필요합니다. 이 부분을 구현하는 것은 앱이나 서버에 따라 그리고 서버에서 어떤 데이터 구조를 사용하고 어떻게 저장하는지에 따라 크게 달라집니다. 하지만 기본 전제는 단순합니다. 보통 구독 세부정보는 사용자 테이블이나 객체 저장소에 문자열 형태로 저장됩니다. 사용자에게 알림을 보내고 싶을 땐, 이 문자열을 읽어서 객체로 다시 변환해야 합니다.

server/index.js와 server/subscriptions.js에서 아주 간단하고 기본적인 구현을 확인할 수 있습니다. 샘플 앱에는 '사용자'라는 컨셉이 없으므로(오직 한 명의 사용자만 지원하기 때문에), 모든 구독 정보를 사용자와의 연결없이 그냥 `subscriptions` 객체 저장소에 저장합니다. 물론 진짜 앱에서는 이렇지 않지요.

10.4 서버에서 푸시 이벤트 전송하기

이제 서버에서 사용자로 푸시 메시지를 보내는 데 필요한 모든 것이 갖춰졌습니다.

VAPID 비공개 키와 공개 키

VAPID를 지원하는 브라우저에서 메시지에 서명하고 구독을 생성하는 데 사용합니다.

GCM API 서버 키와 발신인 ID

VAPID를 아직 지원하지 않는 브라우저에서 VAPID 대신 메시지에 서명하고 구독을 생성하는 데 사용합니다.

구독 상세 정보 객체

이 객체는 메시징 서버로부터 받았습니다. 특정 사용자 구독으로 메시지를 전송하는 데 필요한 세부 사항을 포함하고 있습니다.

세부 정보에는 공개 키, 인증 비밀authentication secret 그리고 엔드포인트(endpoint, 말그대로 메시지를 전송할 URL) 정보가 포함됩니다

메시지

보내고자 하는 메시지의 내용입니다. 간단한 문자열(예. "show-new-message-notification") 혹은 보다 많은 세부 사항을 포함하는 객체(예. {msg: "reservation-confirmation", reservationId: 19, date: "2021-12-19"})가 될 수 있습니다.

이 모든 세부 정보를 사용하여, 이 메시지를 전송하도록 메시징 서버에 전달할 요청을 만들 수 있습니다. 다만 이 부분도 JWT(JSON Web Token)를 위한 Authorization 요청 헤더를 포함 여러 가지 HTTP 헤더를 추가하다보면 금세 복잡해질 수 있습니다.

다행히도, web-push 라이브러리를 사용하여 암호화 복잡성을 다시 한 번 우회하고 메시지를 (비교적) 쉽게 전송할 수 있습니다.

```
var webpush = require("web-push");
var pushKeys = {
    GCMAPIKey: "yBtCa6LClbdSb5dsPCuKM-hqx9Wm0stWnvoFoh4",
    subject: "mailto:tal@talater.com",
    publicKey: "yteswBFEX-U7XsteR7x0o3nqygyR",
    privateKey: "IuKbrkM4inNv2MzlzVRDV4YRw4N65N"
};
var subscription = {
    endpoint: "https://fcm.googleapis.com/fcm/send/dQbqPBPWo_A:AHH91bHyhyrG9",
    keys: {
        p256dh: "BEJ_yK1xAC8DFrbXjiRKGVxCh8c8FImUyrNbm8rcVVIvDT3an18ab7011
Jw=",
        auth: "o-hRay472334PuqppKq-lg=="
    }
};
var message = "show-notification";
webpush.setGCMAPIKey(pushKeys.GCMAPIKey);
webpush.setVapidDetails(
    pushKeys.subject,
    pushKeys.publicKey,
    pushKeys.privateKey
```

```
);
webpush.sendNotification(subscription, message).then(function() {
    console.log("Message sent");
}).catch(function() {
    console.log("Message failed");
});
```

위 코드는 web-push 라이브러리를 요구하며 시작합니다. 그런 다음 앞 목록에 설명된 메시징 서버로 메시지를 보내기 위해 필요한 모든 세부 사항(VAPID 와 GCM 키, 구독 상세 정보, 메시지)을 포함합니다. 다음으로 준비한 세부 사항을 사용하여 `webpush.setGCMAPIKey()`와 `webpush.setVapidDetails()`를 호출해 web-push를 설정합니다. 마지막으로, `webpush.sendNotification()`로 구독 객체와 메시지를 넘겨 메시지를 전송합니다. `webpush.sendNotification()`는 프로미스를 반환합니다. 이 프로미스는 메시징 서버가 메시지를 전송큐에 추가할 수 있다고 판단하면 리졸브되고, 잘못된 경우 실패합니다.

메시징 서버가 메시지가 전송될 수 있다는 것을 확인하면 `webpush.sendNotification()`가 반환한 프로미스가 리졸브된다는 것을 기억하세요. 이는 아직 사용자에게 메시지가 성공적으로 전송되었다는 의미가 아닙니다. 사용자가 현재 오프라인 상태이고, 메시징 서버는 사용자에게 메시지를 보내려고 계속 시도 중일 수도 있습니다. 혹은 드물긴 하지만 그 사이 사용자가 앱의 알림 권한을 취소해 푸시 메시지를 보낼 수 없는 상태가 될 수도 있습니다.

이전 예제는 하나의 구독 세부 정보와 간단한 텍스트 메시지 등 하드코딩값을 많이 사용했습니다. 실제 코드는 더 유연하고 동적이어야 할 것입니다. VAPID와 GDM 세부 정보는 코드와 별도로 유지되고, 메시지는 데이터베이스에서 가져온 여러 구독으로 전송될 수 있고, 메시지 자체는 더 많은 세부 정보를 포함할 수 있습니다.

고담 임페리얼 호텔 서버에 이것이 어떻게 구현되어 있는지 살펴봅시다.

subscriptions.js의 다음 코드를 보세요.

```
var db = require("./db.js");
var webpush = require("web-push");
var pushKeys = require("./push-keys.js");
var notify = function(pushPayload) {
    pushPayload = JSON.stringify(pushPayload);
    webpush.setGCMAPIKey(pushKeys.GCMAPIKey);
    webpush.setVapidDetails(
        pushKeys.subject,
        pushKeys.publicKey,
        pushKeys.privateKey
    );
    var subscriptions = db.get("subscriptions").value();
    subscriptions.forEach(function(subscription) {
        webpush.sendNotification(subscription, pushPayload).then(function() {
            console.log("Notification sent");
        }).catch(function() {
            console.log("Notification failed");
        });
    });
};
```

notify() 함수는 예약이 확정되었을 때 메시지를 보내기 위해 reservations.js에서 호출됩니다.

```
subscriptions.notify({
    type: "reservation-confirmation",
    reservation: reservation
});
```

subscriptions.js는 로컬 데이터베이스와 web-push 라이브러리를 사용합니다. 푸시 메시지를 전송하기 위해 필요한 키를 저장하는 push-keys.js 파일도 사용합니다(이 파일을 생성하는 방법에 대한 세부 내용은 288페이지의 '공개 VAPID 키, 비공개 VAPID 키 생성하기'에서 다루고 있습니다).

전송받는 메시지를 문자열로 변환하기 위해 JSON.stringify()를 사용하는 부분도 있습니다. 이전 예제 코드에서 볼 수 있듯이 객체를 메시지로 전달할 수 있습니다.

마지막으로 구독 세부정보 객체를 데이터베이스에서 가져와 forEach()문으로 루프를 돌며, 모든 구독자에게 메시지를 전송합니다. 일반적인 경우, 한 번에 한 명의 구독자에게만 메시지를 전송히거나 각 사용자를 위한 각각의 메시지 내용을 커스터마이징할 가능성이 큽니다. 코드를 단순하게 유지하기 위해, 기초적인 상태인 우리 서버는 사용자를 한 명만 지원하기 때문에 모든 예약 확정 알림은 모든 구독자에게 전송됩니다.

이 장에서는 서버사이드 코드에 대해 살펴봅니다. 핵심 개념이 잘 드러날 수 있도록 최대한 코드를 간단히 유지했습니다. 푸시 메시지 전송을 처리하기 위해 Node.js와 web-push 라이브러리(https://pwabook.com/webpushnodejs)를 사용했습니다. 다른 프로그래밍 언어에서도 비슷한 라이브러리(https://pwabook.com/webpushlibs)를 찾을 수 있습니다.

고담 임페리얼 호텔의 예제로 코딩을 하고 있다면, 서버에 새로운 것을 구현할 필요가 없습니다. 소개된 모든 서버 코드는 이미 내려받은 코드에 구현되어 있습니다.

10.5 푸시 이벤트 수신하고 알림 표시하기

이 시점에서 프론트엔드 코드는 사용자에게 알림 표시를 하기 위해 어떻게 권한을 받아올지, 어떻게 구독을 생성할지, 구독 상세 정보를 어떻게 앱 서버에 저장할지 알고 있습니다. 앱 서버는 예약이 확정되었을 때 어떻게 예약 확정 푸시 메시지를 사용자의 브라우저로 보낼 수 있는지 알고 있습니다.

다시 브라우저로 돌아와 서비스 워커가 어떻게 이 메시지를 수신하고 필요한 작업할 수 있는지 보겠습니다.

앞서 살펴본 것처럼 Push API와 Notification API 모두 동일한 권한을 필요로 합니다. 이것은 일단 서비스 워커가 푸시 메시지를 수신하면, 알림 표시를 위해 필요한 모든 것을 가지고 있다는 뜻입니다. 따라서 코드는 다음 예제와 같이 간단해질 수 있습니다.

```
self.addEventListener("push", function() {
    self.registration.showNotification("Push message received");
});
```

푸시 메시지가 브라우저에 도착하면, 서비스 워커에서 푸시 이벤트가 발생합니다. 만약 사용자가 몇 주동안 사이트에 방문하지 않았더라도, 서비스 워커는 메시지가 도착하는대로 조치를 취할 것입니다. 알림을 통해 사용자를 재참여시킬 수 있는 기회를 제공할 수 있습니다(그림 10-10).

그림 10-10 푸시 이벤트에 대한 응답으로 표시된 알림

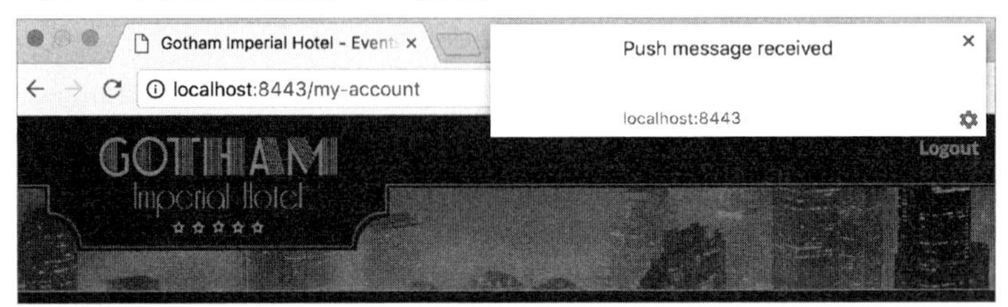

서비스 워커 내에서 알림을 표시하기 위한 코드는 앞서 272페이지의 '알림 생성하기'에서 보았던 코드와 같습니다. 유일한 차이점이라면 서비스 워커 내에서 `self.registration`을 사용하여 등록 객체에 쉽게 접근할 수 있다는 점입니다.

push 이벤트 리스너에서는 PushEvent 객체(이벤트 리스너의 첫 번째 인수로 전달되는)의 data 속성을 통해 푸시 메시지 콘텐츠에 접근할 수 있습니다.

```
self.addEventListener("push", function(event) {
    var message = event.data.text();
    self.registration.showNotification("Push message received", {
        body: message
    });
});
```

그림 10-11에서 볼 수 있듯이, data 속성은 메시지 콘텐츠를 간단한 문자열로 반환하는 text() 메소드를 가지고 있습니다. 또한, 메시지 콘텐츠를 JSON 형식으로 파싱하고, 그 결과를 객체로 반환하는 json() 메소드도 가지고 있습니다(그림 10-12).

그림 10-11 event.data.text()를 보여주는 푸시 알림

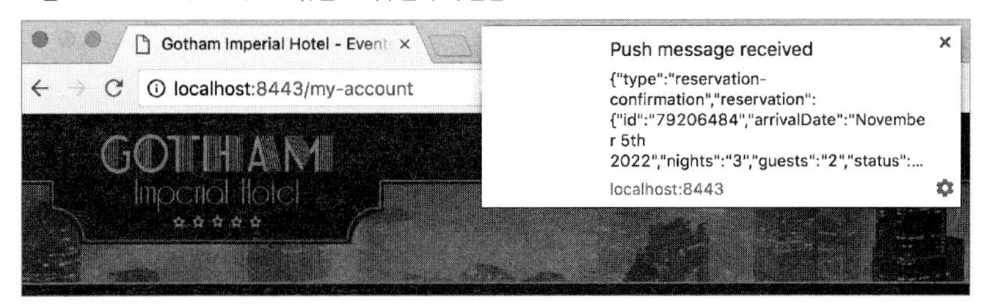


```
self.addEventListener("push", function(event) {
    var message = event.data.json();
    self.registration.showNotification("Push message received", {
        body: "Reservation for " + message.reservation.arrivalDate + " has 
been confirmed."
    });
});
```

그림 10-12 event.data.json()를 보여주는 푸시 알림

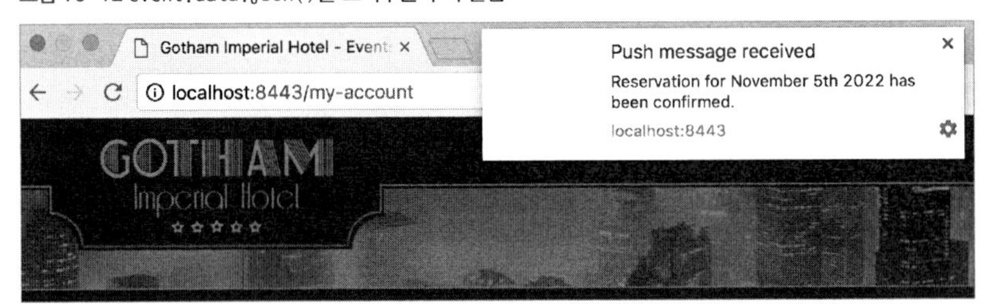

고담 임페리얼 호텔 예약이 확정되면, 지금까지 배운 모든 것을 활용하고 구현하여 사용자에게 멋진 알림을 표시해봅시다.

serviceworker.js 파일 끝 부분에 다음 코드를 추가하세요.

```
self.addEventListener("push", function(event) {
    var data = event.data.json();
    if (data.type === "reservation-confirmation") {
        var reservation = data.reservation;
        event.waitUntil(
            updateInObjectStore(
                "reservations",
                reservation.id,
                reservation)
            .then(function() {
                return self.registration.showNotification("Reservation
Confirmed", {
                    body: "Reservation for " + reservation.arrivalDate + "
has been confirmed.",
                    icon: "/img/reservation-gih.jpg",
                    badge: "/img/icon-hotel.png",
                    tag: "reservation-confirmation-" + reservation.id,
                    actions: [{
                        action: "details",
                        title: "Show reservations",
                        icon: "/img/icon-cal.png"
                    }, {
                        action: "confirm",
                        title: "OK",
                        icon: "/img/icon-confirm.png"
```

```
                    }, ],
                    vibrate: [500, 110, 500, 110, 450, 110, 200, 110, 170, 40,
450, 110, 200, 110, 170, 40, 500]
                });
            })
        );
    }
});
```

새로 추가된 이벤트 리스너는 푸시 이벤트를 침착하게 기다립니다. 푸시 메시지가 서비스 워커에 도착하면 이벤트 리스너는 PushEvent에 담긴 데이터를 받고, 이벤트가 갖는 type 속성을 기반으로 필요한 작업을 수행합니다. type이 "reservation-confirmation"이면, updateInObjectStore()를 사용하여 IndexedDB의 예약을 업데이트하고, self.registration.showNotification()를 사용해 알림을 표시합니다(그림 10-13).

그림 10-13 예약 확정 알림의 최종 모습

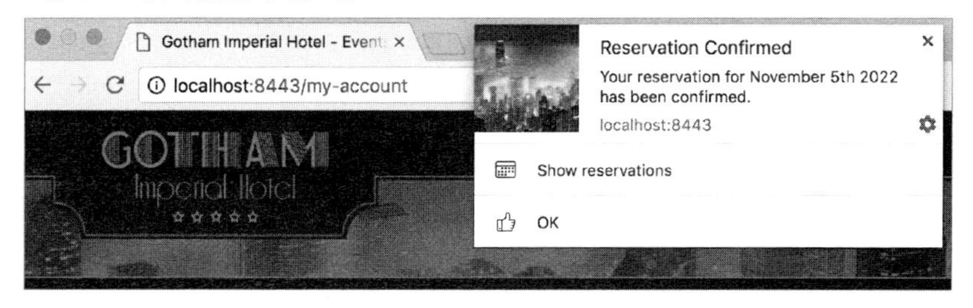

고담 임페리얼 호텔에서 보낸 메시지는 다음 구조를 가지고 있습니다.

```
{
    "type": "reservation-confirmation",
    "reservation": {
        "id": "79212418",
        "arrivalDate": "November 5th 2022",
        "nights": "3",
        "guests": "2",
        "status": "Confirmed",
        "bookedOn": "2016-10-31T15:40:41+02:00",
        "price": 636
    }
}
```

푸시 메시지 데이터를 type과 reservation 객체로 구조화한 것은 완전히 임의적인 선택입니다. type없이 구조화 시킬 수도 있습니다. 전체 메시지를 최종 알림 텍스트가 담긴 간단한 문자열로 만들 수도 있고, 서비스 워커에서 파싱하고 IndexedDB에서 해당 ID에 대한 예약 세부 정보를 가져오도록 "reservationconfirmation,79212418"와 같은 문자열로 만들 수도 있습니다.

새로운 이벤트 핸들러 코드를 더 자세히 살펴보겠습니다.

먼저 'push' 이벤트 리스너 코드는 푸시 이벤트를 완료하기 전에, event.waitUntil()를 사용하여 IndexedDB 업데이트와 알림을 표시하기 위한 코드가 성공적으로 완료될 때까지 기다립니다. 3장에서 살펴보았듯이, waitUntil()로 전달된 프로미스가 리졸브될 때까지 이벤트의 수명이 연장됩니다. 이 경우 waitUntil()에 프로미스를 반환하는 updateInObjectStore() 함수를 전달했습니다. 이 프로미스가 리졸브 되면, showNotification()로 이어집니다. 이 함수 역시 프로미스를 반환합니다.

만약 waitUntil()을 호출하지 않는다면, 네트워크 요청과 같이 시간이 걸리는 작업이 완료되기 전에 브라우저가 PushEvent를 종료시킬 수 있습니다. 이렇게 되면, 네트워크 요청이 완료된 시점에는 서비스 워커를 사용할 수 없고 작업 결과물을 처리할 수도 없게 됩니다.

알림을 표시하기 전에, updateInObjectStore()를 호출하여 IndexedDB의 예약 세부 정보를 업데이트합니다. 푸시 이벤트 내에서 이 작업을 수행함으로써, 로컬 예약 데이터를 언제나 최신 상태로 유지할 수 있습니다. 만약 사용자가 예약 중 하나가 확정되었다고 푸시 알림을 수신한 후에 오프라인 상태에서 앱에 방문한다면, 가장 최신 예약 데이터(확정된 예약 포함)가 표시될 것입니다.

그다음 showNotification()이 호출됩니다. 여기서 사용된 문법은 지금쯤이면 익숙하겠지만 한 가지 추가된 부분이 있습니다. 커스터마이징 된 메시지, 멋진 배지와 아이콘, vibrate 옵션이 연주하는 범핑 테마 곡 외에도, 알림에는 두 개의 버튼이 바로 그것입니다. 이 두 버튼은 알림 옵션 객체의 actions 속성을 사용하여 생성됩니다.

각 알림 액션은 title(버튼 텍스트), icon(텍스트 옆에 보여지는 아이콘), action(이 액션을 구분하기 위해 사용하는 이름)으로 구성되어 있습니다. 그런데 분명히 뭔가 빠진 게 있습니다. 그것은 실제로 어떤 작업을 수행하기 위한 방법에 대한 부분입니다.

알림은 브라우저 밖(운영체제 레벨)에서 랜더링되고, 알림이 생성된 지 한참 지난 후에야 사용자가 응답할 수 있는(예. 한밤중에 팝업되는 알림) UI 요소 입니다. 그렇기 때문에 액션이 발생할 때까지 기다리는 콜백이나 프로미스를 가지고 있다는 것은 말이 되지 않습니다. 대신, 알림을 통해 발생한 액션은 별도의 이벤트로 서비스 워커에 보내집니다. 이 이벤트를 수신하여, 사용자가 알림과 어떤 상호 작용을 했는지에 따라(알림을 닫거나, 버튼 하나를 클릭하거나) 필요한 작업을 수행할 수 있습니다.

serviceworker.js를 열어 파일 끝 부분에 다음 코드를 추가하세요.

```
self.addEventListener("notificationclick", function(event) {
    event.notification.close();
    if (event.action === "details") {
        event.waitUntil(
            self.clients.matchAll().then(function(activeClients) {
                if (activeClients.length > 0) {
                    activeClients[0].navigate("http://localhost:8443/my-
account");
                } else {
                    self.clients.openWindow("http://localhost:8443/my-
account");
                }
            })
        );
    }
});
```

위 코드는 notificationclick 이벤트를 수신할 수 있습니다. 이 이벤트는 앱에서 생성된 알림을 클릭할 때마다 발생합니다.

이벤트 리스너는 알림을 종료하기 위해 event.notification.close()를 호출합니다. 일단 사용자가 알림과 상호작용했다면 그대로 유지할 의미가 없습니다. 또한 이렇게하면 기기, 운영체제, 브라우저와 상관없이 통합된 사용자 경험을 보장할 수 있습니다. 사용자가 알림을 클릭하는 동시에 알림이 사라지는가 하면, 또 어떤 경우는 닫으라고 할 때만 알림이 닫히고, 다른 일부는 사용자가 명시적으로 알림을 닫을 때만 알림이 사라집니다.

다음으로 사용자가 알림과 어떤 상호작용을 했는지 알아내야 합니다. 지금까지는 사이트에 단 하나의 알림만 있었고, '예약 보기' 버튼을 클릭하면 일어나는 일에만 관심이 있었지만, 이제는 이벤트의 action 속성을 확인해야 합니다. action 속성은 클릭된 액션의 이름입니다(아무 액션도 클릭되지 않았다면 비어있는 문자열). 이 이름은 action 속성으로 지정한(details와 confirm으로 정함) 이름과 같은 이름입니다. 사용자가 클릭한 액션이 details라면, 앱의 '내 계정' 페이지로 이동합니다. 이 시점에서 self.clients.openWindow(url)를 호출하여 새 윈도우 창을 하나 열 수 있지만, 더 나은 사용자 경험을 제공하기 위해, 앱에 이미 보여지는 활성화된 윈도우가 있는지 먼저 확인합니다. 만약 존재한다면, 그 윈도우에서 '내 계정' 페이지로 이동할 것입니다.

만약 열려 있는 윈도우를 확인하는 코드(self.clients.matchAll)가 낯설다면 8장을 확인하세요.

10.5.1 알림 깊이 들여다보기

앞선 예제는 매우 간단한 경우입니다. 사이트가 하나의 알림 유형(예약 확정)만 가지고 있기 때문에, 어떤 알림이 클릭되었는지 신경쓰지 않아도 됩니다. 이보다 더 복잡한 예제에서는, 예약 확정 알림은 물론, 새 이벤트를 알리는 알림 등 여러 알림이 한 번에 다같이 뜰 수 있습니다.

어떤 종류의 알림이 notificationclick 이벤트를 발생시켰는지(예. 새로운 알림이었는지 예약 확정 알림이었는지) 확인하고 싶거나, 어떤 특정 알림이 클릭되었는지(예. 사용자가 할로윈 파티 알림의 RSVP 버튼을 클릭했는지 아니면 새해 파티 알림의 RSVP 버튼을 클릭했는지) 알고 싶다면 어떻게 해야 할까요?

사용자가 상호작용한 알림을 알 수 있는 방법은 여러 가지입니다.

가장 간단한 방법은 방금 우리가 살펴본 방법입니다. 클릭한 액션 이름을 확인합니다. 고담 호텔의 경우엔 이 방법만으로 충분합니다(알림 유형이 하나이기 때문에). 어떤 알림 유형인지, 어떤 특정 예약인지 신경쓰지 않아도 되기 때문입니다.

또 다른 방법은 알림 창의 이름을 읽는 방법입니다. 알림 창의 이름은 알림 생성 시 미리 설정해두었던 tag입니다. 아래 코드처럼 알림 tag를 사용하면 다음 번에 진행할 작업을 결정할 수 있습니다.

```
self.addEventListener("notificationclick", function(event) {
    if (event.notification.tag === "event-announcement") {
        self.clients.openWindow("http://localhost:8443/events");
    } else if (event.notification.tag === "confirmation") {
        self.clients.openWindow("http://localhost:8443/my-account");
    }
});
```

이 코드는 클릭한 알림이 `event-announcement` 태그명을 갖고 있을 때와, `confirmation` 태그명을 갖고 있을 때를 구분하여 각각 다른 방법으로 작동할 수 있습니다.

또 다른 방법은 각 알림과 함께 데이터를 전달하는 방법입니다.

```
self.addEventListener("push", function(event) {
    var data = event.data.json();
    var reservation = data.reservation;
    self.registration.showNotification("Reservation Confirmed", {
        tag: "reservation-confirmation",
        data: reservation
    });
});
self.addEventListener("notificationclick", function(event) {
    event.notification.close();
    if (event.notification.tag === "reservation-confirmation") {
        var reservation = event.notification.data;
        self.registration.showNotification("Notification clicked", {
            body: "Notification tag: " + event.notification.tag + "\n" +
                "Notification reservation date: " + reservation.arrivalDate
        });
    }
});
```

위 예제 코드는 푸시 이벤트를 받아 알림을 생성할 때 data 속성에 예약 상세 정보를 담는 방법을 보여줍니다. 나중에 알림이 클릭되면 `event.notification.`

data를 통해 데이터에 접근할 수 있고, 이 데이터를 사용해 두 번째 알림을 표시하거나 특정 예약에 대한 특정 사이트 페이지를 열 수 있습니다(그림 10-14).

그림 10-14 notificationclick 이벤트에 대한 응답으로 표시되는 알림

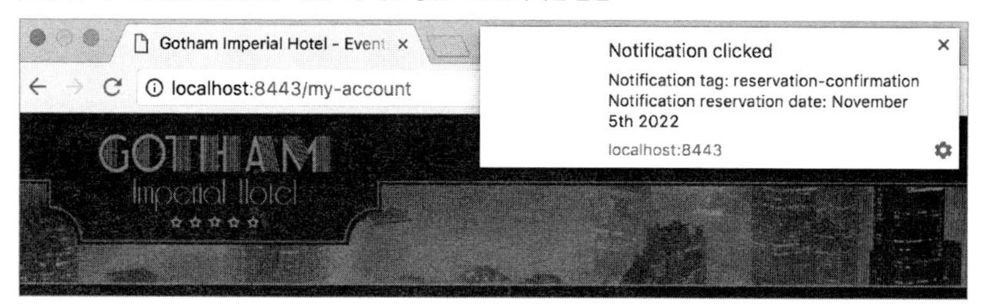

10.6 정리

이번 장에서는 고담 임페리얼 호텔 웹 앱을 개선해 앱을 한층 더 완성도 있게 만들었습니다.

이제 인터넷 연결 상태에 상관없이 사용자에게 가장 좋은 사용자 경험을 제공할 수 있을뿐만 아니라, 사용자가 앱을 벗어나더라도 사용자에게 계속 업데이트 사항을 알릴 수 있습니다.

사용자에게 예약 관련 내용을 업데이트하고, 사용자가 호텔에 도착하기 전에 한 번 더 알려주고, 고담에서 머무르는 동안 할 수 있는 일들을 추천할 수 있습니다. 이런 기능들은 사용자 경험을 극적으로 향상시킬 수 있습니다.

chapter 11

프로그레시브 웹 앱 UX

11.1 우아함과 신뢰

프로그레시브 웹 앱은 웹 작동 방식에 큰 변화를 가져옵니다. 사용자가 웹에 기대하는 그 이상의 경험을 제공합니다.

사용자는 오프라인에서 웹 앱이 계속 작동할 거라고 생각하지 않습니다. 하지만 프로그레시브 웹 앱은 사용자의 생각과는 달리 계속 작동합니다.

사용자는 웹 앱이 업데이트된 정보를 알려줄 거라고 기대하지 않습니다. 하지만 프로그레시브 웹 앱은 이 생각과도 달리 업데이트된 정보를 알려줍니다.

사용자는 웹 앱이 네이티브 앱처럼 전체 화면으로 제공되거나 홈스크린에서 아이콘을 클릭해 시작할 수 있다고 생각하지 않습니다. 하지만 이번에도 웹 앱은 네이티브 앱처럼 보이고 작동합니다.

한편, 사용자는 웹 앱에 들어가면 항상 최신 내용을 볼 수 있을 거라고 기대합니다. 하지만 본인이 오프라인 상태인지 모른다면 화면에 표시된 내용이 몇 시간 혹은 며칠 전의 내용이라는 사실조차 모를 수도 있습니다. 프로그레시브 웹 앱은 이러한 사용자의 기대에는 미치지 못할 수 있습니다.

웹 앱과 네이티브 앱의 기능적 차이는 빠르게 줄어들고 있습니다. 하지만 모던 프로그레시브 웹 앱의 기능과 사용자가 일반적인 웹 앱에 기대하는 기능 사이에는 아직 큰 차이가 있습니다.

장기적으로 사용자가 프로그레시브 웹 앱을 더 많이 사용할수록 기대와 현실의 차이는 줄어들고 사라질 것입니다. 하지만 그전까지는 사용자의 기대와 모던 프로그레시브 웹 앱 사이의 불협화음이 새로운 도전 과제가 될 것입니다. 이 문제는 사용자와 적절하게 소통하여 해결할 수 있습니다.

개발자가 사용자에게 웹을 가르칠 필요는 없지만, 사용자가 앱에서 원하는 작업을 완료할 수 있도록 돕고 이끄는 것은 개발자의 역할입니다. 사용자가 앱을 잘 이해할 수 있도록 언어적, 시각적 커뮤니케이션을 명확히 하여 사용자를 도울 수 있습니다. 시간이 흘러 사용자와 개발자가 프로그레시브 웹 앱을 더 많이 접하면 접할수록 일반적인 패턴이 생겨날 것입니다.

모바일 내비게이션 메뉴가 어떻게 불과 몇 년 만에 ☰ 햄버거 아이콘이 되었는지 생각해보세요. 머지않아 프로그레시브 웹 앱의 오프라인 상태도 이런 일반적인 패턴으로 나타낼 수 있게 될 것입니다.

프로그레시브 웹 앱이 기능적인 측면에서 네이티브 앱을 따라잡게 되면, 네이티브 앱이 웹보다 우월하다고 볼 수 있는 점은 결국 사용자가 앱을 더 신뢰한다는 점만 남게 됩니다. 사용자는 어디에서든 앱이 잘 작동할 거라고 믿고 있으며, 비행기에서 메시징 앱을 구동할 때도 두 번 고민하지 않습니다. 하지만 똑같은 사용자가 이륙 후에 웹 브라우저를 여는 일은 없을 겁니다. 사용자는 앱이 최신 내용을 알아서 업데이트해 줄 거라고 믿지만, 최신 내용을 확인하기 위해 사이트에 계속 다시 접속합니다.

웹과 네이티브 앱의 차이가 신뢰의 문제로 귀결되면, 웹 앱에 대해 사용자 신뢰를 쌓아가는 것이 점점 더 중요해집니다. 사용자가 앱을 사용하고 있는 중에 인터넷 연결이 끊어져도 작업하고 있던 내용이 없어지지 않는다는 점을 알려 신뢰를 강화해야 합니다. 앱이 완전히 캐싱되면 사용자가 오프라인에서도 앱을 사용할 수 있다고 알려야 합니다. 푸시 알림 권한을 요청하기 전에, 이 알림을 통해 무엇을 얻을 수 있고 무엇이 포함되는지 명확히 알려야 합니다. '신뢰'는 그저 프로그레시브 웹 앱 기능만의 문제는 아닙니다. 웹 앱이 이러한 기능을 오용하지 않고 올바르게 사용할 것이라는 점을 사용자에게 알리는 것도 중요합니다.

이번 장에서는 위의 내용을 포함하여 여러 다른 상황에서 사용자와 커뮤니케이션 하는 다양한 패턴을 알아봅니다. 사용자 경험을 향상시키고 사이트를 성공으로 이끌 수 있도록 프로그레시브 웹 앱 UI를 개선할 것입니다. 이 부분은 5장에서 다루었던 내용(인터넷 연결을 우아하게 처리하는 오프라인 우선 앱 만들기)과 연결되어 있습니다. 현재 앱이 인터넷 연결 상태 변경을 매끄럽게 처리하고 사용자와도 명확하게 소통하고 있다면, 사용자에게 신뢰를 심어주고 진정으로 네이티브 앱에 비견될만한 사용자 경험을 제공할 수 있습니다.

11.2 서비스 워커에서 상태정보 알려주기

사용자에게 알리고 싶은 메시지를 하나 생각해보고, 이를 앱에서 어떻게 구현할 수 있는지 살펴봅시다.

고담 임페리얼 호텔 앱에 진행한 첫 번째 기능 개선은 사용자가 오프라인 일때도 앱이 작동하도록 한 것입니다. 인터넷 연결 상태와 상관없이 앱이 작동하면 사용자 경험이 크게 개선될 수 있습니다. 하지만 사용자 본인이 오프라인 상태라는 것을 모르고, 보고 있는 콘텐츠도 최신이 아니라는 것을 모를 때는 어떻게 해야 할까요? 사용자가 오프라인 상태가 되어 캐싱된 콘텐츠를 보게 되었다는 것과, 사용자가 보고 있는 콘텐츠가 오래되었을 수 있다는 것을 메시지로 알리면 됩니다. 두 단계로 나누어 진행할 수 있습니다.

1. 서비스 워커는 사용자가 오프라인이고 캐싱된 콘텐츠를 볼 때 이를 페이지에 알립니다.
2. 페이지에는 서비스 워커가 전달한 내용을 받아 사용자에 알립니다.

고담 앱에서 가장 동적인 콘텐츠는 IndexedDB 혹은 네트워크에서 반환된 콘텐츠입니다. 매번 네트워크로 요청되는(사용자가 오프라인일 때만 캐싱싱된 응답 사용) 콘텐츠는 오직 이벤트 데이터뿐입니다. 따라서 이벤트 데이터를 요청하는 순간이 사용자가 오프라인 상태로 가는 것을 감지하고 페이지로 이를 알릴 좋은 기회입니다.

페이지의 DOMContentLoaded 이벤트가 발생한 이후에만 이벤트 데이터가 로드되기 때문에 이벤트 데이터 요청은 언제 사용자에게 메시지를 보내면 좋을지 알 수 있는 지점이기도 합니다. 페이지 커뮤니케이션이 필요한 시점에, 페이지가 아직 메시지를 받고 알림을 표시할 준비가 되어있지 않을 수 있습니다. 이 경우 메시지를 보내기 전에 페이지가 로드될 때까지 기다리도록 서비스 워커 코드를 수정해야 합니다.

명령 창에 다음 명령어를 실행하여 이전 장의 마지막 상태로 코드를 되돌립니다.

```
git reset —hard
git checkout ch11-start
```

/events.json로 request를 처리하는 fecth 이벤트 핸들러의 일부를 변경하는 것으로 serviceworker.js 코딩을 시작합니다.

```
} else if (requestURL.pathname === "/events.json") {
    event.respondWith(
        caches.open(CACHE_NAME).then(function(cache) {
            return fetch(event.request).then(function(networkResponse) {
                cache.put(event.request, networkResponse.clone());
                return networkResponse;
            }).catch(function() {
                self.clients.get(event.clientId).then(function(client) {
                    client.postMessage("events-returned-from-cache");
                });
                return caches.match(event.request);
            });
        })
    );
}
```

이 코드의 대부분은 115페이지의 '캐싱 전략 구현하기'에서 이미 설명했습니다. 유일한 추가 사항은 catch문의 첫 세 줄 입니다. events.json 네트워크 요청이 실패하고 catch문이 실행되면, 이벤트 파일을 요청한 클라이언트에 메시지를 보낼 것입니다. 메시지 내용(data 속성)은 events-returned-from-cache 이벤트를 나타내는 간단한 문자열입니다.

그런 다음 페이지가 이 메시지를 수신하고 알림을 표시하도록 해야 합니다. app.js에 다음 이벤트 리스너를 추가합니다.

```
if ("serviceWorker" in navigator) {
    navigator.serviceWorker.addEventListener("message", function(event) {
        if (event.data === "events-returned-from-cache") {
            alert(
                "You are currently offline. The content of this page may be
out of date"
            );
        }
    });
}
```

먼저 사용자의 브라우저가 서비스 워커를 지원하는지 확인합니다. 그런 다음 message 이벤트를 수신할 신규 이벤트 리스너를 추가합니다. 이 이벤트가 감지되었을 때, 메시지의 내용을 확인하고(event.data에서 확인 가능), 메시지 내용이 우리가 정한 이벤트 이름과 일치하면 사용자에게 알림을 표시합니다. 서비스 워커와 페이지 간의 메시지 게시 방법이 기억나지 않는다면 8장을 참조하세요.

alert를 표시하는 것은 분명히 우리가 추구하는 매끄러운 UX가 아닙니다. 이를 위해 조치를 취해봅시다.

11.3 프로그레시브 UI KITT로 커뮤니케이션하기

나머지 메시지를 구현하기 전에, 사용자 커뮤니케이션을 더욱 쉽게 만들어주는 유용한 라이브러리를 살펴봅시다.

프로그레시브 UI KITT(https://pwabook.com/kitt)는 사용자에게 알림을 표시하는 것뿐만 아니라, 서비스 워커와 페이지 사이의 커뮤니케이션도 처리하는 작은 라이브러리입니다. 이 라이브러리를 활용하면 한 번에 하나 이상의 창에 알림을 보낼 수 있고, 알림에 버튼을 추가할 수 있고, 함께 제공되는 비주얼 테마를 사용하거나 자신만의 스타일을 적용하여 쉽게 커스터마이징할 수 있습니다.

이전 섹션과 동일한 오프라인 메시지를 프로그레시브 UI KITT를 사용해 어떻게 추가할 수 있는지 살펴봅시다(그림 11-1).

그림 11-1 프로그레시브 UI KITT의 오프라인 메시지

이미 이전 섹션에 소개된 두 가지 변경 사항을 구현했다면, 변경 사항을 원복해도 좋습니다. 이 부분은 새로운 코드로 대체될 것입니다.

프로그레시브 UI KITT는 public/js/vendor/progressive-uikitt 디렉터리의 프로젝트에 있습니다. 이를 사용하기 위해서는 다음 세 가지 파일이 필요합니다.

- **progressive-ui-kitt.js** 메인 라이브러리 파일. 알림을 표시해야하는 모든 페이지에 이 파일을 포함시킵니다.
- **themes/flat.css** 알림 스타일을 지정하기 위해 사용하는 테마 파일. 마음놓고 flat.css를 themes 디렉터리의 다른 파일과 교체해도 됩니다. 아니면 자신만의 파일을 생성해도 좋습니다.
- **progressive-ui-kitt-sw-helper.js** 서비스 워커에 포함 될 헬퍼 함수를 갖고 있습니다. 이 헬퍼 함수를 사용하면, 서비스 워커에서 어떤 페이지로도 알림을 띄울 수 있습니다.

시작하기 전에, 프로그레시브 UI KITT와 스타일시트 두 가지 모두 서비스 워커에 캐싱하여, 사용자가 오프라인 일 때도 사용될 수 있도록 합니다.

serviceworker.js의 CACHED_URLS 배열에 다음 파일을 추가하세요.

```
"/js/vendor/progressive-ui-kitt/themes/flat.css", "/js/vendor/progressive-ui-
kitt/progressive-ui-kitt.js"
```

그다음 serviceworker.js의 상단에 아래 코드를 추가하여 Progressive UI KITT의 서비스 워커 헬퍼를 불러옵니다.

```
importScripts("/js/vendor/progressive-ui-kitt/progressive-ui-kitt-sw-helper.
js");
```

마지막으로 알림을 표시하려는 페이지에 Progressive UI KITT를 추가하고 초기화해야 합니다. index.html과 my-account.html 하단의 </body>태그를 닫기 전에 다음 코드를 추가합니다.

```
<script src="/js/vendor/progressive-ui-kitt/progressive-ui-kitt.js"></script>
<script>
ProgressiveKITT.setStylesheet("/js/vendor/progressive-ui-kitt/themes/flat.
```

```
css");
ProgressiveKITT.render();
</script>
```

이 코드에는 메인 Progressive UI KITT 파일을 추가합니다. 알림에 대한 스타일을 선택하고(여기서는 플랫(flat) 테마를 사용합니다), render()를 호출하여 KITT를 초기화합니다.

이제 페이지와 서비스 워커에서 KITT를 사용할 준비가 되었고, 첫번째 메시지를 생성할 수 있습니다.

serviceworker.js에서 /events.json으로의 request를 처리하는 fetch 이벤트 리스너의 일부분을 수정합니다.

```
} else if (requestURL.pathname === "/events.json") {
    event.respondWith(
        caches.open(CACHE_NAME).then(function(cache) {
            return fetch(event.request).then(function(networkResponse) {
                cache.put(event.request, networkResponse.clone());
                return networkResponse;
            }).catch(function() {
                ProgressiveKITT.addAlert(
                    "You are currently offline." +
                    "The content of this page may be out of date."
                );
                return caches.match(event.request);
            });
        })
    );
}
```

위 코드에서 유일하게 추가된 부분은, ProgressiveKITT.addAlert를 호출해 메시지를 전달하도록 catch 블럭을 수정한 것입니다.

다했습니다. 필요한 것은 하나의 명령이고 나머지는 KITT가 알아서 처리합니다.

다음 번에 사용자가 오프라인 상태로 앱을 방문하면, 그림 11-1에서와 같은 알림을 보게 될 것입니다.

KITT를 사용하여 `ProgressiveKITT.addMessage()`, `Progressive KITT.addAlert()`, `ProgressiveKITT.addConfirm()`을 호출하면 메시지, 경고, 확인 메시지를 생성할 수 있습니다.

경고(Alert)에는 텍스트와 버튼 하나가 포함되어 있습니다(기본적으로 OK라고 표시).

```
ProgressiveKITT.addAlert("Caching complete!");
ProgressiveKITT.addAlert("Caching complete!", "Great");
```

확인 메시지에는 텍스트와 두 개의 버튼이 포함되어 있습니다(기본적으로 OK와 Cancel이라고 표시).

```
ProgressiveKITT.addConfirm("Caching complete!");
ProgressiveKITT.addConfirm("Caching complete!", "Great", "OK");
```

메시지에는 텍스트만 포함되어 있고 다른 내용은 없습니다.

```
ProgressiveKITT.addMessage("Caching complete!");
```

메시지에 아무 버튼도 없기 때문에 일정 시간 후 메시지가 자동으로 숨겨지는 `hideAfter` 옵션을 함께 사용할 수 있습니다.

```
ProgressiveKITT.addMessage("Expiring message", {hideAfter:2000});
```

이 모든 명령어는 페이지뿐만 아니라 서비스 워커에서도 작동할 것입니다.

KITT가 허용하는 전체 옵션 목록, 버튼에 콜백 함수를 붙이는 방법, 이 모두를 포함하는 전체 문서는 https://pwabook.com/kitt에서 참조할 수 있습니다.

11.4 프로그레시브 웹 앱의 일반적인 메시지

이전 섹션에서 소개된 오프라인 알림 외에 사용자에게 전달할 메시지는 또 무엇이 있을까요? 이는 앱이 결정할 부분이지만, 몇 가지 아이디어가 있습니다.

11.4.1 캐싱이 완료되었습니다

서비스 워커가 설치를 완료하고, 앱을 보여주는 데 필요한 모든 리소스를 캐싱하고 나면 이제 오프라인으로 사이트를 사용할 수 있다고 사용자에게 메시지를 전달해야 합니다.

```
self.addEventListener("install", function(event) {
    event.waitUntil(
        caches.open(CACHE_NAME).then(function(cache) {
            return cache.addAll(CACHED_URLS).then(function() {
                ProgressiveKITT.addMessage(
                    "Caching complete! Future visits will work offline.", {
                        hideAfter: 2000
                    }
                );
                return Promise.resolve();
            });
        })
    );
});
```

11.4.2 페이지가 캐싱되었습니다

232페이지 '윈도우에서 서비스 워커로 메시지 보내기'에서, 고담의 모든 레스토랑 목록과 함께 여행 가이드를 제공하는 사이트를 살펴보았습니다. 고담에는 수천 개의 레스토랑이 있기 때문에, 모든 레스토랑의 상세 내용을 캐싱하는 것은 좀 과합니다. 대신 사용자가 관심을 보이는(페이지를 방문한) 레스토랑만 캐싱하기로 결정했습니다. 사용자에게 오프라인 상태일 때도 사용자가 관심 있는 레스토랑 가는 길을 살펴볼 수 있다는 것을 어떻게 알릴 수 있을까요?

```
self.addEventListener("message", function(event) {
    if (event.data === "cache-current-page") {
        var sourceUrl = event.source.url;
        caches.open("my-cache").then(function(cache) {
            return cache.addAll([sourceUrl]).then(function() {
                ProgressiveKITT.addMessage(
                    "This restaurant's details can now be accessed offline.",
{
                        hideAfter: 2000
                    }
                );
                return Promise.resolve();
            });
        });
    }
});
```

나중에 331페이지의 '프로그레시브 웹 앱 디자인'에서 이런 종류의 정보를 시각적으로 전달하는 방법도 살펴볼 것입니다.

11.4.3 작업을 완료하지 못했지만 온라인 상태가 되면 완료합니다

7장에서는 백그라운드 동기화를 사용하여, 네트워크 연결이 끊겼을 때에도 사용자가 진행했던 모든 작업을 안정적으로 완료하는 방법을 배웠습니다. 하지만 사용자는 인터넷이 언제든 끊어질 수 있는 상황에서 중요한 작업을 진행하거나, 입력 폼을 채워넣는 것을 두려워 할 수 있습니다. 이러한 상황이라면 작업 도중에 인터넷 연결이 끊어지더라도, 인터넷이 재연결되면 자동으로 작업이 완료될 것이라고 사용자를 안심시켜야 합니다.

```
self.addEventListener("sync", function(event) {
    event.waitUntil(
        saveChanges().catch(function() {
            ProgressiveKITT.addAlert(
                "You are currently offline, but your reservation has been
```

```
saved."
                );
            })
    );
});
```

11.4.4 알림이 활성화되었습니다

사용자가 푸시 알림을 구독하면, 업데이트가 생기는 대로 알림을 받게 될 거라고 알려줄 수 있습니다.

```
navigator.serviceWorker.ready.then(function(registration) {
    return registration.pushManager.subscribe(subscribeOptions);
}).then(function() {
    ProgressiveKITT.addMessage(
        "Thank you. You will be notified of any changes to your
reservation.", {
            hideAfter: 3000
        }
    );
});
```

사용자가 부여한 알림 권한을 즉시 사용해, 향 후 알림을 받을 것이라는 알림을 표시하는 것 보다는 이런식의 메시지 형태로 해당 내용을 알리는 것인 더 영리한 방법이라고 할 수 있습니다.

11.5 올바른 단어 선택

메시지를 통해 앱의 신뢰를 높이기 위해서는 올바른 단어를 선택해야 합니다.

사용자가 정성스럽게 이미지를 수정하고, 아트 필터를 적용하고 열심히 해시 태그와 설명을 추가했는데 '완료' 버튼을 누르기 직전에 인터넷이 끊겼다면, '네트워크

에러'라는 불길한 메시지를 띄우지 마세요. 사용자가 열심히 작업한 이미지와 메시지가 날아가지 않았고, 조금 뒤에 게시될 거라고 사용자를 안심시켜주는 것이 좋습니다.

인터넷 연결 상태에 따라 앱 인터페이스의 문구를 수정할 수도 있습니다. 저장 버튼을 '로컬 저장'이라고 다시 쓰거나 전송 버튼을 '온라인이 되면 전송'으로 바꾼다면, 앱에 대한 신뢰(작업이 날아가지 않을 것이라는 신뢰)를 높일 수 있습니다. 그렇게 하지 않으면 사용자는 고민스레 버튼을 응시하고, 버튼을 클릭하면 어떤 일이 일어날지 고민하게 됩니다.

11.6 사용자에게 명확히 설명하기

사용자 권한을 요청할 때도 메시지의 내용과 신뢰가 중요합니다.

10장에서는, 사용자에게 새로운 소식을 알리고 재참여를 늘리는 데 푸시 알림을 활용했습니다. 그러나 사용자 권한을 요청하는 UX는 부족했습니다. 알림이 어떻게 사용될 것인지에 대한 배경 설명이나 내용 공유 없이 그저 권한 요청 대화상자를 띄우기만 했습니다.

유감스럽게도 이런 형편없는 UX 때문에 결국 좋지 않은 결과를 초래하는 경우를 자주 볼 수 있습니다. 이를 개선하려면 더 나은 대안을 고려하는 데 시간을 할애해야 합니다.

푸시 알림 권한을 요청하기 전에 **타이밍**과 **메시지**를 꼭 고려하세요.

사용자가 권한 요청을 한번 거부하면 다시 요청할 수 없습니다. 그렇기 때문에 요청 타이밍이 아주 중요합니다. 사용자가 사이트에 도착하는 즉시 권한 요청 대화상자를 띄우는 것은, 사용자가 요청을 거부하게 만들거나 아예 사이트에서 떠나게 만드는 길이 될 수도 있습니다. 대신 알림이 사용자에게 실질적인 혜택을 줄 수 있을 때 권한을 요청해보세요. 예를 들어 사용자에게 예약을 바꿔야 한다고 알림을 보낼 거라면 사용자가 예약을 완료한 경우에만 권한을 요청하도록 합니다. 뉴스 사이트를 작업할 때는 사용자가 축구에 관심을 보일 때만 축구 관련 새 기사를 알리도록 합니다. 요청할 수 있는 기회는 딱 한 번이라는 것을 기억하세요. 사용자가 앱 안의 가치를 알기도 전에 권한을 요청해 버린다면 그 기회를 영원히 놓칠 수 있습니다.

그다음 메시지를 고려해야 합니다. 브라우저의 기본 권한 대화상자를 여는 경우, 메시지를 제어할 수 없으며 "〈URL〉에서 알림을 보내려고 합니다"와 같은 일반 메시지가 제공됩니다(그림 11-2).

그림 11-2 크롬의 기본 알림 권한 대화상자

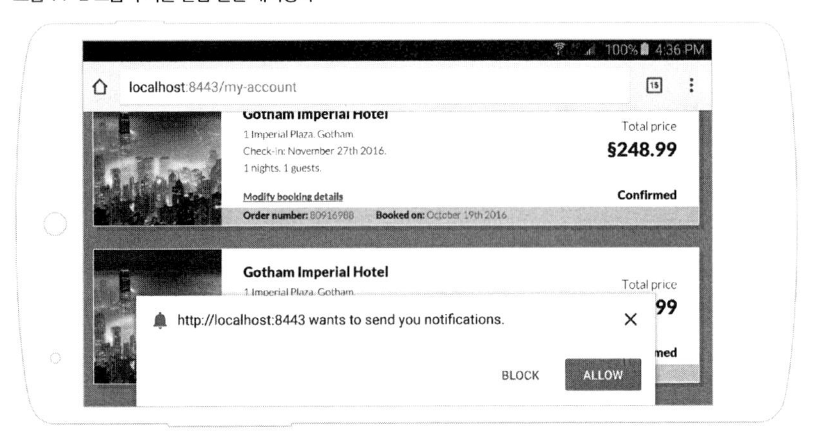

이러한 메시지는 사용자에게 어떤 이점이 있는지 명확하지 않습니다. 사이트의 입장에서는 알림을 보내고 싶겠지만, 그렇다고 사용자가 수락을 해야 하는 이유가 있을까요? 어떤 알림을 보내려는 걸까요? 권한 요청을 수락하면 스팸 메시지를 받게 되는 것은 아닐까요? 신뢰를 쌓지 못하고, 의심과 의문만 불러 일으킵니다.

이는 끔찍한 UX이며 훨씬 더 개선되어야 합니다.

기본 권한 요청을 바로 띄우는 대신, 사용자가 필요할 때 권한 요청을 띄울 수 있는 UI를 고려해야 합니다. 이 UI에서는 개발자가 메시지를 작성할 수 있습니다. 어떤 알림인지 어떤 종류의 알림을 받게 되는지 명확하게 표시할 수 있습니다. 그런 다음 사용자는 알림을 활성화시킬지 선택할 수 있습니다. 활성화를 선택했다면 `Notification.requestPermission()`을 호출합니다. 이런 방식을 사용하면 권한을 받기 위해서 진행 단계가 추가되고 사용자로부터 두 번의 클릭을 받아야 하지만, 항상 더 많은 컨버전을 이끌어냅니다.

알림 권한을 요청하는 UI를 직접 만들면 두 가지 이점이 있습니다.

1. 사용자가 권한 요청을 거절해도 앞으로도 다시 제안할 수 있습니다. 사용자가 브라우저의 `requestPermission()` 다이얼로그를 거절하면, 다시 제안할 수 없습니다.
2. 동일한 알림 구독 인터페이스를 사용해, 사용자가 이 후 해당 알림에 대한 구독을 해지할 수 있도록 지원할 수 있습니다.

'메시지'에 대해, 영업 사원들 사이에 돌고 도는 오래된 속담이 하나 있습니다. "제품의 기능을 판매하지 마십시오. 제품이 사용자에게 가져다 주는 이점을 파세요." 이 속담은 능글맞은 마케팅 기법이 아닙니다. 사용자에게 무엇을 제공하는지 그리고 사용자가 어떤 점에 동의했는지 확실히 알려줄 수 있는 방법입니다.

메시지를 생성할 때 기능에 대해서만 담으려 하지 마세요(예. 푸시 알림 활성화). 대신 사용자가 받을 이점을 설명해보세요(예. 당신의 주문 배달이 시작되면 알림을 받으세요).

그림 11-3의 메시지 중, 어떤 메시지가 실제 더 많은 클릭을 유도할까요?

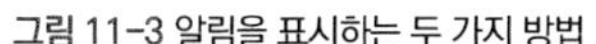

그림 11-3 알림을 표시하는 두 가지 방법

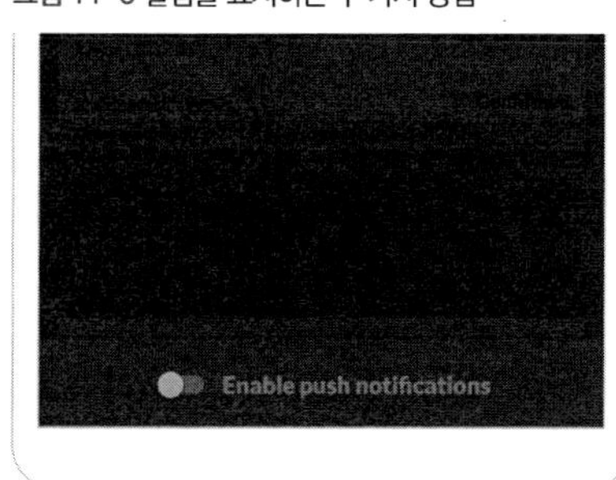

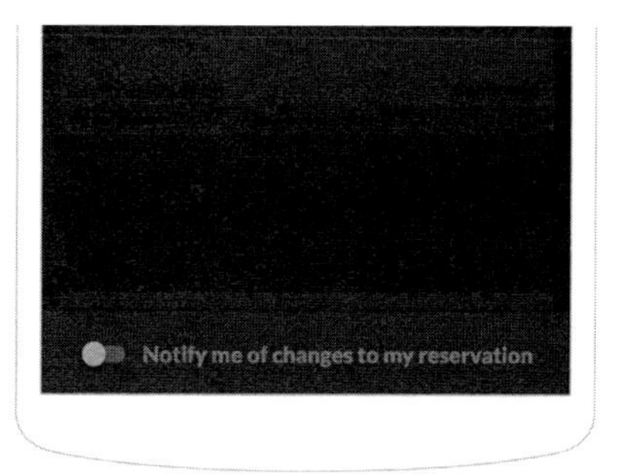

사용자 입장에서, 오른쪽 메시지가 좀 더 명확합니다. 알림을 통해 예약 변경 사항을 놓치지 않을 수 있다면, 열일곱 번을 더 클릭해야 하더라도 수락할 만큼 사용자에게 중요한 부분이 될 수 있습니다.

그럼 고담 임페리얼 호텔 알림에 대한 UX를 어떻게 향상시킬 수 있는지 살펴봅시다.

my-account.js의 `offerNotification()` 함수를 다음과 같이 변경하세요.

```
var offerNotification = function() {
    if ("Notification" in window &&
        "PushManager" in window &&
        "serviceWorker" in navigator) {
        if (Notification.permission !== "granted") {
            showNotificationOffer();
        } else {
            subscribeUserToNotifications();
        }
    }
};
```

예전 코드에서는 항상 `subscribeUserToNotifications()` 함수를 호출했습니다. 이 함수는 필요한 경우 사용자에게 알림 권한을 요청하고 새로운 구독을 만들었습니다. 이제는 사용자가 알림 권한을 부여했을 때만 이 함수를 호출합니다. 사용자가 권한을 주지 않았다고 해도, 기본 권한 대화상자를 띄우는 대신 직접 만든 대화상자를 띄웁니다. 이를 위해 `#offernotification div`를 표시하는 `showNotificationOffer()` 함수를 대신 호출합니다. 이 div는 알림을 킬 수 있는 링크를 담고 있습니다.

my-account.js의 하단에 다음 코드를 추가하세요. `div`내 알림을 제공하는 링크가 클릭되면 `subscribeUserToNotifications()`가 호출됩니다.

```
$("#offer-notification a").click(function(event) {
    event.preventDefault();
    hideNotificationOffer();
    subscribeUserToNotifications();
});
```

이 두 가지 변경 사항은 사소한 수정 사항입니다. 사용자가 권한을 부여하지 않았다면, 사용자가 예약을 하는 즉시 더 이상 subscribeUserToNotifications()을 호출하지 않습니다. 대신, 자체 알림 UI를 보여주고, 사용자가 선택하는 경우에만 subscribeUserToNotifications()을 호출합니다.

이런 식으로 메시지의 '타이밍'은 사용자에게 실질적 이점을 제공할 수 있을 때만 메시지를 표시하는 방법으로 제어할 수 있습니다. '메시징'을 제어하여 사용자에게 이점을 명확하게 설명합니다.

11.7 프로그레시브 웹 앱 디자인

앱이 구식 웹의 경계를 벗어나는 것과 같이 앱 디자인도 변화에 적응해야 합니다.

홈스크린 앱 아이콘에서 시작하여, 각 매체에서 가능한 최대한의 디자인을 지속적으로 적용하고(예. 전체 화면의 프로그레시브 웹 앱에서 주소 창과 뒤로 가기 버튼 보여주지 않기, 웹사이트 내에서의 화면 방향 변경 등), 인터넷 연결 상태가 변경되더라도 신뢰를 쌓을 수 있는 방향으로 마무리합니다.

11.7.1 변화하는 조건을 반영한 디자인

인터넷 연결 상태를 텍스트로 표시하는 것에 대해 이미 설명했지만 이 부분은 시각적으로도 사용자에게 전달될 수 있습니다.

앱은 오프라인이 되었을 때 기능하지 않는 버튼을 자동으로 비활성화시키거나 숨길 수 있습니다. 사용자가 앞으로의 상황을 이해할 수 있도록 버튼을 수정할 수도

있습니다(예. '전송' 버튼을 '나중에 전송하기' 버튼으로 수정)

사용자가 들어오면, 요청 기반으로 캐싱되는 방대한 양의 동적 콘텐츠를 표시하는 프로그레시브 웹 앱이 있다고 생각해보세요. 사용자가 오프라인 상태로 이 앱에 방문하게 되면, 일부 콘텐츠만 사용 가능할 것입니다. 시각적으로 이를 어떻게 반영해야 할까요?

훌륭한 사례로 인도의 가장 유명한 부동산 플랫폼인 Housing.com을 살펴봅시다.

사용자가 오프라인 상태로 Housing.com을 방문하면 캐싱되지 않은 도시와 목록은 회색으로 표시되어 선택되지 않으며, 캐싱된 도시와 목록은 정상적으로 표시됩니다. 그 구분이 미묘해 보이지만 실은 명확합니다(그림 11-4).

인터넷 연결 상태에 상황 외에도 그 외 다른 조건에 따라 디자인을 변경할 수 있습니다. 예를 들어, 사용자가 알림 표시 권한을 부여했는지에 따라 UI 디자인을 다르게 적용할 수 있습니다. 알림을 활성화하는 버튼을 보여주거나 어떤 알림을 표시할지에 대한 제어를 나타낼 수 있습니다.

그림 11-4 Housing.com이 오프라인 상태에서 콘텐츠의 가용성을 반영하는 방법

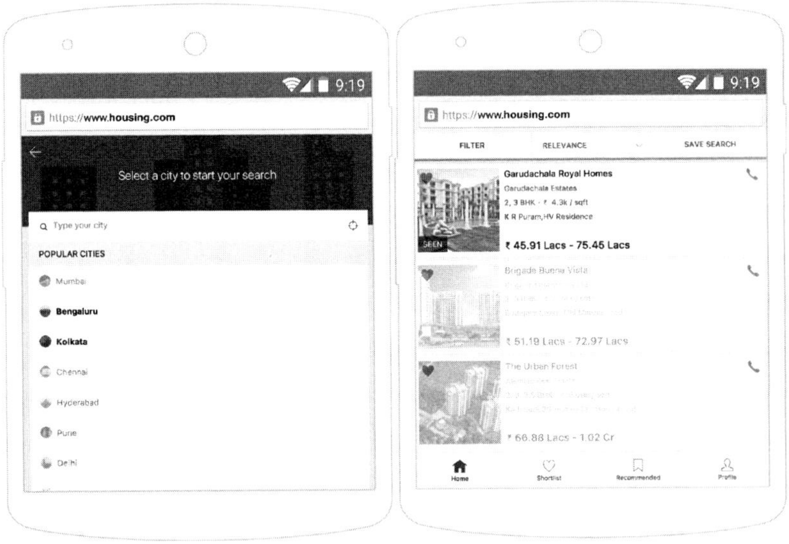

11.7.2 환경에 적합한 디자인

이제 당신의 앱(브랜드)이 브라우저가 아닌 홈스크린에 위치할 수 있게 되었으므로, 앱 아이콘을 홈스크린에 잘 어울리도록 만들거나 아주 눈에 띄게 만들어야 합니다. 모든 플랫폼에 원래 존재하는 아이콘이나 파비콘을 재사용하지 마세요. 안드로이드 앱 아이콘은 윈도우즈 10 타일과는 다르고, 사파리 핀 탭 아이콘과도, 맥북 프로 터치바의 아이콘과도 전혀 다릅니다. 앱 아이콘을 다양한 플랫폼에 적용하는 자세한 방법은 265페이지 '다양한 플랫폼 호환성 고려하기'를 참조하세요.

11.7.3 각 매체 특성에 맞는 디자인

앱이 전체 화면으로 시작할 때의 모습과 웹 브라우저에서 열렸을 때의 모습을 생각해보세요. 주소창이 보이지 않는 점이 당신의 앱 브랜딩에 영향을 미칠까요? 당신의 사이트에서 URL을 복사하고 주소창에 붙여넣어 사용하는 사용자들이 있나요? HTTPS URL 옆에 보안 표시가 없으면 컨버젼에 영향을 미칠까요?

이 문제를 해결하는 한 가지 방법은 유사한 기능을 제공하는 UI를 추가하는 방법입니다. 이 UI는 CSS 미디어 쿼리를 사용하여 화면이 `'full-screen'` 또는 `'standalone'`으로 설정되어 있는 경우에만 보여집니다.

```
@media all and(display - mode: fullscreen) {#
    back - button {
        display: block;
    }
}
```

11.7.4 신뢰를 쌓을 수 있고 사용자에게 정보를 제공할 수 있는 디자인

이 장 초반부에서 설명한 언어적 의사소통(텍스트로 표시)과 마찬가지로, 디자인을 통해서도 사용자와 소통하고 앱에 대한 믿음과 신뢰를 쌓을 수 있습니다.

예를 들어, 왓츠앱WhatsApp에서 메시지를 보내려려고 메시지를 입력하면 바로 옆에 회색 체크표시 하나가 나타납니다. 사용자가 오프라인 상태이더라도 이 표시를 볼 수 있습니다. 이를 통해 사용자의 인터넷 연결에 상관없이 메시지가 앱에 저장되고 가능한한 빨리 전송될 것이라는 것을 사용자에게 알려줍니다. 당신의 앱이 이와 동일한 수준의 신뢰를 심어주고자 한다면, 사용자가 열심히 작업한 메시지가 안전하게 앱에 저장되어 있다는 것을 사용자에게 알려주세요. 사용자에게 의문을 남기지 않아야 합니다.

11.7.5 사용자 목표와 비지니스 목표를 달성하는데 도움이 되는 디자인

사용자가 비행기 모드를 설정해 놓아도 앱이 작동되나요? 이 부분은 경쟁에서 우위를 점할 수 있는 중요한 요소입니다. 사용자가 이를 알 수 있도록 해야 합니다.

많은 사용자가 푸시 알림을 등록하게 되면, 비지니스 측면에서도 더 많은 사용자의 재참여를 기대할 수 있을까요? 이를 위해 사용자에게 앱 알림이 어떻게 작동하고 어떤 이점을 제공하는지가 제대로 전달돼야 합니다.

11.8 설치 프롬프트 책임지기

이 장의 앞부분에서 알림 표시 권한 요청에 대한 사용자 경험을 어떻게 향상시킬 수 있는지 살펴보았습니다. 향상시키고 싶은 또 다른 부분은 '웹 앱 설치 배너(특히 타이밍)'일 것입니다.

설치 프롬프트의 타이밍은 전적으로 브라우저에 달려 있습니다. 안타깝게도 언제 설치 프롬프트를 표시하는 것이 가장 좋은지는 브라우저만이 알고 있습니다. 하지만 브라우저가 여러분만큼 여러분의 앱이나 사용자에 관해 알 수는 없습니다.

만약 사용자가 결제(체크아웃 프로세스) 중인데, 브라우저가 설치 프롬프트를 보여주려 한다면 어떻게 될까요? 정말로 결제 중인 사용자를 방해하고 싶나요?

다행히도 브라우저는 여러분이 이 문제를 제어할 방법을 제공합니다.

명시적으로 설치 프롬프트 시작 시점을 제어할 수는 없지만, 브라우저가 설치 프롬프트를 언제 표시할지는 알 수 있고, 이 이벤트를 가로채 지연(혹은 완전히 취소)시킬 수도 있습니다.

```
window.addEventListener("beforeinstallprompt", function(promptEvent) {
    promptEvent.preventDefault();
    setTimeout(function() {
        promptEvent.prompt();
    }, 2000);
});
```

'beforeinstallprompt' 이벤트 리스너는 이벤트가 발생하면 preventDefault()를 호출하여 설치 프롬프트가 표시되는 것을 막습니다. 그다음 2초를 기다린 후, 이벤트의 prompt() 메소드를 사용하여 직접 설치 프롬프트를 표시합니다.

이 흥미로운 구현 방법은 인도 최대의 전자상거래 리테일러 Flipkart에서 비롯된 것입니다. Flipkart 홈페이지 헤더의 우측에는 작은 + 아이콘이 있습니다(그림 11-5 왼쪽 그림). 이 아이콘은 이따금씩 움직여 사용자의 클릭을 유도합니다. 일단 클릭되면, '홈스크린에서 Flipkart 바로가기'를 추가하는 방법을 사용자에게 설명하는 오버레이를 표시합니다(그림 11-5 중간 그림). 하지만 브라우저가 앱 설치 배너를 보여주기로 결정한 후 아이콘이 클릭되면, 오버레이 대신 브라우저의 앱 설치 배너(브라우저 이벤트를 가로채 설치 프롬프트가 표시되는 것을 막은 후 따로 저장해 둠)가 표시됩니다(그림 11-5 오른쪽 그림).

그림 11-5 Flipkart의 '홈스크린에 추가하기' UX

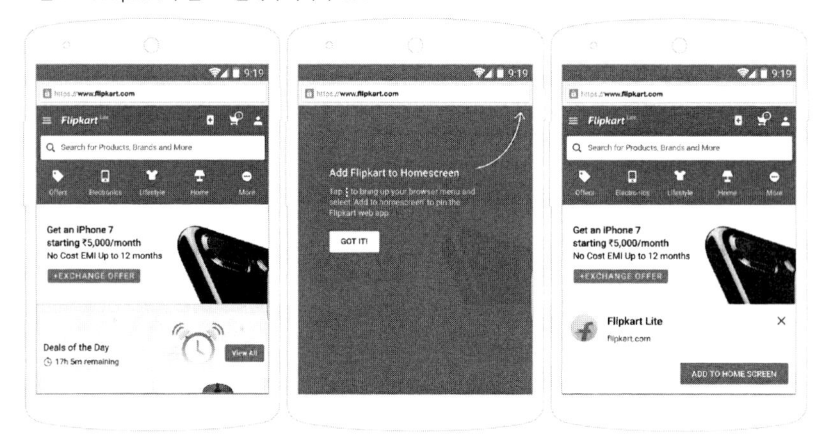

설치 프롬프트도 푸시 알림처럼, 사용자에게 훌륭한 사용자 경험을 제공하기 위해 '타이밍'과 '메시징'을 잘 관리하는 것이 중요합니다.

11.9 RAIL로 성능 측정 및 성능 목표 설정하기

홈스크린에 앱 바로가기가 추가되어, 앱은 더 이상 네이티브 앱과 구별되어 보이지 않습니다. 한 속담을 약간 변형해 "큰 힘에는 큰 기대가 따른다"라고 설명할 수 있습니다. 프로그레시브 웹 앱이 사용자 홈스크린 위 여러 네이티브 앱 사이에 위치할 특권을 얻게 된다면, 네이티브 앱처럼 매끄럽고 원활하게 실행되어야 합니다.

프로그레시브 웹 앱이 네이티브 앱만큼 강력해질 수 있는 다양하고 새로운 기능에 대하여 이미 이야기 나눴습니다. 하지만 프로그레시브 앱 웹의 기능만큼 중요한 부분은 사용자가 프로그레시브 웹 앱을 어떻게 느끼는가입니다.

앱은 사용자가 앱을 사용할 때 올바르다고 느껴져야 합니다.

그러려면 잘 작동해야 합니다. 즉각 반응해야 하며 매끄러워야 합니다. 옳다고 느끼게 만드는 확실한 그 무언가가 필요합니다. 클릭에 즉시 응답하는 앱에 대한 경험과 클릭하면 오래 걸리고, 클릭이 잘 되었는지 고민하다 한 번 더 클릭하게 만드는 구식 웹의 사용자 경험은 그 차이가 큽니다. 앱이 올바르게 느껴지면, 이 모든 의심은 사라질 것입니다.

RAIL 모델은 앱 반응성과 앱 성능에 대한 부분을 측정 가능하게 바꾸어 목표로 설정할 수 있도록 합니다.[21]

RAIL은 새로운 기술도 아니고 새로운 도구도 아닙니다. RAIL은 어떻게 구현해야 앱(네이티브, 프로그레시브 혹은 평범한 구식 웹사이트)을 올바르게 만들 수 있는지에 대한 지침입니다. 그리고 기술 분야의 많은 위대한 일들이 그렇듯, RAIL의 이름은 기억해야 하는 가이드 라인을 약어로 지칭합니다. 응답Response, 애니메이션Animation, 대기Idle, 로드Load가 바로 그것입니다.

응답(Response)

사용자가 액션을 취하면(예. 화면의 어떤 요소를 클릭하면), 0.1초 내로 반응해야 합니다.

0.1초 내로 사용자가 요청한 정보를 보여줄 수 있나요? 그렇다면 대단한 겁니다. 그렇지 않다면 실질적인 데이터를 가지고 있지 않더라도 사용자가 요청한 결과를 향해 화면을 전환할 수 있을까요?[22] 그렇게 할 수 없다면, 최소한 사용자의 행동이 감지되었다고 알리고 현재 어떤 상황인지 보여줄 수 있나요? 이 부분은 로딩 인디케이터를 보여주는 등의 방법으로 간단하게 처리할 수 있습니다.

100ms내로 사용자 액션에 대한 어떤 응답을 보여줄 수 있는 한, 사용자는 즉각적인 반응으로 느낄 것입니다. 사용자에게 즉각적으로 반응하는 앱이라는 인상을 남기기 위해 노력해야 합니다. 사용자가 제대로 클릭했는지, 다시 또

21 RAIL은 폴 아이리쉬Paul Irish와 폴 루이스Paul Lewis가 정의하고 만들었습니다. https://pwabook.com/railintro

22 그림 11-6에서 이에 대한 좋은 예시를 볼 수 있습니다.

클릭해야 하는지 고민하지 않도록 하세요.

뉴턴의 제 3법칙을 기억하세요. 작용에는 반작용이 따릅니다.

애니메이션(Animation)

애니메이션이 사람의 눈에 부드럽게 움직이는 것처럼 보이려면, 초당 최소 60회 업데이트되어야 합니다.

초당 60프레임의 성배를 차지한다는 것은 16.66ms(1000/60)마다 화면을 업데이트 한다는 의미입니다. 또한 브라우저는 화면에 새로운 프레임을 그리는 데 약간의 시간이 필요하기 때문에 현실적으로 각 프레임에 대해 10~12ms 정도만 사용할 수 있습니다.

애니메이션에 대해 이야기하자면, 사용자가 스크롤링할 때 페이지가 어떻게 보이게 할것인지에 대한 논의도 필요합니다. 사용자가 스크롤링할 때 페이지가 버벅거리기 시작하는 건 느린 애니메이션 보다도 좋지 않은 경우가 많습니다.

대기(Idle)

중요하지 않은 작업을 대기 시간idle time으로 미룹니다.

중요하지 않다는 것은 응답Response과 애니메이션Animation, 로드Load의 일부가 아니라는 의미입니다. 사용자가 끝이 없는 아이템 목록을 스크롤링하게 될까요? 다음 보여질 아이템에 대한 로딩과 렌더링이 스크롤링을 멈추거나 화면을 이상하게 만들지 않아야 합니다. 사용자의 다음 방문을 대비해, 일부 리소스를 내려받은 뒤 캐싱해야 할까요? 좋은 생각이긴 하지만, 사용자의 현재 작업을 느려지게 만들지는 마세요.

로드(Load)

사용자가 사이트에서 페이지 요청과 같은 작업을 수행할 때, 1초 이내에 작업 결과를 보여주는 것을 목표로 합니다.

야심적인가요? 아마도요. 가능할까요? 서비스 워커나 CacheStorage,

IndexedDB 등 그 외 현대적인 툴킷을 활용한다면 확실히 가능합니다.

앱 전체를 1초안에 로드할 필요는 없습니다. 사용자에게 앱이 로드되었다는 인식만 주면 됩니다. 보이는 부분만 먼저 로드하고 보이지 않는 나머지 부분은 대기 시간idle time동안 진행하도록 만들 수 있습니다(그림 11-6).

그림 11-6 Housing.com의 검색 페이지는 결과가 나오기 전에 렌더링 됩니다

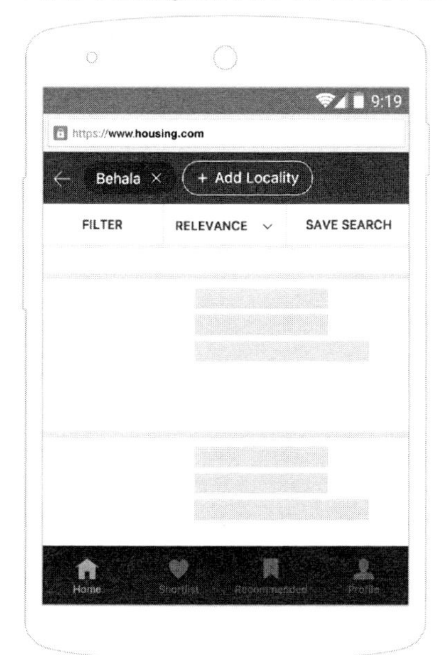

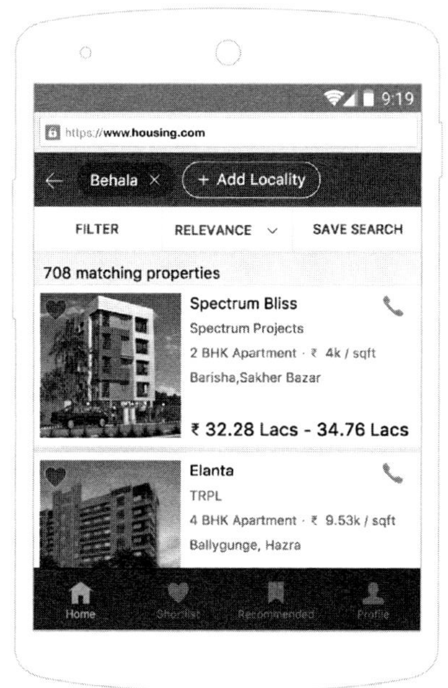

RAIL 처리 원칙

- 100ms 내에 사용자 액션에 대한 **응답**을 표시합니다.
- **애니메이션**은 매 16ms 마다 혹은 그보다 더 빨리 화면에 그립니다.
- 페이지가 **대기** 상태일 때, 50ms 이내 끝낼 수 있는 덩어리chunk로 작업합니다.
- 1,000ms 내에 사용자가 요청한 것을 **로드**하고 표시합니다.

이 목표를 모두 달성하기 위한 구체적인 내용은 이 책의 범위를 벗어납니다. 성능 관련하여 시작해 볼 수 있는 유용한 자료는 https://pwabook.com/performancelinks에서 찾을 수 있습니다.

11.10 정리

프로그레시브 웹 앱은 새로운 UX 도전 과제를 안겨줍니다. 하지만 이 문제를 제대로 처리할 수만 있다면, 프로그레시브 웹 앱의 성공은 물론 사용자 경험도 향상시키는 아주 좋은 기회가 될 것입니다.

일부 항목은 사용자 경험에 어떤 영향을 미칠지 큰 고려 없이 앱에 추가될 수 있습니다. 하지만 어떤 항목은 추가하기 전 신중한 고려가 필요합니다. 정적 리소스를 캐싱해두고 이를 사용하는 것은 별 고민없이 추가할 수 있지만, 사용자가 홈페이지를 방문하자마자 알림 권한을 물어보는 몇 줄의 코드를 추가하려고 한다면 아마 관리팀에서 사용자 퍼널, 컨버젼, KPI등의 용어가 포함된 흥미로운 이메일을 보낼 것입니다.

결국 사용자 경험이 그 무엇보다 중요합니다.

이 책에서 소개된 기술을 적용할 때, 그러한 변화가 사용자 경험에 어떠한 영향을 미칠지 항상 고려하여 진행해야 합니다.

chapter 12

PWA의 미래

지금까지 배운 모든 것들을 잠시 살펴봅시다.

우리가 만든 프로그레시브 웹 앱은 이제 사용자 홈 스크린의 중요한 자리를 차지하고 있습니다. 웹 앱은 전체 화면으로 구동됩니다. 사용자 인터넷 연결 상태에 상관없이 빠르고 완벽하게 작동합니다. 심지어 사용자가 사이트를 떠난 후에도 예약 세부 정보가 변경되면 사용자에게 알려줍니다.

앱 스토어를 통해 설치하지 않아도 된다는 사실을 제외하면, 프로그레시브 웹 앱과 네이티브 앱과의 차이점은 없습니다. 어쩌면 네이티브 앱보다 더 좋을 수도 있습니다.

네이티브 앱만의 장점과 특징이 있더라도 그 부분은 이미 프로그레시브 웹 앱에 존재하거나 추가되고 있을 것입니다.

이번 마지막 장에서는 새로운 기술 몇 가지(쉬운 결제, 사용자 로그인을 위한 자격 관리, 실시간 3D 그래픽 렌더링, 가상 현실 등)를 빠르게 살펴볼 것입니다. 이러한 기술들에 대해 깊이있게 접근하는 것이 아니라(일부 기술들은 아직 미완성입니다), 간단한 소개와 더 추가적인 학습을 위해 참고할만한 자료를 소개하려고 합니다.

12.1 Payment Request API로 결제 수락하기

온라인 결제, 특히 모바일 상의 결제는 결제 정보를 받아야 하는 개발자 입장에서도, 결제에 필요한 정보를 수많은 입력 폼에 기입해야 하는 사용자 입장에서도 절대 쉬운 작업이 아닙니다.

이미 온라인 쇼핑 대부분이 모바일에서 진행되지만, 사용자는 모바일 기기보다 데스크톱 컴퓨터에서 결제를 완료할 가능성이 더 큽니다. 그 이유는 자명합니다. 모바일 기기에서 긴 입력 폼을 채우는 일은 무척 번거롭기 때문입니다. 거기에 온라인 구매에 대한 신뢰와 안전 문제까지 추가하면, 모바일 체크아웃 전환 비율conversion rate이 데스크톱 전환 비율의 일부에 불과하다는 것도 충분히 이해할 수 있습니다.[23, 24]

앱 스토어는 앱 구매 비용 혹은 구독 비용을 청구하려는 개발자들을 위해 이 문제를 일부 해결했습니다. 앱 스토어는 신뢰할 수 있고 보편적인 원클릭 구매 사용자 경험을 제공하고 있습니다. Payment Request API가 바로 그것입니다. 이를 통해 웹에서도 같은 사용자 경험을 구현할 수 있습니다.

Payment Request API는 길고 번거로운 입력 양식을 없애는 것을 목표로 합니다. 사용자 입장에서는 Payment Request API를 통해 기기에 적합한 표준화된 결제 UI를 제공받을 수 있습니다. 이 API는 결제 수단과 배송 주소를 입력하는 과정과 실제 결제 단계에서 이 중 어떤 것을 사용할지 선택하는 과정을 단순화시킵니다(그림 12-1).

---

23 2016년 Monetate Ecommerce 분기 보고서의 'How is everyone shopping, anyway?'을 확인해보세요(https://pwabook.com/ecommercereport 참조).

24 옮긴이주_ 한국에서는 상황이 다릅니다. 한국의 경우 2016년부터 모바일을 통한 온라인 쇼핑 매출 규모가 데스크톱 매출 규모보다 커졌습니다(https://bit.ly/2RtF0kz 참조).

그림 12-1 Payment Request API로 결제하기

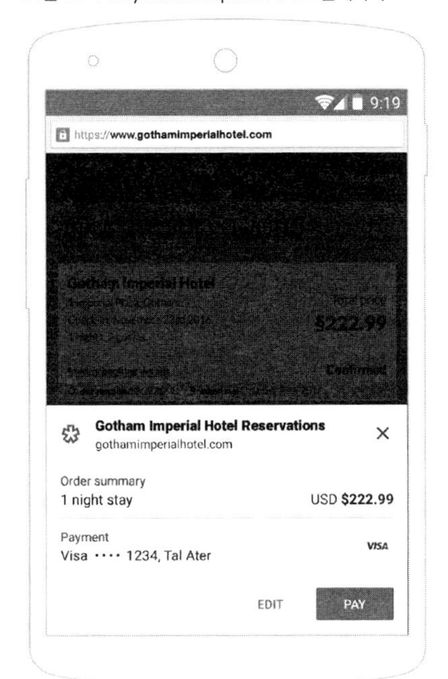

개발자 입장에서는 Payment Request API를 사용하면 웹사이트 결제를 아주 간단하게 통합할 수 있습니다.

```
var supportedPaymentMethods = [{
    supportedMethods: ["basic-card"],
    data: {
        supportedNetworks: ["visa", "mastercard", "amex", "discover", "diners"]
    }
}];
var orderDetails = {
    displayItems: [{
            label: "1 night stay",
            amount: {
                currency: "USD",
                value: "222.99"
            }
        },
        {
```

```
            label: "Holiday discount",
            amount: {
                currency: "USD",
                value: "-22.00"
            }
        }
    ],
    total: {
        label: "Total due",
        amount: {
            currency: "USD",
            value: "200.99"
        }
    }
};
var request = new PaymentRequest(supportedPaymentMethods, orderDetails);
request.show();
```

아마도 이제는 앱 결제와 구독 결제를 쉽게 할 수 있다는 점이 네이티브 앱이 웹보다 강력할 수 있는 유일한 장점일 것입니다. Payment Request API를 통해 웹에서 그 어떤 결제든 우아하게 진행할 수 있다면, 웹이 다시 선두를 차지할 것입니다.

12.2 Credential Management API로 사용자 관리하기

개인화된 사용자 경험을 제공하는 대부분의 웹 앱에서, 사용자가 사이트에서 제공하는 기능을 모두 활용하기 위해서는 해당 사이트에 가입하고, 암호를 만들고, 암호를 기억하고 사용하면서 해당 서비스에 자주 로그인해야 합니다.

하지만 모바일 기기에서 암호를 기억하거나 저장하는 일은 번거롭습니다. 귀찮은 나머지 많은 사용자는 방문하는 모든 사이트에서 동일한 암호를 쓰거나, 모바일 기기에서는 로그인을 아예 하지 않습니다(저는 후자임이 확실합니다). 결국, 사용자는 모바일에서 로그인하는 것이 번거롭다는 이유 하나만으로 웹 앱을 사용하기보다 네이티브 앱을 설치하여 사용합니다.

이 문제를 해결하기 위해 Credential Management API라는 신규 표준이 개발되었습니다.

개발자는 Credential Management API를 사용하여 사용자 경험을 상당 수준 단순화시킬 수 있습니다. 이 API를 사용하면, 사용자가 원클릭으로 로그인할 수 있고, 세션이 만료될 때 다시 자동으로 로그인을 할 수 있으며, 심지어 로그인 시 사용했던 연결 계정(예. 페이스북, 구글 등)도 기억하도록 할 수 있습니다(그림 12-2). 자격 증명은 로컬 브라우저에 저장되고, 일부 브라우저에서는 기기 간의 동기화도 지원됩니다.

그림 12-2 Credential Management API로 로그인하기

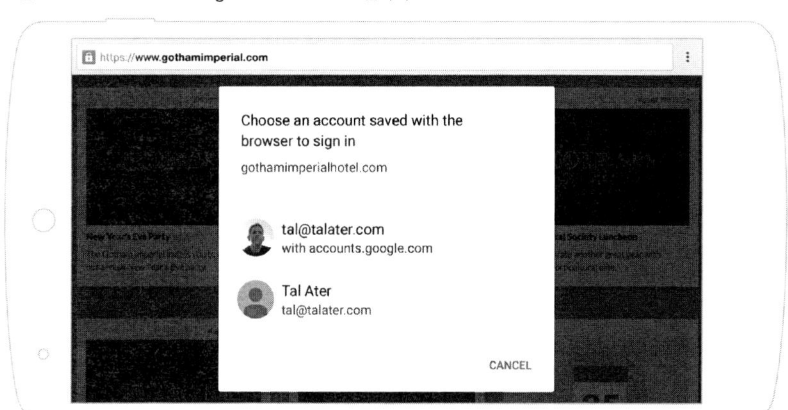

Credential Management API를 사용하는 방법은 사이트에 따라 다릅니다. 일반적인 작업 흐름은 다음과 같습니다.

1. 사용자가 로그인 버튼을 클릭하면, 사이트는 Credential Management API를 사용하여 기본 계정 선택 UI를 보여줍니다.
2. 사용자가 성공적으로 로그인한 경우, 사이트는 향후 사용을 위해 Credential Management API 를 사용하여 자격 증명 정보를 저장합니다.
3. 사용자가 예전에 로그인을 했었고 그 세션이 만료되었다면, 사이트는 자동으로 사용자를 로그인 상태로 되돌립니다.

12.3 WebGL을 사용한 실시간 그래픽스

한동안 고품질의 그래픽으로 인상깊은 게임이나 애플리케이션을 만들려면 네이티브 앱을 사용하는 것이 유일한 방법이었습니다. 단순히 말해, DOM은 고급 실시간 그래픽스 요구사항을 처리하도록 만들어진 것은 아니었습니다.

요즘은 여러 데스크톱 브라우저와 모바일 브라우저에서 WebGL을 지원하고, 실시간 GPU 가속 그래픽을 만들 수 있는 방법을 제공합니다(그림 12-3).

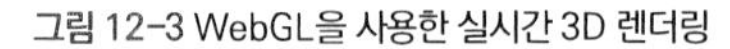
그림 12-3 WebGL을 사용한 실시간 3D 렌더링

PC 네이티브 앱이나 콘솔 비디오 게임과 같은 고급 그래픽 프로그래밍은 고난이도의 수학과 삼각법, 그리고 엄청난 집중력을 필요로 합니다. 카메라 시점과 조리개 계산은 물론, C와 비슷한 GLSL 언어로 커스텀 셰이더를 코딩해야 한다는 사실은 WebGL를 쉽게 시작하지 못하게 합니다.

다행히도 많은 프로젝트가 자바스크립트 개발자를 위해 공평한 경쟁의 장을 제공하여 고품질의 2D, 3D 그래픽을 쉽고, 표현력 있고, 친숙하게 구현할 수 있도록 만들어 주었습니다.

그중 가장 인기있는 것은 three.js(https://pwabook.com/threejs)입니다. 2D와 3D 장면을 쉽게 설정할 수 있고 카메라, 기하학, 매터리얼 등을 추가할 수 있습니다.

```
var scene = new THREE.Scene();
var camera = new THREE.PerspectiveCamera(75, 1.33, 0.1, 1000);
var renderer = new THREE.WebGLRenderer();
renderer.setSize(400, 300);
var geometry = new THREE.BoxGeometry(1, 1, 1);
var material = new THREE.MeshBasicMaterial({
    color: 0x00ff00
});
var cube = new THREE.Mesh(geometry, material);
scene.add(cube);
camera.position.z = 5;
```

12.4 음성 인식 지원을 위한 첨단 API

하나의 기술이 모든 사용자를 위한 유용성과 접근성을 향상시키면서, 깜짝 놀랄 만큼 매끄럽고 미래지향적인 사용자 경험을 제공하고 있습니다. 이는 드문 일입니다. '음성 인식'이 그 사례입니다. 이 기술은 사용자가 디지털 기기와 소통할 수 있는 완전히 새로운 방법을 열어주었습니다. 음성 인식은 사용성을 향상시키고 작업 흐름을 원활하게 만들어주며, 미래지향적이고 자연스럽습니다. 이전에는 불가능했던 아주 새로운 UI입니다.

음성 인식은 구현하기가 아주 어려웠습니다. 하지만 요즘에는 음성을 인식하는 표준화된 API가 브라우저에서 제공됩니다. 힘든 일은 브라우저에게 맡기고 웹 개발자가 사용하기 쉬운 인터페이스를 제공하는 API라고 볼 수 있습니다.

```
var recognition = new SpeechRecognition();
recognition.onresult = function(event) {
    console.log("User said: ", event.results[event.resultIndex][0]);
};
recognition.start();
```

개발자가 음성 인식을 쉽게 구현할 수 있게 해 주는 API의 존재는 정말 반가운 소식입니다. 하지만 안타깝게도 나쁜 소식도 있습니다. 실제로 음성 인식 기능은 엄청난 컴퓨터 리소스를 필요로 하기 때문에, 현재까지 소수의 브라우저만 이 API를 제공하고 있습니다. 이 책을 집필 당시, 구글 크롬과 크롬 포 모바일에서만 음성 인식 기능이 지원되고 있었고, 파이어폭스는 준비 중이었습니다.

음성 인식 API를 아직 지원하지 않는 브라우저에서는 WebRTC를 사용하여 마이크에 접근하고 클라우드 음성 인식 기능(마이크로소프트의 Bing Speech API(https://pwabook.com/bingspeech) 또는 구글의 Cloud Speech API(https://pwabook.com/googlespeech) 등)을 사용해 같은 기능을 제공할 수 있습니다.

개발자가 음성 인식을 사이트에 손쉽게 적용하기 위한 방법은 annyang 사이트(https://pwabook.com/annyang)을 참조하세요.

annyang은 개발자를 위해 브라우저 파편화를 대신 처리하고 음성 명령을 가능한 한 쉽게 정의할 수 있도록 합니다.

```
annyang.addCommands({
    "What year is this?": function() {
        console.log("It is", new Date().getFullYear());
    }
});
annyang.start();
```

12.5 WebVR을 통한 브라우저 내 가상 현실

웹은 뒤쳐지지 않기 위해 VR 기기(오큘러스 리프트, HTC 바이브, 구글 카드 보드, 삼성 기어 VR)와 상호작용할 수 있는 표준 API를 가지고 있습니다.

WebVR은 장치 디스플레이(양쪽 눈을 위한 두 개의 화면을 동시에 렌더링 하는 기능 포함)를 활용하고, VR 입력 장치(6 자유도 장치 포함)를 통한 입력을 처리하고, 사용자

(VR 센서)의 자세(위치, 방향, 속도, 가속도 등)를 가져오는 자바스크립트 API를 제공합니다.

WebVR을 WebGL과 함께 사용하면, 복잡하고 설득력 있는 VR 경험을 제공할 수 있습니다.

12.6 앱에서 앱으로 쉽게 공유하기

콘텐츠, 링크, 미디어 공유를 훨씬 쉽게 만들기 위한 두 개의 API(**Web Share API**와 **Web Share Target API**)가 현재 개발 중입니다. 이 두 API는 본질적으로 서로 뗄레야 뗄 수 없는 동전의 양면과도 같습니다.

요즘 사용자는 두 가지 방법을 사용하여 온라인에서 찾은 것을 공유합니다. 브라우저 UI에 구현되어 있는 공유 버튼을 사용하거나, 개별 사이트에서 심어놓은 특정 웹서비스로 공유할 수 있는 버튼(예. 좋아요 버튼, 트윗 버튼, 구글 +1 버튼 등)을 사용합니다.

Web Share API를 사용하면, 공유 버튼을 클릭했을 때 기기에서 기본적으로 제공하는 공유 화면이 나타나며, 사용자가 기기에 설치한 앱 중 콘텐츠를 공유할 수 있는 앱이 나열되어 나타납니다.

```
navigator.share({title: "Gotham Imperial", url: window.location.href});
```

Web Share Target API를 사용하면, 웹 앱이 네이티브 앱처럼 공유 이벤트를 처리할 수 있도록 스스로를 등록할 수 있습니다.

웹 앱 매니페스트를 통해 앱을 공유 타겟으로 등록합니다.

```
{
    "short_name": "ImperialApp",
```

```
    "name": "Gotham Imperial Hotel",
    "supports_share": true
}
```

일단 등록되고 나면, 여느 다른 네이티브 앱처럼 기본 공유 인터페이스에 앱이 나타납니다(그림 12-4).

그림 12-4 기본 공유 UI와 PWA 통합하기

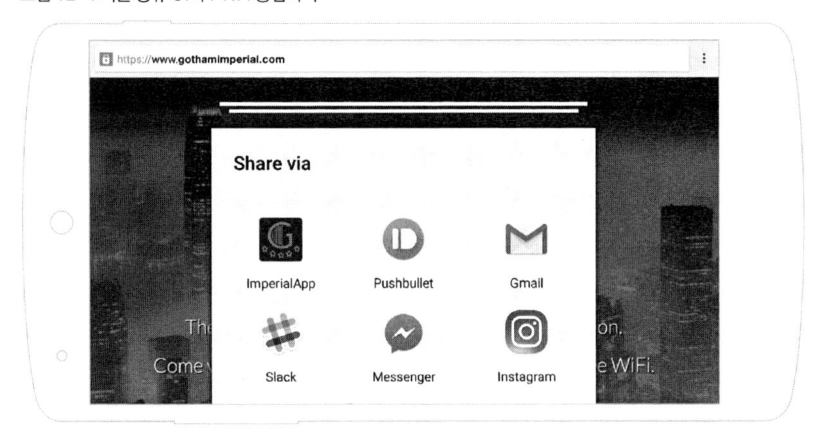

서비스 워커는 공유 이벤트에 응답할 수 있고, 실제 공유 기능을 처리할 수 있습니다.

```
navigator.actions.addEventListener("share", function(event) {
    var url = event.data.url;
    var title = event.data.title;
    var text = event.data.text;
    myShareFunction(url, title, text);
});
```

이 두 API는 소셜 공유를 민주적이고 공정한 방향으로 진행합니다. 사용자는 콘텐츠를 공유하고 싶을 때 사용할 앱을 직접 선택할 수 있고, 개발자는 본인의 웹 앱이 소셜 공유 기능을 지원하도록 등록할 수 있습니다.

이 책의 집필 당시에는, 두 API의 세부 사항이 아직 미완성 상태였습니다. 이 섹션에서 소개한 코드는 최종 API에 반영되지 않았을 수 있습니다. 가장 최신 내용은 https://pwabook.com/webshareapis를 참조해주세요.

12.7 매끄러운 미디어 재생 UI

만약 오디오나 비디오를 재생하는 프로그레시브 웹 앱을 개발하고 있다면 운이 좋은 겁니다. 새로운 미디어 세션 표준Media Session Standard을 활용하면, 미디어가 사용자 기기에서 어떻게 보일지 제어할 수 있고 사용자는 알림 바notification bar나 잠금 화면, 심지어는 안드로이드 웨어와 같이 연결되어 있는 기기에서 미디어를 컨트롤할 수 있습니다.

아무 것도 정의하지 않아도 페이지가 오디오나 비디오를 재생하고 있다면 브라우저는 알림 바에서 재생 중 알림을 표시합니다. 이 경우 알림 제목은 지금 미디어를 재생하는 페이지나 앱의 제목을 기반으로 브라우저가 추측해 정합니다.

Media Session API를 사용하면 미디어가 재생될 때 보여질 제목, 아티스트, 앨범, 이미지 등의 메타 데이터를 설정할 수 있습니다. 다음 트랙 재생이 시작되면 내용이 업데이트됩니다. 추가로 사용자가 재생, 일시정지, 이전 곡, 다음 곡, 탐색 바를 클릭할 때 호출되는 핸들러를 세팅할 수 있습니다.

```
navigator.mediaSession.metadata = new MediaMetadata({
    title: "New Year's Mix",
    artist: "Gotham Imperial Hotel",
    album: "Gotham 2017",
    artwork: [{
        src: "newyearmix.jpg"
    }]
});
navigator.mediaSession.setActionHandler("play", function() {});
navigator.mediaSession.setActionHandler("pause", function() {});
navigator.mediaSession.setActionHandler("seekbackward", function() {});
```

```
navigator.mediaSession.setActionHandler("seekforward", function() {});
navigator.mediaSession.setActionHandler("previoustrack", function() {});
navigator.mediaSession.setActionHandler("nexttrack", function() {});
```

그림 12-5 프로그레시브 웹 앱에서 제어하는 리치 미디어

미디어 세션 표준Media Session Standard과 이 책에 설명된 기술을 사용하면 완전한 기능(전체 재생 목록 컨트롤, 오프라인 상태에서 오디오와 비디오 재생, 심지어 사용자가 연결된 기기에서 재생 제어 포함)을 갖춘 미디어 플레이어를 만들 수 있습니다.

12.8 다가올 위대한 시대

이 책은 '웹의 역습'이라는 섹션으로 시작했습니다. 현재의 변화를 이보다 진실되게 설명하는 표현은 없는 것 같습니다.

웹의 초창기에는 모든 것이 새로웠습니다. 사람들은 데스크톱에 몰려들었고, 무한한 정보에 접근할 수 있었으며, 온라인에서 처음 물건을 사보기도 했습니다.

그 후 아이폰이 등장하면서 모바일 기기로 웹 서핑을 하는 새로운 시대가 열렸습니다. 하지만 이때는 인터넷 익스플로러 7이 전성기였던 2007년이었고, 모바일 웹은 여전히 사용자들이 원하는 풍부한 경험을 갖추고 있지 않았습니다. 그리고 1년 후, 애플 사를 통해 앱 스토어가 등장하면서, 앱에 모든 관심이 몰려들었습니다.

웹은 정보 접근에 대해 모두가 민주적이고 공정한 경쟁을 할 수 있도록 유지되어 왔습니다. 하지만 모바일 앱 생태계는 전혀 그렇지 않았습니다. 포화 상태였고, 통제되어 있었으며 충분한 자금을 가지고 있는 개발자에게 심하게 편향되어 있었습니다.

하지만 바퀴는 쉬지 않고 돌아, 이제 웹이 다시 선두로 돌아오고 있습니다.

프로그레시브 웹 앱을 사용하면, 사용자는 한 번만 사용할 데이터를 위해 수십 개의 앱을 설치할 필요가 없습니다. 네이티브 앱을 설치하지 않기로 마음 먹었다는 이유로 사용자 경험을 포기할 필요가 없습니다. 사용자는 더 이상 오래 걸리는 설치 과정을 거치지 않아도 됩니다. 개별 앱마다 긴 권한 목록을 부여할 필요도 없습니다. 빠른 로딩, 오프라인 접근성, 항상 사용할 수 있고 신뢰할 수 있는 사용자 경험을 어디서든 누릴 수 있습니다.

프로그레시브 웹 앱을 사용하면, 개발자는 여러 앱 스토어의 규제와 사용자 경험 사이에서 갈등을 겪지 않아도 됩니다. 앱 스토어의 제한된 '상위 랭킹 10위 앱' 목록에서 경쟁력을 유지하기 위해 많은 돈을 쓰지 않아도 됩니다. 앱 스토어에서 거부당한 이유를 확인하고자 몇 주, 몇 달간 시간을 소모할 필요도 없습니다. 더 이상 iOS 앱, 안드로이드 앱, 웹 앱을 따로 유지할 필요가 없습니다.

프로그레시브 웹 앱으로 마침내 기기나 연결 상태에 상관없이 모든 사람이 사용할 수 있는 웹 앱을 만들 수 있게 되었습니다. 프로그레시브 웹 앱은 네이티브 앱과 마찬가지로, 오랜 기간 사용자가 앱을 사용할 수 있도록 풍부한 사용자 경험을 제공합니다.

이 책을 통해 프로그레시브 웹 앱에서도 네이티브 앱이 할 수 있는 기능과 제공하는 경험을 제공할 수 있다고 누차 설명했습니다. 하지만 이는 이야기의 시작에 불과합니다.

웹에서 모바일 웹으로의 전환, 그 이후 모바일 웹에서 모바일 앱으로의 전환은 예전에는 상상할 수 없었던 사용자 경험을 제공하였습니다. 마찬가지로 모바일 앱에서 모바일 웹으로의 새로운 전환은 상상조차 어려운 놀랍고 새로운 경험을 사용자에게 제공할 것입니다.

웹 개발을 하기에 정말 멋진 시기입니다!

부록A

서비스 워커 : ES2015 적용하기

ECMAScript 2015(ES2015, ES6, ES6 Harmony으로도 알려져 있음)는 ECMAScript 언어 표준(ECMAScript language specification, 자바스크립트 구현 규격)에 대한 2015년의 업데이트이며 2009년 ES5 이후 최초로 이루어진 주요 업데이트입니다.

ES2015에는 ECMAScript(자바스크립트)에 화살표 함수, 상수, 프로미스, 클래스, 모듈, for/of 루프, 템플릿 문자열 등을 포함한 많은 새로운 언어 기능이 추가됐습니다.

덕분에 자바스크립트로 코드를 더 우아하게 짤 수 있게 되었고, 코딩을 즐겁게 할 수 있게 되었습니다.

ES2015를 사용하려는 개발자의 입장에서 아쉬운 점은, 많은 사용자가 아직도 ES2015를 완전히 지원하지 않는 구식 브라우저를 사용한다는 점입니다.

이 문제는 빌드 시 **바벨**Babel과 같은 툴을 사용하면 해결할 수 있습니다. 이러한 툴로 ES2015 코드를 예전의 ES5 코드로 트랜스파일transpiling하면 됩니다. 이 작업은 ES5와 호환되지 않는 구문이나 코드를 호환 가능한 구문으로 변경하는 작업입니다. 하지만 대부분의 개발자들이 이 단계를 추가하는 것을 불편해하거나 진행하지 않기 때문에, 아쉽게도 ES2015의 '새로운 언어 기능'을 누릴 수 없습니다.

그러나 서비스 워커는 ES2015를 시작할 수 있는 아주 좋은 기회를 제공합니다.

현재 서비스 워커를 구현하는 모든 브라우저는 대부분의 ES2015 기능을 지원하고 있습니다. 따라서 서비스 워커 파일에서도 신규 기능을 안전하게 사용할 수 있으며, 트랜스컴파일transcompilation 작업 또한 필요하지 않습니다.

우리는 이미 서비스 워커에 `promise`, `string.includes()`, `string.startsWith()` 등 일부 ES2015 기능을 사용했습니다. 여기에서는 ES2015를 통해 서비스 워커를 개선할 수 있는 몇가지 다른 방법을 살펴봅시다.

A. 1 템플릿 문자열

템플릿 문자열은 다중행 문자열과 변수를 포함하는 문자열을 더욱 우아하게 만들어 줍니다.

큰 따옴표 혹은 작은 따옴표로 묶는 문자열과는 달리, 템플릿 문자열은 백틱(`)으로 묶습니다. 이렇게 묶인 백틱 안에는 다중행 문자열과 플레이스홀더placeholder가 포함됩니다. 플레이스홀더는 달러 기호($) 또는 중괄호({})로 표시되며, 변수 혹은 표현식이 담깁니다.

여기에서는 동일한 메시지를 구성할 때, 일반 문자열을 사용하여 문자열을 구성하는 방법과 템플릿 문자열을 사용하는 방법을 각각 비교해봅시다.

먼저, 일반 문자열을 사용한 표현식의 다중행 문자열은 다음과 같습니다.

```
var message =
    "Nightly rate: " + rate + "\n" +
    "Number of nights: " + nights + "\n" +
    “Total price: “ + (nights * rate);
```

템플릿 문자열을 사용한 표현식의 다중행 문자열은 다음과 같습니다.

```
var message =
`Nightly rate: ${rate}
Number of nights: ${nights}
Total price: ${(nights * rate)}`;
```

A.2 화살표 함수

화살표 함수는 함수를 정의할 수 있는 짧은 문법을 제공하고, 훨씬 더 우아하고 표현력 있는 코드로 완성해줍니다.

구식 함수 표현식과는 달리, 화살표 함수의 'this'는 언제나 상위 스코프의 this를 가리킵니다.

여기에서는 구식 함수를 사용한 코드와 화살표 함수를 사용한 코드를 비교해보겠습니다. CacheStorage의 콘텐츠로 이벤트에 응답하거나 네트워크에서 콘텐츠를 가져와 응답할 수 있는 코드입니다.

먼저 구식 함수에서는 이렇게 표현합니다.

```
event.respondWith(
    caches
    .open("cache-v1")
    .then(function(cache) {
        return cache.match(event.request);
    })
    .then(function(response) {
        return response || fetch(event.request);
    })
);
```

같은 로직을 화살표 함수로 구성하면 다음과 같습니다.

```
event.respondWith(
    caches
    .open("cache-v1")
    .then(cache => cache.match(event.request))
    .then(response => response || fetch(event.request))
);
```

A.3 객체 비구조화(Destructuring)

객체 비구조화는 객체의 특정값을 구분되는 변수로 나눠 담을 수 있게 합니다.

```
var reservationDetails = {nights: 3, rate: 20};
var {nights, rate} = reservationDetails;
console.log("Number of nights", nights);
console.log( "Nightly rate ", rate);
```

객체 비구조화의 일반적인 용도는 인수로 함수에 전달되는 객체의 특정 속성에 접근하는 것입니다.

여기에서는 객체 비구조화를 사용하거나 사용하지 않고 함수에 전달될 객체 속성에 접근할 수 있는 방법이 있는지, 두 가지 예제를 비교하여 알아봅시다.

먼저 객체를 인수로 전달하는 방법입니다.

```
var reservationDetails = {nights: 3, rate: 20};
var logMessage = (reservation) => console.log(
 `${reservation.nights} nights: ${reservation.nights * reservation.rate}`
);
logMessage(reservationDetails);
```

객체 비구조화를 사용한 변수 묶음을 객체로 전달하는 방법은 다음과 같습니다.

```
var reservationDetails = {nights: 3, rate: 20};
var logMessage = ({nights, rate}) => console.log(
 `${nights} nights: ${nights * rate}`
);
logMessage(reservationDetails);
```

A. 4 ES2015의 더 많은 부분

이 장에서 설명한 예제는 ES2015에서 소개한 '새로운 언어 기능'의 일부에 불과합니다.

관심이 있다면 ES2015에 대해 좀 더 알아볼 것을 권합니다. 여러분의 코드에 대한 즐거움에 엄청난 가치를 안겨 줄 것입니다.

부록B

전면 광고를 싫어하는 이유

사용자들이 앱 설치를 더 많이 하도록 필사적인 노력을 기울인 결과, 여러 사이트에서 사이트 화면 전체를 가리는 모바일 앱 전면 광고에 의지해 왔습니다.

그러나 최근 다양한 연구를 통해 사용자가 전면 광고를 싫어한다는 사실이 밝혀졌습니다. 독자의 시간을 낭비하고 싶지 않기 때문에 연구에 대한 링크는 공유하지 않을 겁니다. 아마 이미 본능적으로 답을 알고 계실 것입니다. 모르겠다면 텀블러 페이지인 'I Don't Want Your F***ing App'에 방문해보세요(https://idontwantyourfuckingapp.tumblr.com/).

이쯤에서 조금 색다른 질문을 해 보겠습니다. 정말로 전면 광고가 효과적일까요?

2015년, 구글은 이 질문에 대한 답을 구하기 위해 실험을 진행하기로 결정했습니다. 이후 구글이 실험 결과를 발표했는데, 답은 아주 명확했습니다.[25]

- 전면 광고에 노출된 사용자 중 9%만이 '앱 다운로드' 버튼을 클릭하였습니다(기억해야 할 것은, 이것이 설치 유입 경로의 가장 첫 번째 단계일 뿐이라는 사실입니다).
- 69%의 사용자는 전면 광고가 뜨자마자 페이지를 닫아버렸습니다. 이 사용자들은 앱 스토어에 방문하지도 않았고 클릭했던 웹사이트에 남아 있지도 않았습니다.

이러한 결과를 얻고 난 뒤, 구글은 전면 광고를 작은 크기의, 튀지 않는 앱 배너로 바꿔 보고, 이것이 실제 사용에 어떠한 영향을 미치는지 실험해 보기로 했습니다.

25 구글 웹마스터 센트럴 블로그의 게시글 'Google+: A case study on App Download Interstitials (http://bit.ly/2LbrDU1)' 참조.

그 결과는 놀라웠습니다.

- 모바일 웹사이트의 일일 활성 사용자 수가 17% 증가했습니다.
- 네이티브 앱 설치 횟수가 2% 줄었습니다.

구글은 이 외에도 다른 실험을 진행한 끝에 앱 설치 전면 광고의 근절을 선포했습니다. 2015년 4월, 구글은 전면 광고를 사용하여 네이티브 앱 설치를 유도하는 것은 '모바일 친화적인 사이트 순위'에 긍정적으로 작용하지 못할 것이라고 발표했습니다. 구글의 발언은 근본적으로 전면 광고를 사용하는 사이트에 검색 결과 패널티를 주겠다는 의미입니다. 실제로 2016년 8월, 구글은 모든 형태의 광고 팝업을 띄운 사이트에 추가적인 순위 패널티(https://pwabook.com/interstitialpenalty)를 주었습니다.

부록C
CORS vs NO-CORS

사이트가 다른 사이트의 리소스를 요청하는 것을 COR(cross-origin request)이라고 합니다(예를 들어, https://www.gothamimperial.com/이라는 웹사이트가 https://maxcdn.boot-strapcdn.com/의 스타일시트 혹은 https://www.google-analytics.com/에서 애널리틱스 코드를 로딩하려고 할 때).

브라우저는 보안상의 이유로 페이지가 다른 사이트에서 리소스를 임베드하는 것은 허용하지만 다른 사이트에서 리소스 콘텐츠를 읽는 스크립트는 허용하지 않습니다. 이를 가리켜 동일출처정책(same-origin policy)이라고 합니다. 실제로 고담 임페리얼 호텔이 <link>를 사용하여 스타일시트를 CDN에서 로드하는 방식의 임베드는 허용되지만, 서로 다른 도메인에서 JSON 파일을 읽어오는 Ajax 요청 생성은 차단됩니다.

개발자는 리소스를 임베드하는 방식으로 이 제약을 일부 우회하지만(예. JSONP 사용), 이는 일부 경우에만 작동하는 부분적인 해결책으로 브라우저가 해결하려던 보안 이슈(주로 크로스-사이트 스크립팅 공격)에 사용자를 다시 노출시키는 문제가 발생하게 됩니다. 결국 더 나은 해결책이 필요합니다.

이때 쓸 수 있는 방법이 바로 CORS(Cross-origin, 리소스 공유)입니다. CORS는 서버와 브라우저 사이의 인터랙션을 정의하는 데 쓰이는 새로운(10년 미만) W3C 표준입니다. 요청 브라우저는 물론 응답 서버 모두 요청 처리 방법을 결정할 수 있습니다. 예를 들어, 스크립트는 다른 사이트에서 요청을 받을 수 있도록 하는 요청을 구성할 수 있습니다. 하지만 이 요청이 성공하려면 먼저 서버가 cross-origin 요청에 응답하도록 구성되어야 합니다. 서버가 특정 사이트의 요청만 받을 수 있도록 구성할 수도 있습니다(예. www.pwabookcdn.com는 www.pwabook.com에서의 cross-origin 요청에만 응답하도록 구성 가능합니다).

스크립트에서 새 요청을 생성할 때에는 다음 여러 가지 값 중 하나로 모드를 세팅할 수 있습니다.

cors

cross-origin 요청을 허용합니다. 새 요청의 기본 값입니다.

no-cors

명칭이 조금 헷갈리지만, 사실 no-cors는 cross-origin 요청을 허용하는 것이며, 이러한 no-cors 요청은 cors 요청보다 사용이 제한적입니다. 허용되는 유일한 메소드는 HEAD, GET, POST입니다. 서비스 워커가 이 요청을 가로채면, 제한적인 헤더 세트만 수정할 수 있습니다. 마지막으로, 자바스크립트 코드는 response 속성에 접근할 수 없습니다.

same-origin

cross-origin 요청을 허용하지 않는 모드입니다.

5장에서는 no-cors 요청만 허용하는 서버 스크립트를 fetch했습니다. 만약 https://maps.googleapis.com에 대한 요청을 no-cors 코드로 세팅하지 않았다면 그 요청은 서버에 의해 거부되었을 것입니다. 서버는 no-cors 요청만 허용함으로써 서드파티 사이트가 해당 서버의 데이터를 자유롭게 읽을 수 있도록 보장하면서, 요청을 수정하는 것은 제한할 수 있습니다.

다음 코드를 참조하세요.

```
if (requestURL.href === googleMapsAPIJS) {
    event.respondWith(
        fetch(
            googleMapsAPIJS + "&" + Date.now(), {
                mode: "no-cors",
                cache: "no-store"
            }
        ).catch(function() {
            return caches.match("/js/offline-map.js");
        })
    );
}
```